"十四五"职业教育国家规划教材

汽车服务企业管理
（第2版）

主　编　周洪如　卞荣花
副主编　施　颖　熊金凤
参　编　蒋慧敏　都　萌
　　　　王秀梅

北京理工大学出版社
BEIJING INSTITUTE OF TECHNOLOGY PRESS

版权专有　侵权必究

图书在版编目（CIP）数据

汽车服务企业管理 / 周洪如，卞荣花主编. -- 2 版.
-- 北京 ：北京理工大学出版社，2019.11（2024.1 重印）
ISBN 978-7-5682-7918-5

Ⅰ. ①汽… Ⅱ. ①周… ②卞… Ⅲ. ①汽车企业-工业企业管理-高等学校-教材　Ⅳ. ①F407.471.6

中国国家版本馆 CIP 数据核字（2019）第 252312 号

责任编辑：王玲玲　　　文案编辑：王玲玲
责任校对：周瑞红　　　责任印制：李志强

出版发行 / 北京理工大学出版社有限责任公司
社　　址 / 北京市丰台区四合庄路 6 号
邮　　编 / 100070
电　　话 /（010）68914026（教材售后服务热线）
　　　　　（010）68944437（课件资源服务热线）
网　　址 / http://www.bitpress.com.cn

版 印 次 / 2024 年 1 月第 2 版第 7 次印刷
印　　刷 / 河北盛世彩捷印刷有限公司
开　　本 / 787 mm×1092 mm　1/16
印　　张 / 17
字　　数 / 350 千字
定　　价 / 49.90 元

图书出现印装质量问题，请拨打售后服务热线，负责调换

序　言

汽车工业的水平综合反映一个国家的工业水平，截至 2019 年 6 月我国汽车保有量已突破 2.5 亿辆，汽车工业占 GDP 的比重持续提高，毫无疑问，汽车产业作为国民经济支柱产业的重要性日益增强。

近年来，在新一轮科技革命风起云涌的当下，全球汽车行业正迎来全新变量，汽车产业正在步入智能网联时代，不仅是新能源汽车带来的全新的产品前景，大数据、云计算、人工智能技术的深度融入，成为汽车产业加快转型升级的主要动力，全球汽车行业从思维理念到商业模式都发生着巨大变化，对汽车营销服务行业从业人员的素质提出了更高要求。

汽车科技的提升，汽车产业的社会化、规模化、集团化、网络化，使得汽车人才需求尤为突出，有报告预计未来五年汽车专业人才需求位居社会总体需求前五名，汽车从业人员需求量将达到 5 000 万，汽车从业行业人才缺口巨大，人才网和国家人事部先后把汽车类专业人才列入紧缺人才、急需人才。

这套《汽车服务营销国家教学资源库配套教材》的产生，适应了汽车行业的变化及对汽车服务营销人才需求的变化。同时，

适应教育部职业教育专业教学资源库建设目标及要求

根据资源库建设"国家急需、全国一流、面向专业"的要求，本套教材以落实立德树人为根本任务，积极培育和践行社会主义核心价值观，突出职业教育的类型特点，是全国 13 所高职院校，联合深圳中诺思等 10 家教育服务公司和宝马、大众、北汽等 10 大汽车品牌经销商"双元"合作开发的结果。

本套教材内容符合国家 2019 年颁布的汽车营销与服务专业教学标准，涵盖了基础知识和拓展知识，有利于教师分层教学和学生自主学习。同时，本套教材基于职业教育专业教学资源库，结合国家专业标准设计课程体系及知识技能点，开发目标是基于但是高于基本教学标准及教材标准。依托强大的专业教学资源库，本套教材充分体现了信息技术的优势，配备有丰富的教学资源。

自 2015 年起，在资源库平台建设了 20 门专业课程，每门课程都包含完整的教学内容

和教学活动，包括教学设计、教学过程记录、教学评价等环节，建有试卷库 36 个，考试样卷 268 套。共上传文本、PPT 演示文稿、图形/图像、音频、视频、动画和虚拟仿真等资源 29632 个，基本资源 26910 个，覆盖专业所有基本知识点和岗位基本技能点；拓展资源 2722 个，体现行业发展的前沿技术和最新成果，集合专业领域全国不同地域特点和技术特色的优质资源。目前已经有 6 门课程被认定为省级精品在线开放课程。

资源库平台资源免费开放，各类用户可自由注册，进行自主学习；提供多终端的资源检索、资料下载、教学指导、学习咨询、讨论答疑，支持个人自学、学历教育、职业培训与认证，用户产生行为日志 2030 万条，其中，检索资源 109.9 万次、浏览课程 424.9 万次、互动提问 67.1 万次、作品提交 22.4 万次、自测和考试 8.5 万次。为学生、教师、行业企业人员、社会学习者等各类用户，提供了 PC 终端和移动终端，实现了将"将课程放在桌面上，将课堂放在口袋里"的"云+端"环境，提供了资源检索、信息查询、资料下载、教学指导、学习咨询、讨论答疑、就业支持等服务。

后面，将根据产业升级情况以及专业教学资源库更新情况，持续更新教材。

本套教材充分体现了混合式教学法的设计思路

本套教材经过 3 次审纲研讨会，不断完善，形成了混合式教学法的设计思路，与资源库平台课程配套，将课程教学分为课前、课中、课后三部分。课前教师组织教学材料、分发任务、学生完成测试、线上提出问题。课中学生问题反馈、小组互动、教师重难点问题讲解、任务实施、布置作业。课后强化盲点、完成作业、作品展示。

在中国汽车工程学会的大力支持下，来自京津地区、珠三角地区、长三角地区、东北地区、中部地区、西南地区等中国 6 大汽车产业集群所在地的 9 所国家示范性（骨干）高职院校参与教材编写。分别是湖南汽车工程职业学院、四川交通职业技术学院、淄博职业学院、长春汽车工业高等专科学校、常州机电职业技术学院、黄冈职业技术学院、浙江交通职业技术学院、云南交通职业技术学院、吉林交通职业技术学院。

经过编委会审定，本套教材能够满足高等职业教育汽车营销与服务专业、汽车运用与维修技术专业、汽车检测与维修技术专业的教学需要，也能够满足汽车从业人员终身职业教育的学习需要。

丛书编委会
2019 年 2 月

前　言

党的二十大报告指出，要"构建优质高效的服务业新体系，推动现代服务业同先进制造业、现代农业深度融合"。构建优质高效的服务业新体系的大背景下，管理是企业永恒的主题，汽车服务企业也不例外。基于当前经济社会对汽车服务行业人才的需要，落实立德树人根本任务，培养德智体美劳全面发展的汽车类专业学生，我们编写了这本教材。团队注重挖掘蕴含的课程思政及劳动教育，将理想信念、爱国主义、职业道德、劳动教育等融入教材的任务描述、拓展资源、案例资源中，有效促进了思想政治教育与专业知识教育的有机融合。

在积极推进产教融合，优化职教教育类型定位的前提下，经过调研多类型汽车服务企业、结合知名汽车服务企业专家意见和凝练汽车服务企业岗位主要工作内容以后，确定了以现在汽车服务企业中发展较为成熟的4S店或汽车维修企业为研究载体，按照各职能部门来设计教材体系，共五个教学项目。内容立足于基础，系统、全面、重点、求新地介绍汽车服务企业管理的基本理论、方法和现代最前沿的观点。

紧跟时代步伐，顺应实践发展。按照工作过程为导向的教学思维，不断提出对实践技能的新要求，继续推进实践基础上的理论创新。以新的理论指导新的实践，让学生们用新的思维、新的方法、新的观念来处理当下汽车服务企业中出现的各种问题，注重学生提高战略思维、系统思维和培养创新创业意识。

积极推进教育数字化，本教材为国家级汽车技术服务与营销专业教学资源库而开发。通过配套数字化教学资源，形成的"纸质教材+多媒体平台"的新形态一体化教材体系，立项了省级在线开放课程，满足"互联网+职业教育"的新需求，可供师生混合式教学、翻转课堂灵活使用。针对重难点部分匹配了较为完整的微课视频、分析案例和延伸拓展等资源，更利于学生攻破重难点。

坚持革故鼎新。根据汽车服务行业的发展动态和行情不断更新迭代数字资源，确保教材内容的标准化与前沿化，让老师和学生紧跟汽车服务企业的发展步伐。

本教材的编写倾注了很多人的心血。江苏宜兴宝利丰汽车销售有限公司总经理陆群和常州新潮流汽车维修有限公司总经理於立新对教材体系设计和企业案例搜集予以大力支持，湖南汽车工程职业学院的尹万建教授给予了我们及时的指导和热情的帮助。参加本教材编写的有常州机电职业技术学院周洪如（任务5-3）、卞荣花（任务1-1、任务3-4、任务3-6）、施颖（任务1-2、任务2-4、任务3-5、项目四）、熊金凤（任务2-1、任务2-2、任务2-3、任务3-1、任务3-2、任务3-3）、蒋慧敏（任务5-1）、都萌（任务5-2）、王秀梅（任务5-4）。

由于编者水平有限，疏漏之处在所难免，恳请读者不吝指正。

编　者

二维码内容资源获取说明

第 1 步：扫描下方二维码，下载并安装"微知库"APP。

第 2 步：打开"微知库"APP，单击页面中的"汽车营销与服务"专业。

第 3 步：单击"课程中心"，选择相应课程。

第 4 步：单击"报名"图标，随后图标会变成"学习"，单击"学习"即可使用"微知库"APP 进行学习。

注：下载"微知库"APP 并注册登录后，直接使用 APP 中的"扫一扫"功能，扫描本书中的二维码，也可以直接观看相关知识点视频。

安卓客户端

iOS 客户端

目　　录

项目一　汽车服务企业构建 ⋯⋯⋯⋯⋯⋯⋯⋯⋯⋯⋯⋯⋯⋯⋯⋯⋯⋯⋯⋯⋯⋯⋯ 001
　　任务 1-1　汽车服务企业类型选择 ⋯⋯⋯⋯⋯⋯⋯⋯⋯⋯⋯⋯⋯⋯⋯⋯⋯⋯ 002
　　任务 1-2　汽车服务企业建立 ⋯⋯⋯⋯⋯⋯⋯⋯⋯⋯⋯⋯⋯⋯⋯⋯⋯⋯⋯⋯ 009

项目二　销售管理 ⋯⋯⋯⋯⋯⋯⋯⋯⋯⋯⋯⋯⋯⋯⋯⋯⋯⋯⋯⋯⋯⋯⋯⋯⋯⋯⋯ 027
　　任务 2-1　销售岗位设置 ⋯⋯⋯⋯⋯⋯⋯⋯⋯⋯⋯⋯⋯⋯⋯⋯⋯⋯⋯⋯⋯⋯ 028
　　任务 2-2　销售流程设计 ⋯⋯⋯⋯⋯⋯⋯⋯⋯⋯⋯⋯⋯⋯⋯⋯⋯⋯⋯⋯⋯⋯ 035
　　任务 2-3　销售门店管理 ⋯⋯⋯⋯⋯⋯⋯⋯⋯⋯⋯⋯⋯⋯⋯⋯⋯⋯⋯⋯⋯⋯ 044
　　任务 2-4　销售团队管理 ⋯⋯⋯⋯⋯⋯⋯⋯⋯⋯⋯⋯⋯⋯⋯⋯⋯⋯⋯⋯⋯⋯ 053

项目三　售后服务管理 ⋯⋯⋯⋯⋯⋯⋯⋯⋯⋯⋯⋯⋯⋯⋯⋯⋯⋯⋯⋯⋯⋯⋯⋯⋯ 077
　　任务 3-1　售后服务岗位设置 ⋯⋯⋯⋯⋯⋯⋯⋯⋯⋯⋯⋯⋯⋯⋯⋯⋯⋯⋯⋯ 078
　　任务 3-2　售后服务流程设计 ⋯⋯⋯⋯⋯⋯⋯⋯⋯⋯⋯⋯⋯⋯⋯⋯⋯⋯⋯⋯ 089
　　任务 3-3　前台管理 ⋯⋯⋯⋯⋯⋯⋯⋯⋯⋯⋯⋯⋯⋯⋯⋯⋯⋯⋯⋯⋯⋯⋯⋯ 106
　　任务 3-4　车间管理 ⋯⋯⋯⋯⋯⋯⋯⋯⋯⋯⋯⋯⋯⋯⋯⋯⋯⋯⋯⋯⋯⋯⋯⋯ 119
　　任务 3-5　配件管理 ⋯⋯⋯⋯⋯⋯⋯⋯⋯⋯⋯⋯⋯⋯⋯⋯⋯⋯⋯⋯⋯⋯⋯⋯ 138
　　任务 3-6　质量管理 ⋯⋯⋯⋯⋯⋯⋯⋯⋯⋯⋯⋯⋯⋯⋯⋯⋯⋯⋯⋯⋯⋯⋯⋯ 160

项目四　客户服务管理 ⋯⋯⋯⋯⋯⋯⋯⋯⋯⋯⋯⋯⋯⋯⋯⋯⋯⋯⋯⋯⋯⋯⋯⋯⋯ 181
　　任务 4-1　客户满意度管理 ⋯⋯⋯⋯⋯⋯⋯⋯⋯⋯⋯⋯⋯⋯⋯⋯⋯⋯⋯⋯⋯ 182
　　任务 4-2　客户关怀管理 ⋯⋯⋯⋯⋯⋯⋯⋯⋯⋯⋯⋯⋯⋯⋯⋯⋯⋯⋯⋯⋯⋯ 196

项目五　行政管理 ……………………………………………………………………… 209
　　任务 5-1　员工培训、薪酬与考核管理 ……………………………………… 210
　　任务 5-2　汽车维修专用工具、设备和资料管理 …………………………… 223
　　任务 5-3　计算机信息管理 …………………………………………………… 230
　　任务 5-4　财务管理 …………………………………………………………… 237

参考文献 ……………………………………………………………………………… 256

项目一

汽车服务企业构建

随着汽车售后服务市场的繁荣,汽车服务企业如雨后春笋般出现,面对市场上众多的汽车服务企业,如何去正确认识这些企业的类型及功能,是作为汽车专业的学生需要了解的问题。另外,汽车服务企业成立是否可行,确定什么样的组织机构及企业文化,这些都是构建汽车服务企业时必须考虑的问题。本项目从汽车服务企业类型选择和汽车服务企业建立两个任务展开,让学生对汽车服务企业有初步的认知并明确汽车服务企业建立时的相关作业内容。

任务 1-1　汽车服务企业类型选择

任务描述

现年 55 岁的王大海已经在商界摸爬滚打了二三十年，现已是某知名公司的老板，王大海善于分析环境，考虑问题比较长远。随着中国汽车产业的迅速发展，王大海发现汽车行业特别是汽车售后服务行业存在非常大的商机，所以准备建立一家汽车服务企业来为自己的事业梦想助力。但现在汽车服务企业越来越多样化，一时还没有完全准确了解汽车服务市场行情，没有确定建立什么类型的汽车服务企业。现在王老板急需汽车行业的有志之士来为他解决燃眉之急，并提供一定的构建企业的设想。

如果你是王大海需要的人，该怎么帮他处理这个问题呢？

任务分析

随着中国汽车产业的迅速发展，汽车服务企业的发展势头越发突出，现在汽车服务企业越来越多样化，很多人会对汽车服务行业产生庞杂的印象。所以，任务中王大海所需解决的问题就是汽车服务企业行情及汽车服务企业类型的确定。

汽车服务企业行情即对汽车服务行业对企业发展利弊的分析；汽车服务企业类型包括汽车整车销售企业、汽车配件销售企业、汽车维修企业、汽车租赁企业、汽车金融企业、汽车保险企业、汽车俱乐部等。在对汽车服务企业行情分析透彻的前提下，结合自身的实际情况才能初步确定合适的汽车服务企业类型。

学习任务包括如下内容：

（1）完成"汽车营销与服务专业教学资源库"汽车服务企业管理课程中的"汽车服务与汽车服务企业""汽车服务企业类型"微课程学习。

（2）小组采用角色扮演法组建团队为王大海解决困境。

（3）完成"汽车服务企业类型选择"项目任务书。

（4）完成拓展训练任务。

项目一 汽车服务企业构建

学习目标

- 专业能力

1. 能够把握汽车服务业的行情；
2. 掌握"汽车服务与汽车服务企业""汽车服务企业类型"等汽车服务企业管理的知识和技能点。

- 社会能力

1. 树立服务意识、效率意识、规范意识；
2. 强化人际沟通、语言表达能力；
3. 维护组织目标实现的大局意识和团队能力；
4. 爱岗敬业的职业道德和严谨、务、实勤快的工作作风；
5. 自我管理、自我修正的能力。

- 方法能力

1. 利用多种信息化平台进行自主学习的能力；
2. 制订工作计划、独立决策和实施的能力；
3. 运用多方资源解决实际问题的能力；
4. 准确的自我评价能力和接受他人评价的能力；
5. 自主学习与独立思维能力。

相关知识

一、汽车服务和汽车服务企业

（一）汽车服务的含义

一般认为汽车服务是汽车的售后服务，尤其是汽车的维修保养服务。其实汽车服务的范围很广，不仅仅是指售后服务，它涵盖了汽车后市场服务，同时也涵盖了汽车生产前的相关服务。因此，下面来认识汽车服务的狭义和广义概念。

1. 狭义概念

汽车服务也被人们称为汽车后市场服务，是指汽车产品从出厂进入商品销售环节开始，直至其使用寿命终止后的报废回收所涉及的全部过程中，为汽车使用或消费所提供的各类技术性或非技术性的服务活动，如汽车的分销渠道、物流配送、产品咨询、维修检测、美容装饰、配件经营、交通信息提示、回收解体、金融保险、汽车租赁、二手车交易、驾驶培训、信息咨询、广告会展、证照代理、停车服务、故障救援、汽车运动、汽车文化及汽车俱乐部经营等。

微课视频：汽车服务与汽车服务企业

2. 广义概念

汽车服务还可延伸到汽车生产领域的各种相关服务，如汽车设计、原料供应、工厂保洁、产品外包装设计、新产品的试验测试、产品质量认证及新产品研发前的市场调研和预测等。

综上所述，汽车服务所涵盖的内容非常广泛，而从汽车服务工作内容的分类来看，既包括技术性服务工作，也包括非技术性服务工作。技术性服务工作属于机械电子工程范畴，而非技术性服务工作属于管理范畴。汽车服务的各项内容相互联系，组成了一个有机的工程系统。由于汽车服务企业所涉及的工作都是服务性的工作，因此它属于第三产业范畴。

（二）汽车服务企业的含义

1. 企业

企业是指具有法人资格，以营利为目的，自主经营，自负盈亏，独立核算，从事生产、流通、服务等经济活动，以产品或服务满足社会需要的独立经济核算组织，是现代社会经济的基本单位。

按照产业标准，企业可分为工业企业、农业企业、交通运输企业、建筑企业、邮电企业、商业企业、金融企业、旅游企业及服务企业等。

2. 汽车服务企业

汽车服务企业就是为潜在和现实的汽车使用者或消费者提供服务的企业，主要是指从事汽车经销的企业和为汽车使用者及消费者提供备件、维修服务、保养服务及其他服务的企业，它属于服务企业。

二、汽车服务企业类型

根据业务类型不同，现阶段我国汽车服务企业大致可分为整车销售、配件与精品销售、汽车维修、汽车租赁、汽车金融服务、汽车保险服务、汽车俱乐部等。其中，整车销售企业可分为新车销售和旧车交易企业，新车销售企业又可分为品牌专营和多品牌经销企业。配件与精品销售企业可分为连锁经营企业和独立经营企业，也可分为单品种或少品种经营企业和多品种经营企业。汽车维修企业可分为特约维修站、汽车快修店、汽车美容与装饰店等。

微课视频：汽车服务企业类型

（一）整车销售企业

1. 汽车品牌专营店

汽车营销商与某一品牌汽车生产商签订特许专营合同，受许可合同制约，接受生产商指导、监督、考核，只经销该品牌汽车，并为该品牌汽车的消费者提供技术服务。一般是前店后厂的形式，也就是我们常说的汽车4S（Sale、Spare part、Service、Survey，即整车销售、零配件供应、售后服务、信息反馈）店，适用于经营市场保有量较大的汽车品牌或单车价格较高的汽车品牌。如图1—1所示。

拓展资源：汽车4S店简介

2. 多品牌经销店

汽车经销商在同一卖场同时经销多个品牌汽车。适用于经营社会保有量较少的汽车品牌或生产厂商技术服务网络建设较规范和完善的汽车品牌。

3. 二手车交易企业

从事为二手车主和二手车需求者提供交易方便,促进二手车交易的企业。二手车交易的业务内容主要有二手车收购、二手车售卖、二手车寄售、撮合交易、车辆评估、拟定合同、代办车辆过户手续,乃至车况检测和必要的维修服务。按照我国《旧机动车交易管理办法》1998年国内贸易部规定,所有旧机动车交易行为必须在经合法审批后设立的旧机动车交易中心进行。如图1-2所示。

图1-1 奥迪汽车4S店　　　　图1-2 二手车交易企业

(二)汽车配件销售企业

1. 汽车配件(含精品)连锁经营企业

连锁经营是经营汽车配件的若干企业在核心企业或总部的领导下,通过规范化经营实现规模效益的经营形式和组织形态。如美国通用配件公司的NAPA始创于1928年,1998年进入中国,在北京成立蓝霸汽车超市连锁公司,如图1-3所示。2001年美国GSP国际汽配连锁中国总部在温州成立。

2. 汽车配件销售企业

汽车配件销售企业可分为两大类型:一是批发商或代理商型,主要从事汽车配件及精品的批发业务,其服务对象是汽车配件零售商中各类汽车维修、美容、装饰企业;二是汽车配件零售商中主要从事汽车配件及精品的零售业务,其服务对象主要是私车车主,如图1-4所示。

(三)汽车维修企业

1. 综合性汽车维修企业

综合性汽车维修企业,不管是大修还是小修,也不论是什么品牌、什么类型的汽车,只要是汽车,就可以维修。按照汽车行业的管理规定,汽车维修企业分为整车维修企业和专项维修业户,其中整车维修企业按

拓展资源:汽车维修企业的分类

照规模大小和竣工检测设备的有无，分为一类汽车维修企业和二类汽车维修企业，汽车专项维修业务又称三类汽车维修企业。一类汽车维修企业可以从事整车修理、总成修理、整车维护、小修、维修救援、专项修理和维修竣工检验工作；二类汽车维修企业可以从事一类汽车维修企业除维修竣工检验工作外的维修经营业务；三类汽车维修企业只能从事专项维修业务，这种维修企业形式在我国占有很大的比例。

图1-3　蓝霸汽配连锁超市

图1-4　汽车配件销售企业

2. 汽车特约维修站

汽车特约维修站与汽车生产厂商签署特约维修合同，负责某地区某品牌汽车的故障修理和质量保修工作。这种经营方式可设在综合修理厂内，也可以独立设置。由于其拥有该品牌汽车专业拆装和维修、检测诊断的设备和工具，能得到生产商强有力的技术和配件支持，且规范化作业，保证了维修质量。品牌特约维修站在我国已构成汽车生产厂商售后服务网络体系的主干。如图1-5所示。

3. 连锁维修服务企业

连锁汽车维修服务企业是指在核心企业或总部的领导和技术支持下，通过统一规范化维修作业、批量化配件供应和销售，实现规模效益的经营形式或组织形式。在整个汽车售后服务市场，连锁维修企业收费属于中档。但连锁维修服务企业凭借强有力的维修服务网站，利用资本雄厚的特点，大批量进货和销售配件，以规范化的维修作业形式、统一低廉的服务价格，赢得消费者信赖，占领市场。如图1-6所示。

图1-5　长安特约维修站

图1-6　小拇指维修连锁

4. 汽车快修店

其主要业务是汽车生产厂商质量保修范围以外的故障维修工作，一般是汽车保养、换件修理等无须专业诊断和作业设备的小修业务。

5. 汽车美容与装饰店

汽车美容与装饰店主要是在不改变汽车基本使用性能的前提下，根据用户要求对汽车进行内部装饰（更换座椅面料、地板胶、内饰等）、外部装饰（粘贴太阳膜、雨挡、表面光洁养护、婚庆车辆外部装饰等）和局部改装（中控门锁、电动车窗、电动后视镜、加装防盗装置、卡式录音机换 CD 机等）等。如图 1-7 所示。

（四）其他类型

1. 汽车俱乐部

汽车俱乐部可分为 3 种类型：经营型俱乐部，为会员有偿提供所需的汽车相关的服务；文化娱乐型俱乐部，为会员提供一个文化娱乐、交友谈心、交流信息、切磋技艺的场所和环境；综合型俱乐部，集前述两种俱乐部于一体。如图 1-8 所示。

图 1-7 汽车美容装饰会所

图 1-8 汽车俱乐部

2. 汽车租赁企业

汽车租赁被称为朝阳产业，它因为无须办理保险、无须年检维修、车型可随意更换等优点，以租车代替买车来控制企业成本，这种在外企中十分流行的管理方式，正慢慢受到国内企事业单位和个人用户的青睐。例如神州租车、一嗨租车等汽车租赁企业。

3. 汽车保险服务企业

伴随着汽车进入百姓的日常生活，汽车保险正逐步成为与人们生活密切相关的经济活动。买车需要买车险，现在市面有很多做汽车保险业务的公司，比如中国人寿、中国平安、中国太平洋等中国知名的保险公司均有车险业务，还有专门的汽车保险公司。这些企业都在为客户使用车辆时保驾护航。

4. 汽车金融企业

汽车金融是消费者在购买汽车需要贷款时，可以直接向汽车金融公司申请优惠的支付方式，可以按照自身的个性化需求，来选择不同的车型和不同的支付方法。对比银行，汽车金融是一种购车新选择。这是经中国银行保险监督管理委员会（以下简称中国银监会）批准设立的，为中国境内的汽车购买者及销售者提供金融服务的非银行金融机构。例如大众汽车金融（中国）、丰田汽车金融（中国）、福特汽车金融（中国）等。

根据企业的经营状态和业务范畴，汽车服务企业往往以上述两种或数种类型的综合状态存在。

任务实施

在掌握汽车服务企业类型及特性的前提下，形成对汽车服务行业的整体性认识，并很好地解决本项目任务中所描述的王大海遇到的情况，建议采取如下方式开展学习和训练。

一、在线学习

登录"汽车营销与服务专业教学资源库"，选定汽车服务企业管理课程中的"汽车服务与汽车服务企业""汽车服务企业类型"微课程，观看教学微课，并完成相应的进阶训练。在微课中如有疑问，可在线提问，与教师互动交流。

二、难点化解

认真学习本教材，进一步掌握任务 1-1 中的知识和技能，完成项目任务书中的"难点化解"题目。

三、模拟训练

假定自己可以解决王大海的难题，与学习小组成员商讨，并采用角色扮演法在课堂上展示。

拓展训练

以小组为单位，考察一家汽车服务企业，明确其类型和主要业务，观察其周边环境和企业内规划布置，并与相关人员沟通后初步明确汽车服务企业对人才的需求条件。小组拍摄所考察企业的场景，并将微视频（或照片）上传至资源库平台。

任务 1-2　汽车服务企业建立

任务描述

王大海在了解了汽车服务企业的基本类型之后,对投资汽车售后服务行业的兴趣越来越浓厚,他对于企业建立有丰富的经验,也明知建立一个企业不容易,但由于对汽车行业的了解程度不够,因此他需要专人为其进行新建汽车服务企业的可行性分析,并进行新建汽车服务企业整体架构的规划。

如果你是王大海聘请的顾问,你将如何进行新建汽车服务企业的整体规划?

任务分析

所有企业包括汽车服务企业必经的一个阶段就是企业的建立,在新建汽车服务企业时,需要考虑所处的环境如何、建立可不可行、选址合不合适、厂区布置合不合理,需要对新建企业的可行性进行分析,同时还要对汽车服务企业内外进行规划,确定组织结构,考虑企业文化建设的问题等,这些都是新建阶段必须考虑的问题。

本任务主要从"汽车服务企业可行性分析""组织机构设计""企业文化建设"3个方面来展开,让学生明确新建企业的相关作业内容。

学习任务包括以下内容:

(1)完成"汽车营销与服务专业教学资源库"汽车服务企业管理课程中的"汽车服务企业可行性分析""组织机构设计""企业文化建设"微课程学习。

(2)小组采用角色扮演法组建团队为王大海进行新建汽车服务企业的可行性分析。

(3)完成"汽车服务企业建立"项目任务书。

(4)完成拓展训练任务。

学习目标

● 专业能力

1. 能够把握新建汽车服务企业的各要点,能够对新建汽车服务企业进行规划;

2. 掌握"汽车服务企业可行性分析""组织机构设计""企业文化建设"等新建汽车服务企业的知识和技能点。

● **社会能力**

1. 树立服务意识、效率意识、规范意识；
2. 强化人际沟通、语言表达能力；
3. 维护组织目标实现的大局意识和团队能力；
4. 爱岗敬业的职业道德和严谨、务实、勤快的工作作风；
5. 自我管理、自我修正的能力。

● **方法能力**

1. 利用多种信息化平台进行自主学习的能力；
2. 制订工作计划、独立决策和实施的能力；
3. 运用多方资源解决实际问题的能力；
4. 准确的自我评价能力和接受他人评价的能力；
5. 自主学习与独立思维能力。

一、汽车服务企业可行性分析

技术、经济可行性分析是筹建汽车服务企业的重要决策依据。据报道，在全国汽车维修企业（特别是新成立的汽车维修企业）中，不少企业目前仍处于基本持平或亏损状态，究其原因，很多是因为在投资建厂前没有做足技术、经济可行性分析。

（一）汽车服务企业前期可行性分析的方法

技术、经济可行性分析（以下简称可行性分析）是确定是否投资建厂的重要依据，其目的是避免投资决策的盲目性，减少失误，合理地使用资金，从而获得最佳经济效益。

1. 收集和整理信息

首先要收集大量的市场信息，从而为经营决策提供足够而可靠的依据。这些市场信息来源包括行业管理部门的统计资料、网上查询、客户群体调查、市场调查、相关媒体及行业协会信息等。由于企业所在的市场是变化的，因此，对市场信息还要进行动态分析。对收集信息的有效性、时效性、可靠性进行考察评估，剔除无效、过时、不可靠的信息，以确保这些信息的有效性、时效性和可靠性。

2. 分析和判断

可行性分析分为定性分析与定量分析两种。定性分析是对一些难以量化的因素通过经验判断或逻辑推理进行分析；定量分析是对一些可以量化的因素通过计算进行分析。

汽车维修企业的前期可行性分析需要定性和定量相结合。在综合分析时，特别要重视对不利因素的分析，因为这些不利因素往往是导致企业经营失败的主要原因。通过技术、经济可行性分析，可得出实施该项目的风险程度。一般地说，只要可行性高于60%以上，就可实施。而不要期望有100%的把握，因为任何项目都有成功的可能性，同时也有一定风险。

3. 实施过程监控

除了前期的技术、经济可行性分析外，还要在投资建厂过程中进行必要的监控，针对变化的市场环境做出应对的决策。

（二）汽车服务企业前期可行性分析的内容

筹建汽车服务企业的前期可行性分析内容包括：了解车源分布及周边维修企业分布状况；确定经营档次、经营规模与经营特色；了解配件供应渠道及价格体系；进行投资状况及回报率分析。其中，前3个内容属于技术可行性分析，后1个内容属于经济可行性分析。

1. 车源分析与周边企业分析

在对车源和周边汽车维修企业的状况进行市场调查时，先对车源和周边各个维修企业进行市场调研，将调研的各个项目进行量化并打分，做出表格（表1-1）。将表格中的各项得分经过汇总，除以企业总数，即可得到平均分。倘若平均分高于60分，即可考虑投资经营，同时还要结合周边汽车维修企业的竞争能力考虑。

表1-1 周边汽车维修企业的状况分析

调研项目	备注	得 分
企业类型	整车维修企业及专修店	
经济效益	从市场占有率、人均效益等方面分析	
经营规模	综合经营能力强弱	
服务水准	管理体制是否健全，综合服务水平如何	
管理水平	管理理念是否遵循市场导向	
技术实力	技术人员的数量和技能水平	
维修设备	设备能否满足维修需求及先进性如何	
车源状况	目标客户群是单一的还是多层次的；目标客户群是否稳定	
主修车型	维修车型及其专业化程度	
经营特色	该经营特色、核心竞争力如何	

2. 经营定位分析

新建汽车维修企业要想在市场中立足，必须具备独特的经营特色。特别是在维修车型与维修质量大体相同的情况下，企业竞争更需要科学分析、准确定位。

（1）经营特色。所谓经营特色，是指在企业经营管理中采用某些特色经营（产品或服务）来吸引客户，并博得客户信任，以塑造独特的企业形象和竞争能力。确定企业经营特色的方法是：

微课视频：如何确定新建汽车服务企业的经营特色

① 考察市场需求，进行系统分析。例如，应投资兴建一个什么样的汽车维修企业？目前市场上消费者对汽车维修的主要需求是什么？消费者对汽车维修的主要需求是否已经得到完全满足？如何改进产品或服务，以提高其满意度？本企业的目标消费群体有哪些？本企业的主营业务是什么？在目前条件下本企业的优劣势如何？怎样塑造企业最有利的经营特色？

② 进行市场细分和主要竞争者分析。通过市场细分，根据车源状况和客户需求，结合本企业及竞争对手的优势和劣势的实际情况，确定本企业的目标特色。

③ 选择相应的专一化战略和差别化经营战略。既要考虑经营特色，也要考虑经营成本，在资金允许的范围内塑造经营特色，找准进入市场的突破口。例如，目前一般多采取品牌专业维修、购置高档设备、推行特种经营服务、配件高效供应等方法作为突破口。企业可根据自身的实际情况和各种经营模式的不同特点及市场外部环境的各种因素做出选择。在资金实力不足时，可采用低成本策略抢占低端市场（如兴建快修店或急修店），并优化业务流程，加快维修速度，削减管理费用，减少配件消耗等。

（2）经营模式与经营档次。汽车维修企业的经营模式是对企业经营方式的定位，经营档次是对企业经营水平的定位。经营模式与经营档次决定着汽车维修企业的基本框架，涉及今后企业的生存与发展。在市场调研之后和在投资经营之前，务必先要确定本企业合理的经营模式与经营档次。

目前我国汽车维修企业的经营模式有：3S 三位一体经营方式（即整车销售、零配件供应、售后服务）或 4S 四位一体经营方式（即整车销售、零配件供应、售后服务、信息反馈等）；单一品牌特约维修或专修；多品牌特约维修或专修；杂款车修理；快修急修店和连锁店等。为取得良好的经济效益，汽车维修企业在选择品牌车型时，不仅要考虑经营模式与经营档次，更要与当地的汽车销售市场相对应，不可盲目跟风。

在投资汽车维修企业前，可先考虑：① 确定本企业可能承接的维修车辆数；② 确定本企业的维修车型和日维修量；③ 确定本企业汽车维修的工位数量；④ 确定聘用人员数量与素质要求。最后根据汽车维修企业开业条件、市场发展前景进行最终判断，确定 5 年后与当地汽车维修市场需要相符合的企业经营模式和经营档次。

（3）经营规模。汽车维修企业的经营规模取决于汽车维修的市场规模和企业的资源条件。为了减少经营风险，在确定企业经营规模时，须采取以下措施：

① 选择能发挥自身优势的目标细分市场。

② 提高企业的技术管理能力和维修水平，以满足客户的特殊需要，占据市场竞争的有利地位。

③ 搞好市场营销宣传，积极主动寻求车源，并采用适当的价格策略等。

在市场经济条件下，汽车维修企业追求的是经济效益最大化。一般来说，大型汽车维修企业适合从事多品牌的特约维修经营，中小型汽车维修企业则适合从事单车型或专项专业修理。如果企业资源条件不足，可以先建一个小型的专业维修厂或专项修理部，与其"大而全、小而全"，不如"小而专、小而精"。国外很多汽车维修企业的经营规模不大，大多只相当于我国目前常见的快修店与急修店，但他们实行连锁经营，实力较强，取得了很好的经济效益。因此，在确定企业经营规模时，应该量力而行。

3. 配件渠道及管理分析

汽车维修（特别是轿车维修）通常以换件为主，零配件消耗在汽车的维修产值中占60%以上，汽车配件管理是汽车维修企业管理的重要内容。

很多汽修企业的配件管理尚停留在初级物流管理阶段。盲目的配件采购、无计划的库存，结果造成部分配件供应不及时而影响汽车维修的正常进行，或造成部分配件严重积压而严重贬值，同时占用了大量流动资金。耗资较大的4S店经营模式的竞争优势之一便是其配件供应及时、无假货，提高了顾客满意度。因此，科学管理、合理采购，科学保证配件库存量，盘活库存物资，才能提高企业经济效益。

4. 投资状况及投资回报率分析

（1）投资状况分析。投资状况分析是新建汽车维修企业可行性分析中的最重要环节。前期投资的资本流向直接关系着投资经营的成功与否。前期投资的资本流向包括：

① 资金来源。资金来源主要有银行贷款、公司借债或行政拨款。若投资来源于银行贷款而需要每月付息还贷的，必须根据贷款数尽可能缩短资金回报期，以降低投资风险；若投资来源于公司借债而需要物资抵押的，必须根据其还款期限合理地配置资源，以充分发挥资金的时间价值；若投资来源于行政拨款的，伸缩性较强，可以在资金回报期内不断挖掘市场潜力，以真正地达到投资的目的。

② 资本流向。只有良好的资本流动才能充分地发挥资本价值，缩短资金的回报期。汽车维修企业的前期投资应当重点放在塑造企业经营特色的实际项目上（如人力资源、技术力量、专业设备、车间改造、特种服务等），并能产生预期效果。

③ 成本分析。成本分析主要包括维修成本、维修费用、管理费用及财务费用等分析；变动成本及固定成本分析；直接与间接成本分析等。一般来说，前期投资的重点应放在塑造企业经营特色的实际项目上，尽管不能立即回收成本，但从企业长远利益看，有利于企业将来获得更大的经济效益。同时，在进行新建汽车维修企业的前期费用预算时，还要考虑无形成本，一是要慎重，二是要留有充分余地。

案例资源：汽车维修厂建立可行性报告

（2）投资回报率分析。企业的最终目的就是最大限度地获得利润。在对车源分布、周边维修企业分布状况、经营特色、经营档次、投资分析、配件渠道这6个方面进行了科学准确的可行性分析后，应该对最后一环也是最关键的环节，即投资回报率进行系统分析。投资回报率属于财务管理范畴，作为透视经营状况的窗口和企业管理的信息反馈中心，对投资回报率的分析至关重要。

在分析投资回报率时，必须根据汽车维修行业的发展趋势和新建企业自身的经营状况，预测投资资金的回报期，再参考投资者的资金返还意向，对投资回报率进行综合分析。在汽车维修企业的经济效益分析中，应使用人均效益指标而不能沿用人均产值指标，因为产值并不

拓展资源：汽车服务企业开业与审验

等于效益。

二、组织机构设计

为了适应社会发展的需要，车辆的品种日益增加，新技术、新工艺、新材料不断被采用，使车辆的机构也越来越复杂，这就决定了汽车维修行业的技术复杂性。从汽车维修涉及的工种看，不仅需要发动机、底盘、电气、钣金、轮胎、喷漆等专业修理工种，而且需要车工、钳工、铆工、焊工等各种机械方面的通用工种。由于生产要求的差异很大，使维修企业的作业内容、作业深度千差万别。因此，汽车维修行业已从一个劳动密集型及以经验为主的行业，演变成强调个人专业技术、综合素质，以设备、技术为主的行业。鉴于这种情况，对汽车服务企业组织机构进行合理配置至关重要。

（一）组织结构的形成

1. 组织和组织结构的含义

组织，一般有两种含义：一种是动词，就是有目的、有系统地集合起来，如组织群众，这种组织是管理的一种职能；另一种是名词，指按照一定的宗旨和目标建立起来的集体，如工厂、机关、学校、医院，各级政府部门、各个层次的经济实体、各个党派和政治团体等，这些都是组织。在现代社会生活中，组织是人们按照一定的目的、任务和形式编制起来的社会集团，组织不但是社会的细胞、社会的基本单元，而且可以说是社会的基础。一个汽车服务企业在现代社会生活中，也是一种必不可少的组织形态。

组织结构是组织内的全体成员为实现组织目标，在管理工作中进行分工协作，通过职务、职责、职权及相互关系构成的机构体系。组织结构的本质是成员间的分工协作关系，其内涵是人们的职、责、权关系，因此，组织结构又可成为权责结构。

2. 组织结构的形成

即根据组织任务确定组织内需要设立的部门和单位，并明确各部门、单位之间的相互关系，确定它们之间的信息沟通渠道和方式，以及相互协调的原则和方法。

3. 职能和职务的设计与分析

在组织结构的基础上设计和确定组织内的职能部门和管理职务，分析每位职务人员应承担的工作职责、享有的权利和义务、具备的资格条件和工作环境等内容。

4. 部门设计

根据每位职务人员所从事的工作性质及职务间的区别和联系，按照组织职能相似、活动相似或关系紧密的原则，将各个职务人员聚集在"部门"这一基本管理单位内。对于组织来讲，在不同时期不同战略目标指导下，划分部门的标准需要做动态的调整。

（二）设置企业组织机构的基本原则

管理组织机构设计主要是选择合理的管理组织机构，确定相应的组织系统，规定各部门及管理人员的职责和权限等，它以协调组织中人与事、人与人的关系，最大限度地发挥人的积极性，提高工作绩效，更好

微课视频：如何确定有效管理幅度

地实现组织目标为基本目的。在进行组织设计时,应遵循以下几项基本原则:

1. 有效管理幅度跨度原则

有效管理幅度跨度原则是加强厂长/经理对本企业生产经营管理活动集中统一指挥、搞好企业生产经营管理的基本原则。所谓管理跨度,是指一个人能够高效率地组织管理下级的人员数量或范围。例如,司令并不直接去指挥士兵,而要通过三三制或四四制的管理体制,逐层分级进行管理。同样,凡是多于30人的汽车服务企业,也不可能依靠厂长/经理去直接管理工人,还要在厂长/经理的集中统一领导下,在企业内部设置各级管理机构(如职能部门和车间、班组等),以协助厂长/经理逐层分级地履行整个企业的各种管理职能。每个管理者管理幅度大小的设计,必须确保能实现有效控制。

2. 精简原则

为适应企业经营目标的要求,在企业内部设置各级管理机构时,要注重实效,要有利于提高企业管理的工作效率和经济效益,因事设岗,且能不设置的尽量设置,能精简的尽量精简。做到部门少、人员精,确保企业职能管理机构的精干、高效和节约。

3. 统一指挥原则

统一指挥原则要求每位下属应该有一个并且仅有一个上级,要求在上下级之间形成一条清晰的指挥链,即任何下级直接接受一个上级的领导,不得出现多头领导现象。在一般情况下,上级可以越级检查下级的工作,但不得越过直属下级进行指挥,下级可以越级向上级反映情况,但不得越过直接上级接受更高一级的指令。

4. 逐级管理、逐级负责原则

在设置各级管理机构后,企业各项生产经营管理要在厂部统一集中领导下,合理地解决集权与分权的问题,实行"层层抓、抓层层"的逐级管理、逐级负责的管理原则。既不能权力过于集中而独裁专权,也不能权利过于分散而指挥不利。为此,企业内部的各职能机构不但应合理分工,加强纵向与横向的联系,而且要建立明确的责权关系,实行企业内部管理业务的标准化与程序化。例如,相应建立各项管理制度(例如,岗位责任制和经济责任制,以及管理程序、管理方法、考核标准、奖惩办法等),以做到"事事有人管,人人有专职,办事有标准,工作有考核"。

(三)企业组织结构形式

1. 直线制

直线制是一种最早的和最简单的组织形式,其特点是企业管理的全部职能由各级行政领导人负责,不设立职能管理机构,各部门只接受上一级行政领导人的指挥,如图1-9所示。直线制组织结构的优点是结构简单,沟通迅速,权力集中,便于统一管理;其缺点是没有职能机构,管理者负担过重,并且难以满足多种能力要求。因此,直线制组织结构只是用于小规模企业。

2. 职能制

职能制是指除了行政负责人外,企业还设立若干职能机构或人员,这些职能结构在自己的业务范围内,都有权向下级下达命令和指示,如图1-10所示。职能制组织结构的优点是管理分工较细，利于工作深入，便于充分发挥职能机构的专业管理功能；其缺点是这种形式容易出现多头领导，破坏了统一指挥原则。

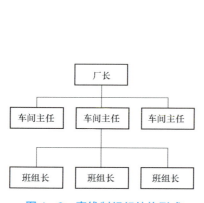

图1-9 直线制组织结构形式

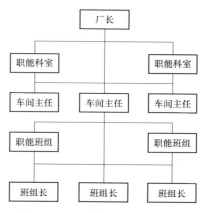

图1-10 职能制组织结构形式

3. 直线职能制

直线职能制又称直线参谋职能制或U形组织结构，是直线制和职能制的结合。这种职能结构以直线指挥系统为主体，同时发挥职能部门的参谋作用，职能部门对下级部门无权直接指挥，只起业务指导作用，其在直线人员授权下行使职能权，如图1-11所示。直线职能制结构保持了直线制的集中统一指挥的优点，又吸收了职能制发挥专业管理职能作用的长处，适用于各类组织；其缺点是各职能部门之间联系不仅易于脱节或难以协调，而且直线人员与参谋人员的关系有时难以协调。

4. 事业部制

事业部是按企业所经营的事业项目划分的，具有经营自主权的专业化生产经营单位。事业部制又称联邦分权化或M形组织结构，是指在公司总部下增设一层独立经营的事业部，实行公司统一政策，事业部独立经营的一种体制，如图1-12所示。每一个事业部是一个利润责任中心，是产品责任单位或生产责任单位，有自己独立的市场，在总公司领导下，

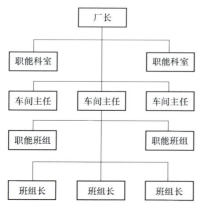

图1-11 直线职能制组织结构形式

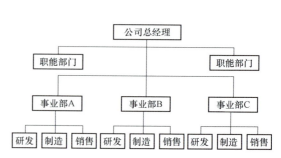

图1-12 事业部制组织结构形式

实行独立核算,自负盈亏。事业部制的优点是不但有利于发挥各事业部的积极性、主动性,能更好地适应市场,而且有利于最高层管理者摆脱日常事务,集中精力去考虑宏观战略;其缺点是各事业部独立经营、单独核算、自成体系,各事业部间工作不易协调,容易产生不顾整体利益的本位主义。

5. 矩阵制

矩阵制又称为规划—目标结构,它由纵、横两套管理系统叠加在一起组成一个矩阵。其中纵向系统是按照职能划分的指挥系统,横向系统一般是按产品、工程项目或服务组成的管理系统,如图 1-13 所示。矩阵制使企业组织结构形成一种纵横结合的联系,加强了各职能部门之间的配合,有利于发挥专业人员的综合优势,同时具有较强的组织灵活性,既可以根据需要快速组建,完成任务后又可以撤销;其缺点是由于组织成员既要接受原部门主管的领导,又要服从项目主管的管理,破坏了统一指挥原则,下属会感到无所适从,工作若出现差错,也不易分清领导责任。

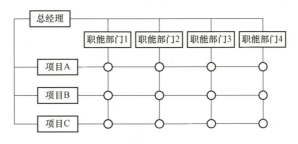

图 1-13 矩阵制组织结构形式

(四)汽车服务企业组织机构

1. 汽车品牌专营店的组织结构

我国汽车品牌专营店一般采用董事会领导下的总经理负责制,具体的组织结构形式如图 1-14 所示。有的企业将市场部从销售部分离出来成为一个独立的部门,有的将备件部从汽车服务部分离出来,有的拓展新的服务业务,如二手车置换、会员服务等,从而成立以二手车置换中心、车友俱乐部等部门组成的特殊事业部。每个部门具体的职责任务安排如下:

拓展资源:组织结构设计的基础

(1)销售部:主要负责与整车销售活动有关的业务。如开发潜在客户、接受客户咨询、市场营销策划、制订购车计划、实现整车销售等。

(2)技术服务部:主要负责与整车维修、保养活动有关的业务。如服务接待、建立客户档案、汽车质量保修、备件供应、服务促销等。

(3)财务部:主要负责与企业对资金运作的管理活动有关工作。如资金筹措、结算、成本核算、资金管理等。

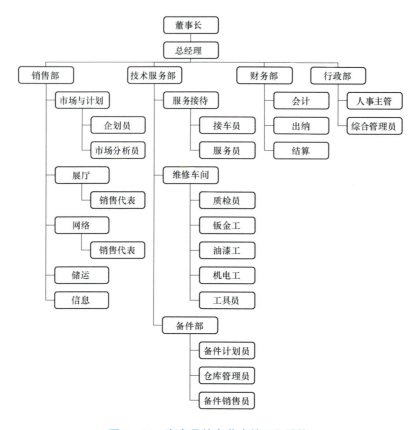

图 1-14 汽车品牌专营店的组织结构

（4）行政部：主要负责企业人事管理、日常事务和劳动保险与福利等工作。

2. 汽车品牌专营店主要职位的职责说明

（1）总经理：总经理是汽车品牌专营店经营活动的首脑，对企业经营成败起决定性作用。他应该富有激情，思维敏捷，具有创新精神，有远见及洞察力，敢于正视困难，承受压力能力强；并且熟悉 4S 店的管理模式及工作流程，具备丰富的汽车产品知识，具有较强的管理能力和营销能力，具备一定的财务知识和良好的交流能力。他全面负责企业的经营战略制定与执行；全面负责企业组织机构的设定与人力资源管理；全面负责企业经营管理工作；全面负责企业的公共关系处理，为企业建立良好的外部环境。

（2）销售部经理：销售部经理是整车销售业务的核心。他必须有很强的责任心和进取心；有较强的组织和沟通能力、团队建设和领导管理能力；应变能力强，能适应较强的工作压力；具有极强的服务意识和创新精神；清廉诚信，公正务实。同时，他应熟悉汽车销售工作流程和销售技能，了解汽车市场动态，具备丰富的汽车产品知识，还必须具备一定的培训技能。

（3）市场部经理：市场部经理是总经理或销售部经理的"智囊"，负责对市场环境进行观察与分析，管理企业客户数据库，评价竞争对手竞争行为的影响与效果，为企业制定适应市场需求的商务政策，提供咨询建议，评价本企业销售推广活动的效果。他必须有较强的责任心和进取心；有较强的组织和沟通能力、团队建设和领导管理能力；应变能力强，能适应较强的工作压力；具备极强的服务意识和创新精神；具有较强的市场洞察能力及市场分析、预测能力；熟悉汽车销售工作流程和销售技能，掌握汽车市场动态，具备扎实的汽车产品和丰富的汽车市场营销理论知识与实践经验。

（4）技术服务部经理：技术服务部经理是售后服务的责任人，必须致力于使技术服务部门通过优质的保养维修服务，为提高顾客满意度和挖掘市场潜力做贡献。其中，必须使全体员工树立顾客至上的理念，并在工作中贯彻执行。他必须有很强的责任心和进取心；有较强的组织和沟通能力、团队建设和领导管理能力；应变能力强，能适应较强的工作压力；具有极强的服务意识和创新精神；清廉诚信，公正务实；具备各重大事件的判断力和处理能力，有丰富的汽车故障诊断与维修经验，熟悉技术服务工作流程，熟悉汽车的构造、备件管理知识，还必须具备一定的培训技能。

（5）备件部经理：备件部经理负责在一定的库存成本基础上，维持适当的备件库存，确保合理的备件供应率，确保顾客满意度的实现。他必须有很强的责任心和进取心；有较强的组织和沟通能力、团队建设和领导管理能力；应变能力强，能适应较强的工作压力；具备极强的服务意识和创新精神；文字功底强；熟悉汽车专营店备件经营实际运作，了解汽车的维修、保养工作及相关知识。

案例资源：汽车维修企业组织机构建设

3. 其他汽车服务企业的组织结构

汽车配件连锁经营企业组织结构如图1-15所示；汽车维修企业组织结构如图1-16所示；二手车交易企业组织结构如图1-17所示；汽车俱乐部组织结构如图1-18所示。

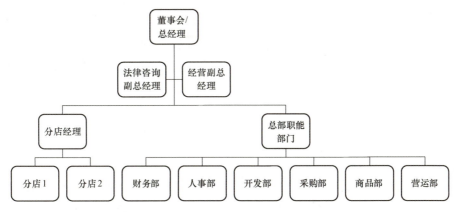

图1-15 汽车配件连锁经营企业组织结构

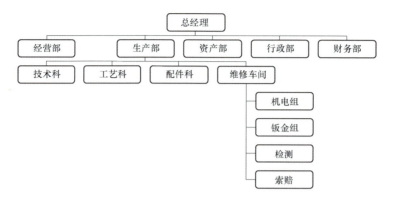

图1-16 汽车维修企业组织结构

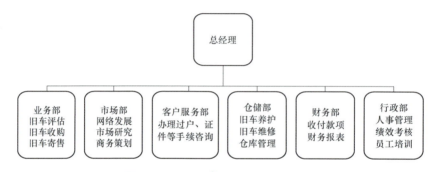

图1-17 二手车交易企业组织结构

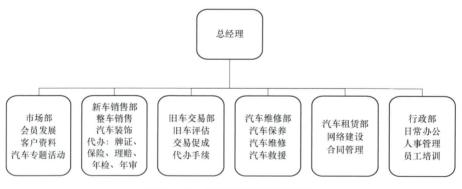

图1-18 汽车俱乐部组织结构

三、企业文化建设

（一）企业文化的内涵

企业文化，即组织文化，是指在一定的社会、政治、文化背景条件下，组织在生产与工作时间工程中所创造或逐步形成的价值观念、行为准则、作风和团体氛围的总和。

企业文化是企业的灵魂，是推动企业发展的不竭动力。它包含着非常丰富的内容，其核心是企业的精神和价值观。这里的价值观不是泛指企业管理中的各种文化现象,而是企业或企业中的员工在从事经营活动中所秉持的价值观念。培育与建设健康向上的组织文化,建立高激励性、高凝聚性的企业团队,是企业管理的核心内容。

(二) 建设企业文化的意义

1. 企业文化能激发员工的使命感

不管是什么企业,都有它的责任和使命,企业使命感是全体员工工作的目标和方向,是企业不断发展或前进的动力之源。健康的企业文化,可以引导企业的成员采取企业所期望的行动,自觉地实现企业目标,而落后的企业文化会将企业的成员引入歧途。

2. 企业文化能凝聚员工的归属感

企业文化的作用就是通过企业价值观的提炼和传播,让一群来自不同地方的人追求同一个梦想。企业文化可以使其成员形成共同的思想、共同的价值观念,产生对本组织的认同感、归属感和向心力,从而使组织成为紧密团结的整体。

3. 企业文化能加强员工的责任感

企业要通过大量的资料和文件来宣传员工责任感的重要性,管理人员要给全体员工灌输责任意识、危机意识和团队意识,要让大家清楚地认识企业是全体员工共同的企业。

4. 企业文化能对员工起到约束作用

企业文化包含多方面的准则与规范,形成效力很大的群体规范,从而有效地约束企业成员的思想和行为。

5. 企业文化有一定的辐射功能

企业文化不但对组织内部有着重要的影响作用,而且对组织外部乃至整个社会都产生巨大的辐射作用。由于企业的生产经营活动是社会最基本的经济活动,支撑着社会的运行与发展,从而使企业文化对整个社会的所有领域、每个成员都产生潜移默化而又极为重要的影响。

(三) 企业文化建设的基本内容

企业文化由3个层次构成,主要建设内容就是这3个层次。

1. 行为文化层

这是企业文化的表层,称为企业的"硬文化",主要由组织成员的行为和生产与工作的各种活动,以及这些行为与活动的各种物化形态所构成。包括厂容、厂貌、机械设备、产品造型、外观、质量等。

主要建设内容包括:

(1) 通过组织共同的价值观与组织精神,教育与激励组织成员,使全体成员为实现组织的目标而共同努力;

(2) 制定并贯彻人员行为准则,规范组织成员的行为;

(3) 塑造产品与服务形象,企业要通过向社会提供优质产品与服务,在社会广大公众心目中树立良好的形象;

(4) 美化、优化组织的外观形象,通过美化、优化企业的标识、建筑、环境等,为内部成员和外部公众带来美好的印象；

（5）树立组织的技术优势、设备优势、队伍形象等。

2. 规范文化层

这是企业文化的中间层，包括领导体制、人际关系及各项规章制度和纪律等。

主要建设内容包括：

（1）按照现代企业要求推进组织基本制度的改革与建设，包括建设现代产权制度，特别是先进的法人治理结构等；

（2）建设体现现代管理要求的组织结构与体系；

（3）建立健全各项规章制度，通过建立科学的制度、规范组织的基本职能活动与管理行为，以更有效地实现组织的目标。

3. 精神文化层

这是企业文化的核心层，称为企业软文化，包括各种行为规范、价值观念、企业的群体意识、职工素质和优良传统等，是企业文化的核心，被称为企业精神。

主要建设内容包括：

（1）形成组织全体成员共同信奉与追求的价值观，这是精神文化乃至整个企业文化的核心；

（2）培育组织精神，这是价值观的集中体现，是组织文化的"灵魂"与最显著的标志；

（3）养成良好的职业道德，这是价值观、组织精神与岗位工作实际的结合；

（4）营造健康向上的团体氛围，包括非正式组织形成积极的群体规范。

（四）企业文化建设的方法

1. 正面灌输法

这是指借助各种教育、宣传、组织学习、开会传达等形式，对组织文化的目标与内容进行正面灌输的方法，通过正面灌输等方法，教育企业全体成员树立正确的思想与价值观。

微课视频：汽车服务企业
如何让企业文化落地

2. 规范法

这是指通过制定体现预期文化要求的一整套制度规范体系来促进和保证企业文化建设的途径与方式，如制定反映企业文化要求的组织制度、管理规范、员工的行为规范等。

3. 激励法

这是指运用各种激励手段，激发员工动力，以营造良好氛围、塑造组织精神的各种途径与方法。如通过表扬、工作激励、关心和满足员工需要，增强组织凝聚力，培育热爱本职工作、敢于拼搏与勤奋努力的精神。

4. 示范法

这是通过企业领导人的率先垂范与行为暗示和先进人物的榜样作用来促进与影响企业的文化建设的方式与方法。企业要充分发挥领导和模范人物的示范作用，引导与带动企业的成员，培育组织精神，树立良好的组织风气。

5. 感染法

这是指通过各种人员交往，共同生活，形成互动，相互感染，以建设组织文化的途径与方式，如经过人员互动与感染，培养企业成员崇高的思想境界与健康的人格。

6. 实践法

这是在生产与工作实践的过程中培育企业文化的途径与方式，如通过各种生产经营实践，培养既敢于创新，又从实际出发的科学精神。

 任务实施

在掌握新建汽车服务企业应分析的主要内容的前提下，对新建汽车服务企业的可行性进行分析，并很好地解决本项目任务中所描述的王大海遇到的情况，建议采取如下方式开展学习和训练。

一、在线学习

登录"汽车营销与服务专业教学资源库"，选定汽车服务企业管理课程中的"汽车服务企业可行性分析""组织机构设计""企业文化建设"微课程，观看教学微课，并完成相应的进阶训练。在微课中如有疑问，可在线提问，与教师互动交流。

二、难点化解

认真学习本教材，进一步掌握任务1-2中的知识和技能，完成项目任务书中的"难点化解"题目。

三、模拟训练

假定自己可以解决王大海的难题，与学习小组成员商讨，并采用角色扮演法在课堂上展示。

 拓展训练

以小组为单位，考察一家汽车服务企业，分析其战略环境，了解其新建过程中的整体规划、操作流程、面临问题等，小组拍摄所考察企业的场景，并将微视频（或照片）上传至资源库平台。

 知识拓展

汽车服务企业管理职能

企业管理的基本职能包括计划、组织、指挥、协调和控制，这些职能贯彻到汽车生产

经营活动的各个方面，是统筹全局的综合性职能。

一、计划职能

计划职能是指企业对未来活动确定目标的途径与方法。计划主要解决两个问题：一是干什么；二是怎么干。计划为企业设计出一个行动蓝图，企业的一切工作都是围绕实现这一蓝图而展开的。计划的正确与否对企业活动的成败具有决定性的作用。因此，计划是企业管理的首要职能。

计划的内容非常丰富，包括研究和预测未来的变化，确定目标和方针，制订和选择方案，做出决策，以及编制并落实计划。决策是计划的灵魂，是计划职能的核心内容。计划有长远计划、年度计划、季度计划、月度计划、周计划、日计划，有时，某项具体工作也要有计划。

二、组织职能

组织职能是指根据企业目标的计划、对执行计划中各种要素及其相互关系进行配置、协调和组织，使计划任务得以落实。

组织既是一种结构，又是一种行为，可以分为静态组织和动态组织两个方面。静态组织是以提高组织效率为目标，主要研究组织机构的设置、职责、权利的规定及规章制度的确立；动态组织是以人际和谐为目标，主要研究组织行为的变化、组织机构的变革和发展。

三、指挥职能

指挥职能是指挥者所具有的权力，组织、指挥、协调和监督下属人员，完成指挥的职责和功能。

指挥职能包括决策、选人用人、指挥协调、激励和思想政治工作等。指挥职能的"职"代表职责，"能"代表能力。作为一个指挥，其主要的责任是激发下属人员的潜能，让每一个下属工作人员的潜力发挥到100%，甚至是200%。指挥是指挥者指导的意思，不单纯是"管人"这么简单。指挥职能专指其在某一个指挥过程上的能力，所谓在其位，则专其能，不在其位，不谋其政。在某一指挥岗位上，拥有驾驭这个岗位的能力及能够很好地执行相应的权责，对于一个指挥者及其所指挥的团队都有相当重要的意义。

四、协调职能

协调职能是指组织领导者从实现组织的总体目标出发，依据正确的政策、原则和工作计划，运用恰当的方式方法，及时排除各种障碍，理顺各方面关系，促进组织机构正常运转和工作平衡发展。

协调职能是现代管理的重要职能。在现代管理过程中，由于管理体制不顺，权责划分不清，政出多门，互相扯皮；领导班子不团结，各吹各的号，各唱各的调；干部素质上的差异，导致对问题的认识和看法不一致；决策失误、计划不周，导致执行的困难；客观情况的重大变化，导致原来的工作计划无法继续实施；单位、部门之间的本位主义和个人感情上的隔阂，导致相互之间的矛盾和冲突等，使组织管理过程中充满各种矛盾和冲突。如果不能及时排除这些矛盾和冲突，理顺各个方面的关系，组织机构的协调运转和计划目标的顺利实现就不可能。因此，协调工作十分重要。领导者必须高度重视协调工作，认真履行好协调职能。

五、控制职能

控制职能是指企业管理者根据目标和标准，对企业的各项活动进行监督和检查，以消除实际和标准的差异，并保证计划目标的实现。控制职能是一项规范性和政策性很强的职能。

控制过程包括制定控制标准，衡量实际结果，分析比较差异及采取措施纠正偏差。控制的目的在于保证企业的实际活动同预期的目标相一致，使企业的活动过程始终处于良性运动状态。

练习与思考

一、单选题

1. 被称为汽车"朝阳产业"的汽车服务企业是（　　）。
   A. 汽车租赁企业　　　　　　　　B. 汽车金融企业
   C. 汽车俱乐部　　　　　　　　　D. 二手车交易企业

2. 可以从事整车修理、总成修理、整车维护、小修、维修救援、专项修理和维修竣工检验工作的汽车维修企业是（　　）。
   A. 一类汽车维修企业　　　　　　B. 二类汽车维修企业
   C. 三类汽车维修企业　　　　　　D. 汽车专项维修企业

3. 新建汽车维修企业可行性分析中的最重要环节是（　　）。
   A. 收集和整理信息　　　　　　　B. 分析和判断
   C. 实施过程监控　　　　　　　　D. 投资状况及回报率分析

4. 合理地确定一个人能够高效率地组织管理下级的人员的数量或范围，遵循的原则是（　　）。
   A. 有效管理幅度原则　　　　　　B. 精简原则
   C. 统一指挥原则　　　　　　　　D. 逐级管理、逐级负责原则

5. 企业的灵魂是（　　）。
   A. 企业股东　　　　　　　　　　B. 企业资金
   C. 企业文化　　　　　　　　　　D. 企业员工

二、多选题

1. 属于整车销售企业的类型的企业是（　　）。
   A. 二手车交易企业　　　　　　　B. 汽车品牌专营店
   C. 多品牌经销店　　　　　　　　D. 汽车俱乐部

2. 汽车俱乐部主要有（　　）。
A. 经营型俱乐部　　　　　　　　　　B. 娱乐型俱乐部
C. 公益型俱乐部　　　　　　　　　　D. 综合型俱乐部

3. 常说的 4S 指的是（　　）。
A. 整车销售　　　　　　　　　　　　B. 零配件供应
C. 售后服务　　　　　　　　　　　　D. 信息反馈

4. 在汽车服务企业前期可行性分析中，可以采取的分析方法有（　　）。
A. 收集和整理信息　　　　　　　　　B. 分析和判断
C. 实施过程监控　　　　　　　　　　D. 投资状况及回报率分析

5. 在建设企业文化时，主要建设内容有（　　）。
A. 行为文化层　　　　　　　　　　　B. 思想文化层
C. 规范文化层　　　　　　　　　　　D. 精神文化层

三、判断题

1. 汽车服务所涵盖的内容是非常广泛的，从服务工作内容上来讲，既包括技术性服务工作，也包括非技术性服务工作。（　　）

2. 汽车服务企业的类型尽管有很多种，但每一个汽车服务企业只能以一种类型存在。（　　）

3. 进行了前期的技术、经济可行性分析后，就无须在投资建厂过程中再进行额外的监控了。（　　）

4. 企业的全部职能都由各级行政领导人负责，不设立职能管理机构，各部门只接受上一级行政领导人的指挥，这种组织结构形式是矩阵制。（　　）

5. 借助各种教育、宣传、组织学习、开会传达等形式，对组织文化的目标与内容进行传扬，并且教育企业全体成员树立正确的思想与价值观，这是激励法。（　　）

四、简答题

1. 什么是企业？
2. 简述汽车服务企业类型。
3. 汽车服务企业前期进行可行性分析的目的和分析内容分别是什么？
4. 设置汽车服务企业组织机构的基本原则有哪些？
5. 汽车服务企业建设企业文化的主要意义有哪些？

项目二

销售管理

销售管理是汽车服务企业进步的重要因素。有效的销售管理能给企业带来销量的增长、更具凝聚力的销售团队、更多的利润增长,并可带动后续售后服务产值的增加。本项目从销售岗位设置、销售流程设计、销售门店管理和销售团队管理4个任务展开,通过4个任务的学习和实施,学生会对销售岗位和销售流程有进一步的认知,并能够具备初级的门店管理能力,初步具备建设高效销售团队的能力。

任务 2-1 销售岗位设置

 任务描述

李女士年龄33岁,是一家事业单位的工作人员。李女士来到汽车销售服务公司看车。你是这家销售服务公司负责接待李女士的销售顾问,在你与李女士进行需求分析和车辆推介的交流过程中,李女士突然想到朋友的一个儿子马上要大学毕业了,学习的就是汽车销售相关专业,于是,向你询问了关于汽车销售的工作人员岗位设置和任职条件方面的问题。请问你如何为李女士解答呢?

 任务分析

中国加入世界贸易组织以来,汽车作为典型的耐用消费品开始进入中国家庭,汽车拥有量快速上升,中国进入私人汽车普及期。2009年,中国汽车产销量超过美国,成为世界第一,2009年之后的几年,中国汽车产销量一直保持世界第一,并且在2012年达到了1 940万辆,刷新了全球的历史纪录,成绩令人瞩目。截至2016年年底,我国机动车保有量已逾2.9亿辆,汽车保有量已逾1.94亿辆。有预测我国汽车保有量极限是3亿辆。中国汽车市场的潜力很大,因此,汽车销售岗位也面临着很大的需求空间。

学习任务包括如下内容:

(1)完成"汽车营销与服务专业教学资源库"汽车服务企业管理课程中的"销售岗位分工""任职条件与岗位职责"微课程学习。
(2)小组采用角色扮演法组建团队进行销售岗位职责和任职条件的讨论。
(3)完成"销售岗位设置"项目任务书。
(4)完成拓展训练任务。

 学习目标

● 专业能力

1. 能够运用科学的方法,对销售岗位设置进行分析,从而明确岗位职业和任职条件，对自身需要培养的能力要求有明确的认识，对销售各岗位的工作情况有一定了解；

2. 掌握"销售岗位分工""任职条件与岗位职责"等汽车销售岗位设置需要的重要知识和技能点。

- 社会能力

1. 树立服务意识、效率意识、规范意识；
2. 强化人际沟通、语言表达能力；
3. 维护组织目标实现的大局意识和团队能力；
4. 爱岗敬业的职业道德和严谨、务实、勤快的工作作风；
5. 自我管理、自我修正的能力。

- 方法能力

1. 利用多种信息化平台进行自主学习的能力；
2. 制订工作计划、独立决策和实施的能力；
3. 运用多方资源解决实际问题的能力；
4. 准确的自我评价能力和接受他人评价的能力；
5. 自主学习与独立思维能力。

 相关知识

一、销售岗位分工

销售部门在整个汽车服务企业中，如汽车4S店里，是一切其他增值业务的前提和基础。如保险、装饰美容、售后维修保养等项目的进行，都是要建立在有新车销售的基础上的。

汽车销售部门的职责包括以下内容：

（1）进行市场调查与分析。

微课视频：汽车销售岗位分工

（2）编制营销计划，提供营销策划、市场开拓方案并组织实施。

（3）接待来店客户、处理销售业务，完成销售目标。

（4）负责开拓出租车、团购、集团用车等专项市场。

（5）开展多种形式的广告宣传活动，以促进销量，提升汽车品牌形象。

常见的汽车销售企业销售部门的岗位分工如图2-1所示。

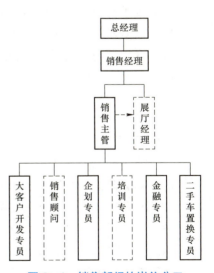

图2-1 销售部门的岗位分工

销售部门岗位设置要求：

销售经理：1 名。

销售主管：1 名。

展厅经理：1 名。

大客户开发专员：1 名。

销售顾问：若干名。

金融专员：1 名。

培训专员：1~2 名。

企划专员（市场专员）：1~2 名。

二手车置换专员：1 名。

二、任职条件与岗位职责

（一）销售经理

1. 岗位任职要求

（1）掌握现代企业管理、市场营销等经济理论。

（2）有良好的人际交往和沟通能力。

（3）有市场竞争的分析能力，有应对棘手问题的处理能力。

（4）了解国家对二手车交易的有关政策和交易流程。

案例资源：宝马 4S 店销售岗位设置

2. 岗位职责

（1）依据企业营销目标和市场需求，制订公司的销售计划并组织实施。

（2）主持销售部门日常工作事务，合理调配人力、物力等资源。

（3）负责处理销售人员无权处理或无法解决的重大问题。

（4）处理与公司其他部门的关系，与其他部门有效合作。

（5）做好本部门人员的工作指导和考核工作。

（6）寻求部门新的利润增长点。

（7）组织本部门员工开拓市场，开展促销和品牌宣传活动。

（8）组织本部门员工对二级经销商进行开发与管理。

（9）组织对本部门的人员培训。

（二）销售主管

1. 岗位任职要求

（1）熟悉营销、财务、法律等基础理论知识。

（2）掌握汽车构造、公共关系等专业知识。

（3）有较强的组织协调能力，能独立处理汽车销售的有关问题。

（4）有较强的公关意识，善于处理各方面的关系。

（5）具备汽车构造知识，熟悉常规机电维修及装潢基本知识。

（6）熟悉汽车车型及价格。

拓展资源：销售主管任职条件与岗位职责

2. 岗位职责

（1）完成上级领导下达的经营目标和工作计划，并将指标层层分解到每个月、每个人。

（2）负责经销展厅的现场管理。

（3）现场支持与协助销售顾问开展业务。

（4）对展厅销售人员进行管理。

（5）对二手车的价格能准确估价，判断市场需求；努力开拓市场，收集二手车资源，并及时反馈公司。

（6）对销售人员的销售进度进行跟踪。

（三）展厅经理

1. 岗位任职要求

（1）熟悉营销、法律等基础理论知识。

（2）掌握汽车构造、公共关系等专业知识。

（3）有较强的公关意识，能独立处理汽车销售的有关问题。

（4）具备汽车构造知识，熟悉常规机电维修及装潢基本知识。

（5）熟悉汽车车型及价格。

2. 岗位职责

（1）制定当月销售目标及盈利。

（2）展厅销售人员的任务安排。

（3）每日晨会夕会讨论问题。

（4）展厅 5S 日常管理。

（5）市场活动的协商与制定。

（6）销售报表的填报。

（7）厂房销售人员的沟通协调。

（8）客户投诉的沟通与处理。

（9）下属员工的培训与考核。

（四）大客户开发专员

1. 岗位任职要求

（1）良好的沟通能力。

（2）有较强的工作责任心及积极性。

（3）具有较好的政府公关渠道。

2. 岗位职责

（1）研究出租车、团购市场。

（2）走访专项市场。

（3）提出专项市场销售方案。

（五）销售顾问

1. 岗位任职要求

（1）仪表端正，举止大方、得体。

（2）拥有轿车驾驶执照并熟练驾驶。

（3）具有良好的语言表达能力与沟通能力、良好的客户服务理念。

（4）对工作有热情和毅力，具有吃苦耐劳、勇于开拓的敬业精神。

（5）思路清晰，性格开朗、诚实，有责任心。

（6）善于学习，经培养可具有一定的市场开拓能力。

微课视频：汽车销售顾问的岗位职责

2. 岗位职责

（1）接待来店客户并实现成交。

（2）开发基盘用户。

（3）研究销售方法。

（4）组织、协调相关人员做好客户上牌、按揭、保险等服务工作。

（六）金融专员

1. 岗位任职条件

（1）本科以上学历，有汽车或汽车金融产品销售等相关工作经验。

（2）市场营销，金融等相关专业，了解市场情况和销售技巧。

（3）具有良好的客户沟通、人际交往及维系客户关系的能力，有一定的抗压能力。

2. 岗位职责

（1）金融专员在与客户的沟通过程中，需要对客户的资信状况做出全面了解。

（2）向客户推荐适合的金融按揭方式，并配合销售顾问达成销售。

（七）培训专员

1. 岗位任职条件

（1）人力资源、管理或相关专业本科以上学历。

（2）受过现代人力资源管理技术、职业教育等方面的培训。

（3）熟悉内部培训及外部培训组织作业流程。

2. 岗位职责

（1）负责培训项目的实施，并持续改善。

（2）协助上级建立并优化培训体系，建立内部及外部师资库、教材库、试题库和案例库等。

（3）负责公司的培训计划实施，组织内外部讲师资源、审核课程并落实培训。

（八）企划专员（市场专员）

1. 岗位任职要求

（1）有较强的品牌理念。

（2）具备较强的公关能力。

（3）熟悉广告等专业知识。

2. 岗位职责

（1）负责制订组织的广告宣传、公关计划。

（2）负责组织重要的广告宣传活动、公关活动。

（3）协调本部门与其他部门关系。

（九）二手车置换专员

1. 岗位任职条件

（1）二手车置换专员必须具备厂家规定的任职条件。

（2）二手车置换专员必须经过专业的培训和考核，在取得任职资格证书后才能上岗工作。

2. 岗位职责

（1）严格按照品牌厂家的标准和流程对车辆进行查定、估价和收购。

（2）预估车辆的维修金额。

（3）进行车辆鉴定估价。

（4）了解、收集、整理市场信息。

 任务实施

在掌握汽车服务销售服务岗位分工和任职条件与岗位职责的前提下，形成对汽车销售企业销售岗位设置的整体性认识，并很好地解决本项目任务中所描述的对李女士的关于为朋友儿子就业应聘咨询的问题，建议采取如下方式开展学习和训练。

一、在线学习

登录"汽车营销与服务专业教学资源库"，选定汽车服务企业管理课程中的"销售岗位分工""任职条件与岗位职责"微课程，观看教学微课，并完成相应的进阶训练。在微课中如有疑问，可在线提问，与教师互动交流。

二、难点化解

认真学习本教材，进一步掌握任务2-1中的知识和技能，完成项目任务书中的"难点化解"题目。

三、模拟训练

假定自己可以解决李女士的难题，与学习小组成员商讨，并采用角色扮演法在课堂上展示。

 拓展训练

以小组为单位，考察一家汽车销售企业，重点调研该企业的销售岗位，尤其是重点观察或者向从业人员请教：销售岗位服务区域设置、岗位设置，岗位服务内容与岗位职责、应聘各岗位的条件等问题。然后对收集到的信息进行归纳和总结，进而明确汽车销售岗位的分工、任职条件和岗位职责。小组拍摄所考察的销售岗位工作环境和工作场景，并将微视频（或照片）上传至资源库平台。

项目二
销售管理

任务 2-2　销售流程设计

 任务描述

李女士 33 岁，是一家事业单位的工作人员。李女士想要买一辆轿车，主要用途是上班代步和接送女儿上学，李女士来到王大海的汽车销售服务有限公司。如果你是这家销售服务公司的销售顾问，谈谈你为李女士提供的汽车销售服务的具体流程和服务内容。

 任务分析

在当今商品经济高度发达的社会，企业生产需要销售人员从一线收集到准确、翔实的信息反馈；客户消费也需要借助销售人员的努力才能得以实现。销售人员虽然没有直接投入到生产过程，却用自己的服务参与到了产品的消费实现中。他们担负着实现社会资源与客户消费需求的匹配重任，他们是社会资源投入的引导者和配置者。很难想象，离开了销售人员，我们还能否轻轻松松实现自己的消费需求，企业还能否顺利实现自身的价值增值。为了更好地对公司产品进行宣传、推广、销售及进一步提升公司的形象，提高销售工作的效率，所有的销售人员及相关人员均应科学地以销售流程与制度为依据开展工作。

学习任务包括以下内容：
（1）完成"汽车营销与服务专业教学资源库"汽车服务企业管理课程中的"汽车销售服务内容""整车销售流程""销售工具包"微课程学习。
（2）小组采用角色扮演法模拟销售人员开展销售服务各流程的工作。
（3）完成"销售流程设计"项目任务书。
（4）完成拓展训练任务。

 学习目标

● 专业能力
1. 能够运用科学的方法，对汽车销售流程进行设计，从而为各流程服务的开展做好准

备,提高服务的效率和质量,从而提高企业服务满意度;

2. 掌握"汽车销售服务内容""整车销售流程""销售工具包管理"等销售流程设计的重要知识和技能点。

- 社会能力

1. 树立服务意识、效率意识、规范意识;
2. 强化人际沟通、语言表达能力;
3. 维护组织目标实现的大局意识和团队能力;
4. 爱岗敬业的职业道德和严谨、务实、勤快的工作作风;
5. 自我管理、自我修正的能力。

- 方法能力

1. 利用多种信息化平台进行自主学习的能力;
2. 制订工作计划、独立决策和实施的能力;
3. 运用多方资源解决实际问题的能力;
4. 准确的自我评价能力和接受他人评价的能力;
5. 自主学习与独立思维能力。

一、汽车销售服务内容

在汽车品牌专营店,也即汽车4S店中,汽车销售服务主要是由汽车销售顾问完成的。汽车销售顾问是为客户提供顾问式的专业汽车消费咨询和导购服务的汽车销售服务人员。

汽车销售服务以客户的需求和利益为出发点,向客户提供符合客户需求和利益的产品销售服务。

汽车销售服务的具体工作包含客户开发、客户跟踪、销售导购、销售洽谈、销售成交等基本过程,也涉及汽车保险、上牌、装潢、交车、理赔、年检等业务的介绍、成交或代办。在4S店内,其工作范围一般主要定位于销售领域,其他业务领域可与其他相应的业务部门进行衔接。

微课视频:汽车销售服务内容

拓展资源:某汽车4S店销售服务内容

二、整车销售流程

汽车整车销售流程包括九大环节:客户开发、客户接待、需求分析、产品介绍、试乘试驾、异议协商、签约成交、交车服务、销售回访,如图2-2所示。

微课视频:整车销售流程

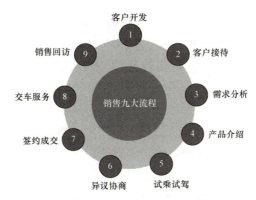

图 2-2 汽车销售九大流程

1. 客户开发

客户开发主要是挖掘潜在的客户，主要是通过一些网络途径或者是其他人的推荐进行客户的开发。在销售过程中的潜在客户开发步骤中，最重要的是通过了解潜在客户的购买需求，并和他们建立一种友好的关系。只有当销售人员确认关系建立后，才能对潜在客户进行邀约。

2. 客户接待

接待客户一般说的是展厅接待，有两种情况：一是完全陌生的客户拜访；二是已经预约的客户拜访。对于陌生的客户拜访，注重的是第一印象，为客户树立一个好的第一印象。由于客户通常预先对购车经历抱有负面的想法，因此，殷勤有礼的专业人员的接待将会消除客户的负面情绪，为购买过程奠定愉快和谐的基调。而对于已经预约好的客户，则根据流程来走即可。当然，也要在接待过程呈现出专业、礼貌的精神面貌。

3. 需求分析

以诚恳和自信的态度面对客户。重点是建立客户对销售人员及经销商的信心。对销售人员的信赖会使客户感到放松，并畅所欲言地说出他的需求，这是销售人员和经销商在咨询过程中通过建立客户信任所能获得的重要利益。

4. 产品介绍

要点是针对客户的个性化需求进行产品介绍，以获得客户的信任感。销售人员必须向客户传达与其需求有关的相关产品特性，帮助客户了解企业的产品是如何满足其需求的，只有这样客户才会认识产品的价值。直至销售人员获得客户认可，挑选到了合心意的车，这一步骤才算完成。

5. 试乘试驾

这是客户获得有关车的第一手材料的最好机会。在试车过程中，销售人员应让客户集中精力对车进行体检，避免过多讲话。销售人员应针对客户的需求和购买动机进行解释说明，以建立客户的信任感。

6. 异议协商

为了避免在协商阶段引起客户的质疑，对销售人员来说，重要的是要使客户掌握一些必要的信息,此外,销售人员必须在整个过程中占主导地位。如果销售人员已明确客户在价格和其他条件上的需求,然后再提出销售议案,站在客户的角度上来思考问题,会使客户觉得是在和一位诚实而值得信赖的朋友打交道,那么就极大地提高了成交的机会。

7. 签约成交

重要的是要让客户有充足的时间做决定,同时加强客户的信心。销售人员应对客户的购买信号有较强的敏感度。一个双方均感到满意的协议将为交车铺平道路。

8. 交车服务

交车是客户最兴奋的时刻,在这个过程中,必须要信守承诺,保证交车的时间、尽量帮助客户顺利拿车,并且拿到的是质量可以保证的车。这样既增强客户的信任感,也是建立友好关系最关键的一步。此时需要注意的是,交车时间有限,销售人员应抓紧时间回答客户询问的任何问题。如果不能按照原来预定的时间交车,一定要诚恳地向客户道歉。

9. 售后回访

客户提车后,并不代表销售已经结束。一般来说,你的未来客户都是通过你的现有客户介绍、推荐而来的。因此,作为汽车销售顾问,在客户提车之后,必须要及时跟踪客户用车情况,如果有活动,也要及时告知客户,要给客户无微不至的关怀。

三、销售工具包

销售工具包是销售人员在为客户进行销售服务时使用的所有用品、工具、单据。在销售准备时,销售人员需要将销售工具包准备好,并熟悉工具的使用方法和使用时机。

案例资源:某汽车4S店销售工具包内容

微课视频:利用PDI检查表对新车进行检查

在销售人员为客户进行销售服务时,销售工具包要随身携带,这样不但可以及时出示销售工具包给客户看,也为销售服务内容更规范化、顾问式服务的质量提供了重要的保障,提高服务效率的同时,也提高了服务质量。汽车销售工具包的具体内容见表2-1。

表2-1 汽车销售工具包

序号	销售工具名称	销售工具图
1	名片	奇瑞汽车 CHERY AUTOMOBILE 姓名 经理 手机:18918662869 13917938099 上海方行汽车销售有限公司 奇瑞汽车奉贤地区特许专营店 地址:上海市奉贤区南奉公路4277号 (方墩加油站向西200米) 电话:021-57560052 传真:021-57560052 邮编:201414

续表

序号	销售工具名称	销售工具图
2	计算器	
3	签字笔	
4	车型宣传画册	
5	汽车销售合同	

续表

序号	销售工具名称	销售工具图
6	来店顾客信息登记表	客户登记表（含客户编号、客户类别、客户名称、通讯地址、邮政编码、联系人、电话、传真等栏目）
7	试乘试驾协议书	客户协议书 德国大众特许经销店名称：＊＊＊＊进口汽车销售服务有限公司 试乘试驾车型： 本人于＿年＿月＿日在德国大众特许经销店（＊＊＊＊），自愿参加＿＿车型的试乘试驾活动，特作以下陈述及声明： 1．本人保证在试乘试驾过程中严格遵守交通法规以及本次试乘试驾活动要求。 2．完全服从经销店的指挥和安排，安全、文明驾驶。 3．如因本人违背上述声明或者非所驾车辆之暇疵的其它原因 1）给本人或他人造成了人身伤害或损失 2）给所试驾车辆造成了损失 3）给其它车辆或道路、场地等设施造成损失，超出保险公司赔付的部分 将皆由本人承担全部责任，与经销店无关 试乘试驾人已阅读并理解了以上内容　试乘试驾人签字：＿＿＿ 　　　　　　　　　　　　　　　　　　　　　年　月　日
8	试乘试驾线路图	（试乘试驾路线图，含白马商城、福特4S店、4S店、邵寨村、西昌南路、小岳家、卓耕广场、换手点等地点）

续表

序号	销售工具名称	销售工具图
9	试乘试驾满意度调查表	包含项目：1.外形 2.内饰 3.爬坡力 4.起步加速性 5.行驶平稳性 6.刹车灵敏性 7.配备 8.空调舒适性 9.越野通过性 10.座椅舒适性 11.车内空间感 12.操控性能；试驾满意度选项：很满意、满意、一般、不满意；建议事项
10	贷款明细表	上汽通用雪佛兰汽车中驰特约销售服务店 汽车消费信贷费用（洽谈记录）：客户姓名、销售员姓名、客户电话、销售员电话；购车计划一至五；车型、销售单价、贷款成数、首付款金额、贷款金额；各项费用：上牌费、购置税、保险1年、保险2年、保险3年、抵押费、手续费、合计；首付款总额；月供还款：1年、2年、3年、4年、5年；个人所需材料：1.身份证（夫妻双方，有担保人也要担保人夫妻双方）---原件 2.房产证（购房合同，或全额发票+贷款合同，或银行抵押合同---原件）3.户口本（夫妻双方，有担保人也要夫妻双方）---原件 4.结婚证（离婚证或法院判决通知书---原件）5.驾驶证（原件）6.收入证明（GMAC格式---加盖公章---人事部签字固定电话）7.常用存折清单（近6个月银行流水---有本人姓名，并且加盖银行公章）8.营业执照（有章程的需提供公司章程）9.工行银联扣款卡（需本人姓名开卡---信用卡不可以用来扣款）10.其他资料：本人一寸相片；第一联销售

续表

序号	销售工具名称	销售工具图
11	新车交车PDI检查表	奎屯华岳汽贸商品车交车单（表格内容略）

 任务实施

在掌握汽车销售服务内容、整车销售流程、销售工具包内容的前提下，形成对汽车销售流程的认识，并很好地解决本项目任务中所描述的对刘女士进行标准的销售流程的服务，建议采取如下方式开展学习和训练。

一、在线学习

登录"汽车营销与服务专业教学资源库"，选定汽车服务企业管理课程中的"汽车销售服务内容""整车销售流程""销售工具包"微课程，观看教学微课，并完成相应的进阶训练。在微课中如有疑问，可在线提问，与教师互动交流。

二、难点化解

认真学习本教材，进一步掌握任务2-2中的知识和技能，完成项目任务书中的"难点化解"题目。

三、模拟训练

假定自己可以解决李女士的难题,与学习小组成员商讨,并采用角色扮演法在课堂上展示。

 拓展训练

以小组为单位,考察一家汽车销售企业,跟踪观察该企业的销售服务人员,尤其是注意销售服务顾问对客户服务的内容和流程,并找到销售顾问,进行调研、记录,然后进行归纳和总结,进而明确销售服务的流程和服务内容、服务要点、遇到的问题如何解决、服务技巧和经验等。小组拍摄所考察的销售服务过程,并将微视频(或照片)上传至资源库平台。

任务 2-3　销售门店管理

任务描述

李女士朋友的儿子小马顺利地通过了汽车销售岗位的应聘,来到一家东风标致汽车的 4S 店工作。小马到店报到后,要先完成为期 3 个月的实习期工作。经理安排小马在实习期内主要协助完成销售门店管理的工作。如果你是经理,该如何为实习销售顾问小马布置他的工作呢?

任务分析

汽车销售市场竞争日趋激烈,随着经销商不断获得更多品牌的代理权,汽车 4S 店为追求更大的利润目标,应注重向精品服务领域渗透和延伸。汽车 4S 店服务形象和服务质量的提升,是精品服务的重要内容。为了使客户在进入展厅时能够对企业产生正面及深刻的认识,提升整体品牌形象,汽车销售服务公司应对其门店管理,包括环境、展厅、人员等,有明确的服务标准和要求。建立对汽车销售门店管理的内容和要求的认识,并具备门店管理与服务的工作能力是汽车销售服务人员的基本要求。

学习任务包括如下内容:

(1)完成"汽车营销与服务专业教学资源库"汽车服务企业管理课程中的"展厅环境管理""展车管理""早会管理"微课程学习。

(2)小组进行展厅环境管理、展车管理、早会管理的服务内容展示。

(3)完成"销售门店管理"项目任务书。

(4)完成拓展训练任务。

学习目标

● 专业能力

1. 能够运用科学的方法,对销售门店管理的内容进行分析,明确门店管理的要求和职责，从而提高门店服务的效率和质量，促成销售服务满意度的提升。

2. 掌握"展厅环境管理""展车管理""早会管理"等销售门店管理的重要知识和技能点。

● 社会能力

1. 树立服务意识、效率意识、规范意识；
2. 强化人际沟通、语言表达能力；
3. 维护组织目标实现的大局意识和团队能力；
4. 爱岗敬业的职业道德和严谨、务实、勤快的工作作风；
5. 自我管理、自我修正的能力。

● 方法能力

1. 利用多种信息化平台进行自主学习的能力；
2. 制订工作计划、独立决策和实施的能力；
3. 运用多方资源解决实际问题的能力；
4. 准确的自我评价能力和接受他人评价的能力；
5. 自主学习与独立思维能力。

相关知识

销售门店管理，可以提高客户满意度，营造一个温馨、舒适的购车环境，展厅环境对顾客行为的影响包括直接影响和间接影响两个方面。

直接影响：帮助顾客顺利实现购买目标。

间接影响：刺激顾客的购买行为。

汽车销售门店管理的意义主要体现在可以提高员工与员工之间的有效沟通，可以提升门店与公司之间信息的快速反应，可以提升终端统一陈列模式的形象，可以提高销售服务企业与竞争对手的竞争实力。

建立对汽车销售门店管理的内容和要求的认识，并具备门店管理与服务的工作能力是汽车销售服务人员的基本要求。

一、展厅环境管理

展厅环境包括展厅的物理环境和展厅的心理环境。

1. 展厅的物理环境

包括展厅建筑本身、展车、各种设施、辅助用具、行走路线等。其中，从环境的位置来看，包括展厅内部环境和展厅外部环境。

微课视频：展厅环境管理

案例资源：某汽车有限公司展厅管理制度

2. 展厅的心理环境

展厅的心理环境是指顾客可感觉到的氛围，如视觉、听觉、嗅觉、热情、礼貌、专业、信任、轻松等。

展厅的心理环境往往依赖于展厅的物理环境,因此,在这一部分重点理解展厅的物理环境内容和规范要求。

案例资源:顺手牵"马"

(一)展厅外部环境管理

1. 展厅外观

(1)采用较耐久的现代化外观和受较多顾客喜爱的设计,要对顾客有吸引力。

(2)建筑物应添加鲜活的自然气息。

(3)对于结构上无法改变的缺陷,要加以粉饰。

(4)整体氛围营造要贴近产品定位、市场定位。

2. 展厅的标示牌

(1)明确销售时间、突出产品的宣传字样。

(2)标示醒目、字迹清楚。

(3)路线指引清晰。

(4)保持清洁如新。

3. 停车设施

(1)随时保持干净。

(2)顾客停车场所有清晰的停车线和车辆引导线。

(3)与展厅有类似的车型群。

(4)针对新品车型,应有专属停车位。

(二)展厅内部环境管理

1. 展厅的内部设计原则

(1)内景安排要和谐统一,紧密结合最近的市场推广计划。

(2)内景设计应与展厅外观配合协调。

(3)以吸引顾客、提供便利、合理利用场地为目标。

(4)要进行效果分析,不断改善更新。

(5)要体现出产品的个性,并准确传达给顾客。

(6)展厅的内部设计原则——视觉。

① 色彩:结合展厅的销售主题和一年四季变化,进行色彩的合理安排。

② 灯光:展厅灯光要明亮,对于展车的主题区域,要用强光补强。

③ 装饰:内部装饰效果要能结合季节变化及促销活动进行调整。

(7)展厅的内部设计原则——听觉。

① 避免各种噪声的干扰,以提供安静的交谈环境。

② 采用轻柔的背景音乐,给顾客一个轻松怡人的购物环境。

③ 为销售营造一个良好的听觉环境。

(8)展厅的内部设计原则——嗅觉。

① 展厅要通风除尘，提供清新的空气，避免异味产生。
② 展厅内可喷洒淡淡的空气清新剂，提供令人愉悦的香味。

2. 促销及广告宣传

（1）海报、招贴、广告牌、装饰画。
（2）各类得奖记录。
（3）公司优良事迹。
（4）各种优惠购车办法。
（5）顾客使用心得。
（6）各种媒体正面报道。

3. 盆栽植物

（1）落地窗前的盆栽确保不挡住顾客由外向内的视线。
（2）每日进行植物叶面的清扫打理，因此，应多选用大叶面易清扫植物。
（3）定期对植物进行修枝整理。
（4）杜绝烟头杂物出现在盆栽盆中。

4. 商谈区

（1）排列应避免过于集中，为提高利用率，建议将商谈区散布在展厅各部位，并配备圆形的商谈桌和有轮子的座椅。
（2）要充分利用商谈区，给顾客提供相关信息。
（3）保持区域清洁，确保在顾客离去后立即将商谈桌恢复原状。

5. 儿童区

（1）儿童区内所有物品都应使用柔软、环保、清洁的儿童专用玩具设备。
（2）儿童区四周应适当加网状或棍状围栏，以避免儿童因四处乱跑而造成事故（图2-3）。
（3）整体儿童区应保证从任何角度都可以观察到儿童行为动向。
（4）如有可能，可适当增加视听娱乐设备和电玩设备，以适应儿童娱乐的需求。
（5）如有儿童进入儿童娱乐区，应有专人看护。

图2-3 儿童娱乐区没有安全护栏

（三）展厅设施规范化管理评估表（表2-2）

表2-2　展厅设施规范化管理评估表（示例）

评估 我目前做到了哪些	评估点	良好 ○	待加强 △	未执行 ×	改进意见	完成日期	责任人
1. 外围摆设能吸引客人入内参观（标准/整洁/吸引力）	● 从展点外围，以客户角度检视展点外观是否具有专业特色，每次时间间隔多久						
2. 展车陈列符合销售目标吗？（主题区、车型、车色）	● 主题区规划要与当前促销活动相配合 ● 展示车车型、车色搭配 ● 灯光效果能否展现特色						
3. 展车强调价值感，是否以最佳状况呈现给客户？（车前后排、发动机室、行李箱、轮胎、玻璃、座椅清洁、漆面、电力状况）	● 从客户角度考虑，呈现上面的最佳状况 ● 商品展示后是否立即清洁车辆，并将座位调整至适当位置						
4. 促销广告表达/POP悬挂（车顶立牌、促销海报、资料架等）	● 过期海报是否仍挂在展厅内 ● 建立资讯看板，提供多元化购车资讯						
5. 值班柜台清洁（来电登记簿、值班簿、桌面及桌下清洁）	● 背景音乐 ● 来店人数统计 ● 潜在客户资料留存状况						
6. 商谈区（排列、清洁、特色）	● 是否在客户离去时马上整理商谈区，准备迎接下一位客户						
7. 厕所（布置、清洁、气味）	● 是否经常保持"干""净" ● 厕所内是否有全面周到的考虑						
8. 办公室（整洁、物品定位）	● 确实运作看板管理						

二、展车管理

为了在客户来到展厅后，能够对车辆有直观、清晰、良好的印象，需要对展车进行严格的管理，保障客户看车后，对企业与产品的评价加分，促成成交。

1. 展车摆放的原则

（1）要方便顾客观赏及操作。

（2）要充分展现出展车的卖点特性。

（3）展车要设置主题区，经过特别的规划后，要达到立即获取进门顾客注意的效果。

（4）在展车主题区尽量利用筒灯、射灯强化展车的美感。

（5）展车的车型、车色搭配建议进行经常性的轮换。

拓展微课视频：展车管理

2. 展车的卫生管理

（1）展车上有标明车型的前后牌。

（2）发动机室保持干净、无尘。

（3）行李箱干净、整洁、无杂物。

（4）保持轮胎导水槽整洁、无异物。内轮弧擦拭干净，及时上轮胎蜡。

（5）注意将轮圈上的标志摆正。

（6）车窗玻璃应内外擦拭干净，确保无手纹或水痕。

拓展资源：展车管理评分表

3. 展车维护管理

（1）调整前后座椅的适当距离，椅背保持平行。

（2）调整好后视镜，转向盘应调到最高位置，座椅应调到最低位置。

（3）车身漆面要保持光滑、光亮，显示车辆的质感。

（4）注意保持充足的电力，及时充电。

（5）预先设定好电台。

（6）随时进行局部清洁整理工作。

（7）每日进行全面整洁清扫。

4. 展车个性化展示

（1）对展示车辆适当进行动感车贴处理，以更为吸引顾客目光。

（2）在车内放入专属饰件，如脚垫、座椅套、转向盘套和内饰摆件与挂件。

（3）在行李箱内放入顾客娱乐休闲日常用到的一些物品，如整理箱、烧烤架、折叠自行车等。

（4）车内顾客试听音乐的选择，应以动感时尚的潮流音乐为主。

5. 特殊设备的展示

（1）展车的特殊装备展示应以更为个性化专属的产品为主。

（2）精品展示区不仅在销售大厅设置，在售后客户休息区内也应进行设置。

（3）除展示产品外，还应设置出特殊装备宣传单页、价目单和精品销售联系电话。

（4）如顾客对改装与精品件很有兴趣，应有专人对顾客进行接待和解答。

（5）对顾客需求量大的精品装饰方案，可以将改装后的样车作为展厅促销车型进行推广。

三、早会管理

早会是企业文化的一种表现形式，很多大公司都把早会当成一种制度，包括很多世界 500 强公司。企业文化靠形式导入，早会是企业文化导入的一种有效的途径。

拓展微课视频：
早会管理

每个员工都渴望成功，其实成功是一种状态，同样，员工每天的工作也是一种状态，特别是销售人员，如果状态不好，每天都无精打采，见到客户没有激情，客户是不会和这样的销售人员签单的。一个员工如果每天工作都漫无目的，没有目标，效率很低，也不是公司想要的。

早会可以激励员工，使员工保持良好的状态去对待工作和客户。同时，早会可以明确当日的工作目标，并确认达成目标的策略和方法。

除了早上上班前的早会这种方式，很多公司目前也在下班后召开夕会。下面针对早会/夕会的类型与流程进行介绍。

（一）早会/夕会的类型

早会/夕会的类型很多，一般来说，分为记者招待会式、嘉宾面对面、早餐俱乐部式、视频会议式、庆生会式、击鼓传花式、董事会领导与众同乐式、头脑风暴式、团队竞赛游戏、生肖游戏、PTT 式、简报式销售演讲、文体娱乐型、读书会式、情景话剧式、发泄式、诊断会式、室外体操舞蹈运动、与经理决战、片区联合会等。

案例资源：吉利汽车
4S 店早会管理制度

在汽车服务企业中，比较常见的早会/夕会类型是简报式销售演讲、诊断会式、头脑风暴式。

1. 简报式销售演讲

简报式销售演讲就是针对某些特定人群做商品推销或增员的演讲。这是一种常用的销售方法，也是一名优秀的业务员所应掌握的技巧，会中可以请有经验的人做普及推广和训练示范。

2. 诊断会式

针对营业部内需要帮助的新进业务员、绩差业务员、问题业务员及最近一段时间内业绩突然下降的业务员，不定期地召开一些诊断会，可以运用集体的智慧帮助团队成员共同进步成长。诊断会要从"治病救人"的善意角度出发，不能歧视和施加压力。

3. 头脑风暴式

头脑风暴式是值得经常使用的一种分析与解决问题的良策，它可以群策群力，在收集众人意见的基础上改善工作。总公司也可以在适当的时候举行头脑风暴会，进行一次"问题大扫除"。

（二）早会/夕会的基本流程

无论哪种方式的早会/夕会，都应按照一定流程进行。一般来说，早会/夕会的基本流程按照7个步骤进行。

1. 秩序要求、出勤检查

无规矩不成方圆,为了有序和持续地开展会议,促成早会/夕会企业文化的建设,每天严格要求出勤人员,有事的员工需要向会议管理人员请假,不能无故旷会。

2. 说明会议内容与流程

会议开始之前,应说明会议的内容和会议流程,让与会人员对会议的情况有一定的预计和心理准备,也能更好地与会。

3. 行业相关信息

正常工作时间大家都比较忙,很难聚在一起,因此,可以利用会议时间,集体学习和了解行业相关信息,对行业的现状、店内情况、同行与竞争对手的情况等有准确的认识,对自己的工作起到指导作用。

4. 业绩分享

为了形成良好的积极工作的氛围,激发员工之间不断要求上进的工作表现,在会上让业绩位列前茅的员工分享自己的工作心得,使业绩突出的员工建立荣誉感,也便于其他员工学习经验,后续取得更好的业绩。

5. 今日/明日主要工作安排

在会上需要对日常工作安排进行必要说明,对重点工作进行强调,提醒员工工作注意事项等。

6. 口号

一个朗朗上口、充满激情的口号,可以激发员工内在的斗志,使员工以旺盛的斗志投入工作之中。

7. 会议总结、祝愿

会议结束时,主持人进行会议总结,给予员工良好祝愿,使员工有一个愉悦的心情,营造良好的心情氛围,为提升服务满意度埋下种子。

要说明的是,在实施早会/夕会时,有时候也会根据具体需要做些许调整,如增加环节或者变换某些节点的顺序等。

任务实施

在掌握汽车服务"展厅环境管理""展车管理""早会管理"的前提下,形成对汽车销售门店管理的认识,解决本项目任务中所描述的问题,建议采取如下方式开展学习和训练。

一、在线学习

登录"汽车营销与服务专业教学资源库",选定汽车服务企业管理课程中的"展厅环境管理""展车管理""早会管理"微课程,观看微课教学视频,并完成相应的进阶训练。在微课学习中如有疑问，可在线提问，与教师互动交流。

二、难点化解

认真学习本教材，进一步掌握任务 2-1 中的知识和技能，完成项目任务书中的"难点化解"题目。

三、模拟训练

假定自己是经理，针对如何安排小马的工作的问题，与学习小组成员商讨，并采用角色扮演法在课堂上展示。

拓展训练

以小组为单位，考察一家汽车 4S 店，观察汽车 4S 店的展厅环境、展车摆放与卫生等，并对该汽车 4S 店的展厅环境管理要求、展车管理服务要求、早会的开展及相应的服务考核标准等问题进行访问。对观察的内容进行记录，对访问的内容进行归纳和总结。小组拍摄调研的过程，并将微视频（或照片）上传至资源库平台。

任务 2-4　销售团队管理

任务描述

在王大海看来，在汽车服务企业中，销售工作和服务工作同等重要，尤其是销售中的团队协作与汽车配件或服务的销售量密不可分。销售团队作为企业发展的重要推动力，担负着为企业直接创造效益的责任，建设和管理好一支高效的销售团队，是王大海开拓市场、占领市场的利剑。

如果你是王大海聘请的顾问，你将如何建议王大海进行销售团队的建设与管理？

任务分析

人是载体，离开了人，企业核心竞争力便会成为无源之水，企业的竞争优势就难以维系。"先有队伍再打仗"，汽车服务企业发展的关键要素是团队。在团队组建与定位、有效领导、有效沟通和激励等方面对人进行科学管理，在很大程度上已经成为一家汽车服务企业成功与否的关键。

本任务主要从"团队成员角色定位""目标管理""有效领导""沟通与激励"4个方面来展开，让学生明确企业销售团队管理的相关作业内容。

学习任务包括如下内容：

（1）完成"汽车营销与服务专业教学资源库"汽车服务企业管理课程中的"团队成员角色定位""目标管理""有效领导""沟通与激励"微课程学习。

（2）小组采用角色扮演法组建团队，站在王大海的角度对汽车服务企业销售团队的建设与管理工作进行谋划。

（3）完成"销售团队管理"项目任务书。

（4）完成拓展训练任务。

- **专业能力**
1. 能够把握销售团队建设与管理的各种要点，能够对汽车服务企业需要的销售团队进行规划；
2. 掌握"团队成员角色定位""目标管理""有效领导""沟通与激励"等销售团队管理的知识和技能点。
- **社会能力**
1. 树立服务意识、效率意识、规范意识；
2. 强化人际沟通、语言表达能力；
3. 维护组织目标实现的大局意识和团队能力；
4. 爱岗敬业的职业道德和严谨、务实、勤快的工作作风；
5. 自我管理、自我修正的能力。
- **方法能力**
1. 利用多种信息化平台进行自主学习的能力；
2. 制订工作计划、独立决策和实施的能力；
3. 运用多方资源解决实际问题的能力；
4. 准确的自我评价能力和接受他人评价的能力；
5. 自主学习与独立思维能力。

团队是组织的理想状态，是指在心理上相互认知，在行为上相互作用、相互影响，在利益上相互联系、相互依存，为了达成共同目标而结合在一起的人群集合体。团队的本质包括：至少两个人以上的集体组成；具有共同的愿望与目标；和谐、相互依赖的关系；具有共同的规范与方法；目标的实现需要成员之间通过某种协作方式来完成；团队利益风险共享。

一、团队成员角色定位

（一）团队角色与组织角色的差异（表2-3）

表2-3 团队角色与组织角色的差异

差异方面	组织角色	团队角色
描述	职位说明书	互相认知
产生方式	任命、聘任	自觉、自愿、自然

续表

差异方面	组织角色	团队角色
强制性	组织强制	成员之间的自觉约束和规范
做得不好时	惩戒	团队绩效下降,从而惩戒个人
实现方式	履行职位职责	充当合适的角色
地位	依组织中指挥链而定	平等

1. 产生的方式不同

组织角色是按照指挥链层层任命的,如汽车集团董事会任命各个4S店总经理,总经理聘用销售部、售后服务部门的经理等;而团队角色是自发的,是自然形成的。

2. 地位的问题

在任何一家汽车服务企业的组织机构中,按照指挥链都形成了由上到下的指挥系统,从而产生了职位上的高低,也产生了职等与职级。各个职位上的权力是不一样的,都要遵守基本的组织原则。而团队里的各角色是完全平等的,并不因为你是领导,就拥有高于其他成员的特权。

很多企业的领导者会认为自己是个官,经常在团队中摆官架子,不愿意以一种平等的角色参与到团队当中,这样,团队的整个角色系统就打乱了。所以,对团队造成破坏的往往是这个团队的领导,他不把自己看成是团队的成员,而是一个官,以组织者的身份来指挥其他成员,当然会遇到挑战。

3. 奖惩方式不同

组织中有一定的考核系统,即事先设定一个绩效目标,如达到标准的有什么奖励,达不到的有什么惩戒等。团队角色之间的奖惩是团队给予个人的。不同角色之间的相互协作,形成了高绩效的团队,最后获益者是团队的所有成员,而不是具体的某一个人。

(二)团队角色的类型

1. 实干者

实干者非常现实、传统甚至有点保守,他们崇尚努力,计划性强。喜欢用系统的方法解决问题;实干者有很好的自控力和纪律性;对团队忠诚度高,为团队整体利益着想而较少考虑个人利益。实干者有责任感、高效率、守纪律。其主要作用是:由于其可靠、高效率及处理具体工作的能力强,因此,在团队中作用很大;实干者不会根据个人兴趣而是根据团队需要来完成工作。优点:有组织能力、务实,能把想法转化为实际行动;工作努力、自律。缺点:缺乏灵活性,可能会阻碍变革。

微课视频:从唐僧团队看团队成员角色定位

2. 协调者

协调者能够引导一群不同技能和个性的人向着共同的目标努力。他们代表成熟、自信和信任,办事客观,不带个人偏见;除权威之外,更有一种个性的感召力;在团队中能很快发现各成员的优势，并在实现目的过程中能妥善运用。协调者冷静、自信、有控制力。其主要作用是：擅长领导一个具有各种技能和个性特征的群体，善于协调各种错综复杂的关系，喜欢平心静气地解决问题。优点：目标性强，待人公平。缺点：个人业务能力可能不会太强，比较容易将团队的努力归为己有。

3. 推进者

推进者说干就干，办事效率高，自发性强，目的明确，有高度的工作热情和成就感；遇到困难时，总能找到解决办法；推进者大都性格外向且干劲十足，喜欢挑战别人，好争端，并且一心想取胜，缺乏人际间的相互理解，是一个具有竞争意识的角色。推进者挑战性强、好交际、富有激情。其主要作用是：是行动的发起者，敢于面对困难，并义无反顾地加速前进；敢于独自做决定而不介意别人的反对。推进者是确保团队快速行动的最有效成员。优点：随时愿意挑战传统，厌恶低效率，反对自满和欺骗行为。缺点：有挑衅嫌疑，做事缺乏耐心。

4. 创新者

创新者拥有高度的创造力，思路开阔，观念新，富有想象力，是"点子型的人才"。他们爱出主意，其想法往往比较偏激和缺乏实际感。创新者不受条条框框约束，不拘小节，难守规则。创新者有创造力，个人主义，非正统。其主要作用是：提出新想法和开拓新思路，通常在项目刚刚启动或陷入困境时，创新者显得非常重要。优点：有天分，富于想象力，智慧，博学。缺点：好高骛远，不太关注工作细节和计划，与别人合作本可以得到更好的结果时，却喜欢过分强调自己的观点。

5. 信息者

信息者经常表现出高度热情，是一个反应敏捷、性格外向的人。他们的强项是与人交往，在交往的过程中获取信息。信息者对外界环境十分敏感，一般最早感受到变化。信息者外向、热情、好奇、善于交际。其主要作用是：有与人交往和发现新事物的能力，善于迎接挑战。优点：有天分，富于想象力，智慧，博学。缺点：当初的兴奋感消逝后，容易对工作失去兴趣。

6. 监督者

监督者严肃、谨慎、理智、冷血质，不会过分热情，也不易情绪化。他们与群体保持一定的距离，在团队中不太受欢迎。监督者有很强的批判能力，善于综合思考、谨慎决策。监督者冷静、不易激动、谨慎、精确判断。其主要作用是：监督者善于分析和评价，善于权衡利弊来选择方案。优点：冷静、判别能力强。缺点：缺乏超越他人的能力。

7. 凝聚者

凝聚者是团队中最积极的成员，他们善于与人打交道，善解人意，关心他人，处事灵活，很容易把自己同化到团队中。凝聚者对任何人都没有威胁，是团队中比较受欢迎的人。凝聚者合作性强、性情温和、敏感。其主要作用是：善于调和各种人际关系，在冲突环境中，其社交和理解能力会成为资本；凝聚者信奉"和为贵"，有他们在的时候，人们能协作得更好，团队士气更高。优点：随机应变，善于化解各种矛盾，促进团队合作。缺点：在危机时刻可能优柔寡断,不太愿意承担压力。

8. 完善者

完善者具有持之以恒的毅力,做事注重细节,力求完美;他们不大可能去做那些没有把握的事情;喜欢事必躬亲,不愿授权;他们无法忍受那些做事随随便便的人。完善者埋头苦干,守秩序,尽职尽责,易焦虑。其主要作用是:对于那些重要且要求高度准确性的任务,完美者起着不可估量的作用;在管理方面崇尚高标准、严要求,注意准确性,关注细节,坚持不懈。优点:坚持不懈,精益求精。缺点:容易为小事而焦虑,不愿放手,甚至吹毛求疵。

(三)团队角色的认知

1. 认知自己在团队当中的角色

团队成员在团队中扮演什么样的角色并不是天生确定的。不像组织角色,有具体的职位和具体的规定。团队成员的这种角色的扮演,是自然形成的,不是硬性规定的。

如果一个团队成员认知自己是信息者的角色,就会强化这种角色,扮演好这个角色。并且该成员可以主动地告诉别人,他喜欢当一个信息者,请大家多多沟通和交流。这样,团队成员之间的相互配合就变得很容易了。

2. 认知他人在团队当中的角色

对于每一位团队成员来说,认知别人的角色,有时候比认知自己的角色还要重要。因为团队角色没有职位说明书,也没有任何标志,所以对别人的认知更困难,很容易导致偏差。为了避免偏差,就需要和其他团队成员经常地、及时地沟通。通过这种方式,会达成两种结果:一种是别人的角色绝对和想象的不同,另一种会发现他的团队角色和组织角色相去甚远。

二、目标管理

目标是团队及其成员所有行为的出发点与归宿,在团队管理中处于十分重要的地位;共同目标能够为团队成员指引方向和提供动力,目标会使个体提高绩效水平,也使群体充满活力。美国管理大师彼得·德鲁克(Peter F.Drucker)认为:先有目标才能确定工作,所以"企业的使命和任务,必须转化为目标"。如果一个领域没有目标,这个领域的工作必然被忽视。德鲁克于1954年在其名著《管理实践》中最先提出了"目标管理"的概念,其后他又提出"目标管理和自我控制"的主张。

汽车服务企业的管理者应该通过目标对下级进行管理,当公司最高层管理者确定了组织目标后,必须对其进行有效分解,转变成各个部门及各个人的分目标,管理者根据分目标的完成情况对下级进行考核、评价和奖惩。

(一)目标及目标管理的内涵

1. 目标的含义

目标是体现某种目的要求的具有数量或质量特征的具体化形式。目标是组织及其成员所有行为的出发点与归宿,在组织管理中处于十分重要的地位。完整的目标概念包括以下含义：① 目标既要有目标项目，又要有达到标准。如降低成本是目标项目，降低5%则是需达到的标准。只有项目而无标准的目标，在管理上是毫无价值的。② 目标是质与量的统一。完整的目标，既有质的规定性，又有量的界限。③ 目标是有时间维的。目标的实现一定要有明确的完成时间。

案例资源：目标管理案例分析

2. 目标管理的内涵

目标管理是以目标为导向，以人为中心，以成果为标准，从而使组织和个人取得最佳业绩的现代管理方法。具体来说，目标管理也称"成果管理"，俗称责任制，是指在企业个体职工的积极参与下，自上而下地确定工作目标，并在工作中实行"自我控制"，自下而上地保证目标实现的一种管理办法。

（二）目标管理的具体做法

目标管理的具体做法分3个阶段：第一阶段为目标的设置；第二阶段为实现目标过程的管理；第三阶段为总结和评估。

1. 目标的设置

这是目标管理最重要的阶段，第一阶段可以细分为4个步骤：

（1）高层管理预定目标，这是一个暂时的、可以改变的目标预案。既可以由上级提出，再同下级讨论；也可以由下级提出，上级批准。无论哪种方式，必须共同商量决定。另外，领导必须根据企业的使命和长远战略，估计客观环境带来的机会和挑战，对该企业的优劣有清醒的认识，对组织应该和能够完成的目标做到心中有数。

（2）重新审议组织结构和职责分工。目标管理要求每一个分目标都有确定的责任主体。因此，预定目标之后，需要重新审查现有组织结构，根据新的目标分解要求进行调整，明确目标责任者和协调关系。

（3）确立下级的目标。首先下级要明确组织的规划和目标，然后商定下级的分目标。在讨论中，上级要尊重下级，平等待人，耐心倾听下级意见，帮助下级发展一致性和支持性目标。分目标要具体量化，便于考核；分清轻重缓急，以免顾此失彼；既要有挑战性，又要有实现可能。每个员工和部门的分目标要和其他的分目标协调一致，支持本单位和组织目标的实现。

（4）上级和下级就实现各项目标所需的条件及实现目标后的奖惩事宜达成协议。分目标制订后，要授予下级相应的资源配置的权力，实现权责利的统一。由下级写成书面协议，编制目标记录卡片，整个组织汇总所有资料后，绘制出目标图。

2. 实现目标过程的管理

目标管理重视结果，强调自主、自治和自觉。但这并不等于领导可以放手不管，相反，由于形成了目标体系，一环失误，就会牵动全局。因此，领导在目标实施过程中的管理是不可缺少的。首先进行定期检查，利用双方经常接触的机会和信息反馈渠道自然地进行。其次，要向下级通报进度，便于互相协调。最后，要帮助下级解决工作中出现的困难问题，当出现意外、不可预测事件，严重影响组织目标实现时，也可以通过一定的手续，修改原定的目标。

3. 总结和评估

达到预定的期限后，下级首先进行自我评估，提交书面报告；然后上下级一起考核目标完成情况，决定奖惩；同时，讨论下一阶段目标，开始新循环。如果目标没有完成，应分析原因，总结教训，切忌相互指责，以保持相互信任的气氛。

（三）汽车服务企业目标管理的主要工具

以汽车4S店为例，在目标管理中，主要的管理工具有以下几类：

1. 规章制度类

包括管理制度流程汇编、员工手册、劳动合同、绩效合同、组织架构图、人员配置表、岗位职务说明书、例行工作表、工资奖金方案。

2. 目标计划类

包括年度经营计划、上年经营统计分析表、年度销售计划表及任务分配表、员工岗位说明书、员工年度绩效合同书、年度费用计划及控制措施、月资金计划、订货计划、宣传计划、培训考核计划。

3. 过程管控工具

包括检查单、整改意见单、工作联络单、月度商务政策及任务分配表、业务部门每周数据统计分析表、周工作任务书、业务人员周工作日志、月度述职报告、业务人员周报表及月中业绩报表、主管以上干部绩效考核表、绩效面谈记录确认表。

4. 看板类

包括公司年度目标管理板（包括销售服务及管理指标分月数据）、时间及事务管理板、月度目标进程倒计时管理板；业务人员业绩管理板、库存管理板、销售交车管理板、维修进度管理板、预约管理板。

5. 报表类

包括销售日报、维修服务日报、资金日报、5S总和检查日报、早晚会记录报表、经营状况分月统计分析表、当日主要数据短信。

（四）KPI 管理

1. KPI 的含义

企业关键业绩指标（Key Process Indication，KPI）是通过对组织内部流程的输入端、输出端的关键参数进行设置、取样、计算、分析，衡量流程绩效的一种目标式量化管理指标，是把企业的战略目标分解为可操作的工作目标的工具，是企业绩效管理的基础。

微课视频：运用鱼骨图进行企业KPI的设定

KPI可以使部门主管明确部门的主要责任，并以此为基础，明确部门人员的业绩衡量指标。建立明确的切实可行的KPI体系，是做好绩效管理的关键。

KPI法符合一个重要的管理原理——"二八原理"。在一个企业的价值创造过程中，存在着"20/80"的规律，即20%的骨干人员创造企业80%的价值；并且"二八原理"在每一位员工身上同样适用，即80%的工作任务是由20%的关键行为完成的。因此，必须抓住20%

的关键行为，对其进行分析和衡量，这样就能抓住业绩评价的重心。

2. KPI 的建立要点

建立 KPI 指标的要点在于流程性、计划性和系统性。

（1）首先明确企业的战略目标，并在企业会议上利用头脑风暴法和鱼骨分析法找出企业的业务重点，也就是企业价值评估的重点。然后再用头脑风暴法找出这些关键业务领域的关键业绩指标（KPI），即企业级 KPI。

（2）各部门的主管需要依据企业级 KPI 建立部门级 KPI，并对相应部门的 KPI 进行分解，确定相关的要素目标，分析绩效驱动因数（技术、组织、人），确定实现目标的工作流程，分解出各部门级的 KPI，以便确定评价指标体系。

（3）各部门的主管和部门的 KPI 人员一起再将 KPI 进一步细分，分解为更细的 KPI 及各职位的业绩衡量指标。这些业绩衡量指标就是员工考核的要素和依据。这种对 KPI 体系的建立和测评过程本身就是使全体员工统一向着企业战略目标努力，也必将对各部门管理者的绩效管理工作起到很大的促进作用。

（4）指标体系确立之后，还需要设定评价标准。一般来说，指标指的是从哪些方面衡量或评价工作，解决"评价什么"的问题；而标准指的是在各个指标上分别应该达到什么样的水平，解决"被评价者怎样做，做多少"的问题。

（5）最后，必须对关键绩效指标进行审核。比如，审核这样的一些问题：多个评价者对同一个绩效指标进行评价，结果能否取得一致？这些指标的总和是否可以解释被评估者 80% 以上的工作目标？跟踪和监控这些关键绩效指标是否可以操作？等等。审核主要是为了确保这些关键绩效指标能够全面、客观地反映被评价对象的绩效，并且易于操作。

每一个职位都影响某项业务流程的一个过程，或影响过程中的某个点。在订立目标及进行绩效考核时，应考虑职位的任职者能否控制该指标的结果，如果任职者不能控制，则该项指标就不能作为任职者的业绩衡量指标。比如，跨部门的指标就不能作为基层员工的考核指标，而应作为部门主管或更高层主管的考核指标。

3. 汽车服务企业销售管理主要 KPI 指标

以 4S 店为例，在销售管理中的主要 KPI 指标见表 2-4。

表 2-4　4S 店销售管理中的 KPI 指标

指标类别	指标项目
财务类	销售收入、销售毛利、新保/续保销售额、精品销售额、单台毛利/毛利率
销售目标类	销售台数、旧车置换台数、新增订单数量、交车数、订单退单数、库存数、投保/续保数、投保率
销售活动	总集客数、来店来电数、新建 A 卡数、活动数（店头/户外）、有效 A 卡数、流档率、试驾率、成交率、跟踪回访数、资料（卡片）派发、短信发送条数、打电话数、广告次数
顾客类	顾客满意率＞90%、客户投诉次数
其他	重大事故数、厂家批评次数、媒体批评次数、员工投诉次数、采纳员工合理化建议条数

三、有效领导

领导，涵盖两层含义，从名词角度，指领导者，是负责实施领导过程的个人；从动词角度，指领导职能，是领导者在一定客观环境中，指引和影响个体、群体或组织为实现某种预定目标而进行的各种活动的总称。

（一）领导职能的含义与实质

领导职能就是影响组织成员或群体，使其为确立和实现组织或群体的目标而做出贡献和努力的过程。即管理者指挥、带领和激励下属努力实现组织目标的行为，这是管理者最经常执行的职能。这个含义包含4个方面的内容：① 领导的主体是组织的管理者，领导的客体是管理者的部下，有部下并对其施加影响才可以称为领导；② 领导的作用方式是带领与影响，包括指挥、激励、沟通等多种手段；③ 领导的目的是有效实现组织的目标；④ 领导是管理者的一种有目的的行为，是管理者的一个重要职能。

领导实质上是一种对他人的影响力，即管理者对下属及组织行为的影响力。这种影响力能改变或推动下属及组织的心理及行为，为实现组织目标服务。这种影响力可以称为领导力或领导者影响力，管理者对下属及组织施加影响力的过程就是领导的过程。因此，领导的核心在于领导者的领导力，各级领导者只有正确地理解领导力的来源，正确培养和运用，才能成为真正有效的领导者。

（二）领导力的内涵

领导力，通俗地说，就是领导者拥有的权力，归根结底，是一种对员工的影响力。一个领导的影响力包括3个层面的深度：

第一层是别人对你顺从和遵从，因为你的领导地位，只能执行你下达的指令；

第二层是别人对你有承诺，除了你是领导这个客观存在外，他们还认同你的价值理念和行事作风，从心里愿意执行你的建议；

第三层则是别人内化你的价值理念，即使你不下达任何指令，他们也会主动地去做他们认为对公司有益的事。这是一个领导对他人产生的最深层的影响。

管理者在下属中的影响力，既取决于职位影响力，又取决于个人影响力，但更重要的是个人影响力；管理者在下属中的威信不取决于他的职位，而取决于他的个人魅力。

（三）领导的风格

1. 根据员工不同的能力和意愿选择不同的领导风格

领导者的基本行为一般有两类：指挥性行为和支持性行为。指挥性行为，主要方式是强加指点，严加控制，告知、命令、指示、监督、控制，着重于5W2H（What、Why、When、Where、Who、How to、How much）。支持性行为，主要方式是关心、支持、鼓励、赞美员工，给员工创造条件，鼓励员工创造性地去完成任务。

因此，根据领导行为的方式不同，可以分为不同的领导风格，如图2-4所示。

图 2-4 领导风格图

根据员工类型的不同，领导者应采取不同的领导风格，如：对待不同的员工，要采取不同的领导方式；对待同一位员工，当他从事不同的工作时，因为他对不同的工作表现出不同的能力和意愿，就要采取不同的领导方式；对待同一位员工，即便他从事的是同一项工作，也要随着他成熟度的变化，采取不同的领导方式。如图 2-5 所示。

员工类型 ⟹	领导风格
·高意愿、低能力	指挥式：高指挥、低支持；强加指点，严加控制；促使能力提升。
·低意愿、低能力	教练式：高指挥、高支持；既要指点，又要保持积极性；边指点边激发兴趣。
·低意愿、高能力	支持式：高支持、低指挥；让其参与过程中，激发兴趣，提高积极性。
·高意愿、高能力	授权式：低支持、低指挥；放心、放手、放权；成功了，为其请功，失败了，分析原因，承担责任。

图 2-5 领导方式图

2. 根据员工的成熟度决定施加影响力的方式

根据员工的成熟度决定施加影响力的方式就是领导的生命周期理论。该理论由科曼首先提出，后由保罗·赫西和肯尼斯·布兰查德发展为领导生命周期理论，也称情景领导理论。这是一个重视下属的权变理论。赫西和布兰查德认为，依据下属的成熟度，选择正确的领导风格，就会取得领导的成功。

（1）下属成熟度。

赫西-布兰查德的领导生命周期理论对下属成熟度的 4 个阶段的定义是：下属完成工作任务时所掌握的知识技能和经验的多寡、独立工作能力的大小、承担责任的愿望和对成就向往的程度等。不成熟（M1），下属缺乏接受和承担任务的能力和愿望，既不能胜任，又缺乏自信；初步成熟（M2），下属愿意承担任务，但缺乏足够的能力，有积极性，但缺乏技能；比较成熟（M3），下属有完成任务的能力，但没有足够的动机和愿望；成熟（M4），下属有能力，并且愿意完成任务。

（2）领导方式。

领导的生命周期理论使用的两个领导维度与菲德勒的划分相同：工作行为和关系行为。但是，赫西和布兰查德更向前迈进了一步，他们认为每一维度有低有高，从而组成以下 4

种具体的领导风格：

命令型领导方式，是一种高工作-低关系的方式。在这种领导方式下，由领导者进行角色分类，并告知人们做什么，如何做，何时及何地去完成不同的任务。它强调指导性行为，通常采用单向沟通方式。

说服型领导方式，是一种高工作-高关系的方式。在这种领导方式下，领导者既提供指导性行为，又提供支持性行为。领导者除向下属布置任务外，还与下属共同商讨工作的开展，比较重视双向沟通。

参与型领导方式，是一种低工作-高关系的方式。在这种领导方式下，领导者极少进行命令，而是与下属共同进行决策。领导者的主要作用就是促进工作的进行和沟通。

授权型领导方式，是一种低工作-低关系的方式。在这种领导方式下，领导者几乎不提供指导或支持，通过授权鼓励下属自主做好工作。

（3）根据下属成熟度所采取的领导风格。

领导生命周期曲线模型概括了情景领导模型的各项要素，如图2-6所示。当下属的成熟水平不断提高时，领导者不但可以不断减少对下属行为和活动的控制，还可以不断减少关系行为。在第一阶段（M1），下属需要得到具体而明确的指导。在第二阶段（M2）中，领导者需要采取高工作-高关系行为。高工作行为能够弥补下属能力的欠缺；高关系行为则试图使下属在心理上"领会"领导者的意图，对于在第三阶段（M3）中出现的激励问题，领导者运用支持性、非领导性的参与风格可以获得最佳解决。最后，在第四阶段（M4）中，领导者不需要做太多事，因为下属愿意又有能力担负责任。

微课视频：团队中的领导生命周期理论

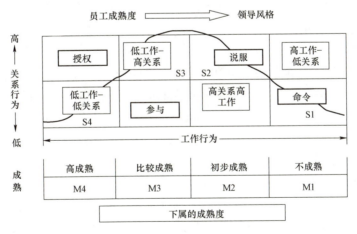

图2-6 领导生命周期理论图

（四）领导工作的方法

1. 领导的基本方法

包括：行政方法，指依靠行政机构和领导者的权威，通过行政组织系统，采用命令、指示、规定、指令性计划、制定规章制度等行政手段，对管理对象产生影响和进行控制的管理方法；经济方法，是用经济杠杆调节人的行为，如工资多少会影响工人工作积极性和效率、工作质量的好坏；法律方法，企业管理、生产经营以法律为依据，受法律保护，使人们生活规律稳定；思想政治工作方法，这是党在阶级斗争中形成的一种方法，一个企业思想政治工作做得好，职工就心齐，有干劲。

2. 传统方法

传统方法是毛泽东、周恩来、刘少奇、邓小平等老一辈无产阶级革命家在长期实践中总结出来的。如，毛泽东注重领导和群众相结合，常开座谈会，自己开、自己讲、自己写、自己做记录，还会找人谈心，注重评比等。传统方法有很大价值、很大意义，现在仍被广泛使用。

3. 现代领导方法

现代领导方法是把当代的科学技术和领导水平结合起来所形成的方法，包括计算机决策、数学方法、系统科学方法、目标管理方法等。

（五）领导者应具备的技能

成功的领导依赖于合适的行为、技能和行动，领导者的3种主要技能是技术技能、人际技能和概念技能。

1. 技术技能

技术技能是指领导者掌握与运用某一专业领域内的知识、技术和方法的能力。技术技能包括专业知识、经验、技术、技巧、程序、方法、操作与工具运用熟练程度等。这些是领导者对相应专业领域进行有效管理所必备的技能。领导者虽然不能完全做到内行、专家，但是必须懂行，必须具备一定的技术技能。

案例资源：成功的领导者案例

2. 人际技能

人际技能是有效地与他人共事和建立团队合作的能力。组织中任何层次的领导者都不能逃避人际技能的要求，这是领导行为的重要部分之一。人际技能包括：观察人、理解人、掌握人的心理规律的能力；人际交往、融洽相处、与人沟通的能力；了解并满足下属需要，进行有效激励的能力；善于团结他人、增强向心力和凝聚力的能力等。在以人为本的今天，人际能力对于现代领导者是一种极其重要的基本功。

3. 概念技能

概念技能是指领导者观察、理解和处理各种全局性的复杂关系的抽象能力。概念技能包括：对复杂环境和管理问题的观察、分析能力；对全局性的、战略性的、长远性的重大问题处理与决断的能力；对突发性紧急处境的应变能力等。其核心是一种观察力和思维力。这种能力对于组织的战略决策和发展具有极为重要的意义。概念技能处理的是观点、思想，而人际技能关心的是人，技术技能涉及的则是事。

通过领导技能分析，表明不同层次的管理者需要的3种技能的相对比例是不同的。管理层级越高，工作中技术技能所占的比例越小，而概念技能所占的比例越大。

四、沟通与激励

(一)沟通

沟通是一种不可或缺的领导和管理才能,是使人拥有迈向卓越成功的力量。

1. 沟通的含义

沟通是管理者为有效推进工作而交换信息、交流情感、协调关系的过程,是指运用语言、文字或一些特定的非语言行为(指外表、脸部表情、肢体动作),把自己的想法、要求等表达给对方,并为对方所理解,最终达成共识的过程。具体形式包括:信息的传输、交换与反馈,人际交往与关系融通,说服与促进态度(行为)的改变等。这是管理者保证管理系统有效进行,提高整体效应的经常性职能,是重要的领导手段。其作用主要表现为:有效实施指挥与激励、保证整个管理系统的协调运行、协调各种人际关系、增强群体凝聚力等。沟通具有目的性、信息传递性和双向交流性等特点。

2. 沟通的过程

沟通的过程包括产生想法、编码、信息传递、接收、解码、理解和反馈7个步骤,如图2-7所示。

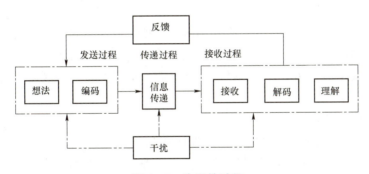

图2-7 沟通的过程

产生想法、编码和信息传递是信息发送者所做的事情,接收、解码和理解是信息接收者所做的事,反馈是发送者和接收者之间的互动。

3. 沟通的类型

(1)正式沟通与非正式沟通。

按沟通与组织的关系,可将沟通分为正式沟通和非正式沟通。正式沟通是通过组织明文规定的渠道进行信息传递和交流的一种沟通形式,这种沟通遵循着组织的权利系统,只进行与工作相关的信息沟通,如组织内部规定的汇报、会议制度,请示、报告制度等。非正式沟通是指在正式沟通渠道之外进行的信息传递和交流,其内容主要是关于组织环境及个人之间的事务,如员工之间传递的小道消息等。

(2)上行沟通、平行沟通和下行沟通。

沟通按信息流动方向,可分为上行沟通、平行沟通和下行沟通3种。上行沟通是指自下而上的沟通，即组织中地位较低者主动向地位较高者的沟通，作为企业的领导者，应鼓励下级积极向上级反映情况和意见，可以通过设置意见箱、建立奖励制度、召开座谈会、定期汇报等多种方法和渠道来保证上行沟通的畅通无阻。平行沟通是组织中处于同一层级上的个人或群体之间的沟通，主要目的是加强平行单位之间的了解、协调工作、增强团结，并取得行动上的一致性及提高组织的整体效能等。下行沟通是指自上而下的沟通，是上级对下级的沟通，下行沟通可以传递工作指示、对下级阐明组织目标、协调组织内各层级的关系等。

（3）语言沟通和非语言沟通。

沟通按沟通方式，分为语言沟通和非语言沟通。语言是人类特有的一种非常好的、有效的沟通方式。语言的沟通包括口头语言、书面语言、图片或者图形。口头语言包括面对面的谈话、开会等。书面语言包括信函、广告和传真，甚至用得很多的 E-mail 等。图片包括一些幻灯片和电影等，这些统称为语言的沟通。在沟通过程中，语言沟通对于信息的传递、思想的传递和情感的传递而言，更擅长传递信息。非语言沟通是通过非语言符号来实现的，主要包括声音语气（比如音乐）、肢体动作（比如手势、舞蹈、武术、体育运动等）。最有效的沟通是语言沟通和非语言沟通的结合。

4. 有效沟通的技巧

在汽车服务企业的销售团队中，有效的沟通不仅可以促进团队内部的积极发展，还能促进销售人员与客户之间信息的传递和工作绩效的完成。增强沟通的有效性是一件复杂而艰巨的任务，但又是销售团队必须去做的，促进有效沟通的对策可以从信息发送者和信息接收者两方面入手。

（1）信息发送者的技巧。

① 做好充分的准备。信息发送者必须明确自己的沟通目的、沟通对象和沟通内容，在与上下级沟通前，必须进行充分的思考和分析，理清沟通思路及事项。与客户沟通前，做好产品、销售技巧的沟通准备。② 把握沟通的三要素。即引起对方的注意和兴趣，让对方了解话中的意思，使对方边听边接受发信者的主张并产生行动的意识。

微课视频：良好沟通中信息发送者的技巧

③ 使用恰当的语言。信息发送者应该根据沟通对象的心理特征、直觉、态度、价值观、需要、知识水平和工作背景等来确定恰当的语言。所使用的语言应因人而异，使用信息接收者最易懂的语言。④ 运用有效的表达方法。如，先过滤，把要表达的资料过滤，浓缩成几个要点；一次表达一个想法、信息，讲完一个才讲第二个；长话短说，简明、中庸，不多也不少；用实例说服：举出具体的实例，提出证据，或以数字来说明。

（2）信息接收者的技巧。

① 有效倾听。这是使信息接收者准确理解信息发送者所传递的信息的一种技巧。"善听才能善言"，作为销售团队的成员，有效倾听可以准确了解自己的同事、客户，能够给对方充分的尊重，以激发对方的谈话欲，同时，也可以发现说服对方的关键所在，还能弥补

自身不足，增强解决问题能力、决策能力、说服能力。② 及时反馈。反馈对于沟通有效性的影响很大，因此，信息接收者应该主动提供反馈，让信息发送者知道其是否理解。如，可以重复发送者的话，可以提一些问题，让发送者做出解释等。反馈可以使沟通成为一种双向沟通，能够增强沟通的有效性。

（二）激励

管理者面临的重要任务就是引导和促使员工为实现组织的共同目标做出最大的努力，因此，激励功能就是要研究如何根据人的行为规律来提高人的积极性、主动性和创造性。

1. 激励的含义

激励是指组织领导者激发员工的动机，发挥员工的内在动力，使之朝着期望的目标采取行动的过程，是管理者通过作用于下属心理来激发其动机、推动其行为的过程。激励人就是激励人的积极性和主动性，最终达到提升个人绩效和组织绩效的目的；个人绩效提升了，就会获得新的更大的"激励"。激励作为领导的一种手段，最显著的特点是内在驱动性和自觉自愿性。由于激励起源于人的需要，是被管理者追求人人需要的满足过程，因此，这种实现组织目标的过程不带有强制性，而完全是靠被管理者内在动机驱使的、自觉自愿的过程。

案例资源：沟通与激励案例

2. 激励的过程

人的行为过程的起点是需要，当人的需要尚未得到满足时，心理上往往会产生不安和紧张，这种紧张状态会引起一种内在的驱动力，使人倾向于采取某种行为来满足需要。当驱动力达到一定程度时，人们就会采取一系列搜索、选择、接近和达到目标的现实行为。从心理学的角度看，激励过程就是在外界刺激变量（各种管理手段与环境因素）的作用下，使内在变量（需要、动机）产生持续不断的兴奋，从而引起主体（被管理者）积极的行为反应（为动机所驱使的、实现目标的努力）。

3. 激励理论

（1）马斯洛需要层次理论：由著名心理学家马斯洛提出，认为人类的需要是多种多样的，按照其发生的先后次序，可分为5个等级，即生理需要、安全需要、社交的需要、尊重的需要、自我实现的需要。只有在低层次的需要得到满足以后，才能追求高层次的需要。

（2）双因素理论：又称激励因素–保健因素理论。它是由美国心理学家赫兹伯格于20世纪50年代首先提出来的。保健因素指的是工作环境，即外界因素等，诸如组织政策、工作条件、人际关系、地位、安全和生活条件等，这些因素如果得到了满足，那么人们就会消除不满；但如果得不到满足，则会招致不满的产生。激励因素则是使职工感到满意的因素，多属于工作本身，诸如成就、认可、晋升、工作中的成长、责任感等，这些东西如果能得到满足，使职工感到满意，就可以激励其工作热情；如果不能满足，则感到不满意，但影响不大。

（3）费罗姆的期望理论：美国著名学者费罗姆的期望理论认为，激励作用的大小取决于两大因素：一是人对激励因素所能实现的可能大小的期望，二是激励因素对其本人的效价，即激励力量＝期望利率×目标效价。目标越明确、越具体，学生在教育中体验到的收益和效价越大，作用也就越大，教育效果也就越显著。

（4）X-Y 理论：美国著名的行为科学家道格拉斯·麦格雷戈在 1957 年 11 月的美国《管理评论》杂志上发表了《企业的人性方面》一文，提出了有名的"X-Y 理论"，麦格雷戈把传统的管理观点叫作 X 理论，即管理方式是胡萝卜加大棒的方法，一方面靠金钱的收买与刺激，另一方面通过严密的控制、监督和惩罚迫使其为组织目标努力。在人们的生活还不够丰裕的情况下，胡萝卜加大棒的管理方法是有效的；但是，当人们达到了丰裕的生活水平时，这种管理方法就无效了。由于上述的及其他许多原因，需要有一个关于人员管理工作的新理论，把它建立在对人的特性和人的行为动机的更为恰当的认识基础上，于是道格拉斯·麦格雷戈提出了 Y 理论。根据 Y 理论，对人的激励主要是给予来自工作本身的内在激励，让他承担具有挑战性的工作，担负更多的责任，促使其工作做出成绩，满足其自我实现的需要。

（5）公平理论：又称社会比较理论，它是美国行为科学家亚当斯提出来的一种激励理论。该理论侧重于研究工资报酬分配的合理性、公平性及其对职工生产积极性的影响。公平理论的基本观点是：当一个人做出了成绩并取得了报酬以后，他不仅关心自己所得报酬的绝对量，而且关心自己所得报酬的相对量。因此，他要进行种种比较来确定自己所获报酬是否合理，比较的结果将直接影响今后工作的积极性。

（6）成就激励理论：大卫·麦克利兰提出，成就激励理论认为，人们被要按高标准工作或者在竞争中取胜的愿望激励着。麦克利兰指出，尽管几乎每个人都认为自己有"作出成就的动机"，但是大约只有 10% 的人受到成就欲的激励。人们受成就激励的强弱取决于其童年生活、个人和职业经历及其所在组织的类型。

4. 激励方法

（1）目标激励。

人的行为都是由动机引起的，并且都是指向一定的目标的。这种动机是行为的一种诱因，是行动的内驱力，对人的活动起着强烈的激励作用。管理者通过设置适当的目标，可以有效诱发、导向和激励员工的行为，调动员工的积极性。

（2）授权激励。

有效授权是一项重要的管理技巧。无论多能干的领导，都不可能把工作全部承揽过来，这样做只能使管理效率降低，下属成长过慢。通过授权，管理者可以提升自己及下属的工作能力，更可以极大地激发下属的积极性和主人翁精神。

（3）尊重激励。

尊重是一种最人性化、最有效的激励手段之一。以尊重、重视自己的员工的方式来激励他们，其效果远比物质上的激励要来得更持久、更有效。可以说，尊重是激励员工的法宝，其成本之低，成效之卓，是其他激励手段都难以企及的。

（4）沟通激励。

管理者与下属保持良好的关系，对于调动下属的热情，激励他们为企业积极工作有着特别的作用。而建立这种良好的上下级关系的前提，也是最重要的一点，就是有效的沟通。可以说，沟通之于管理者，就像水之于游鱼，大气之于飞鸟。

（5）赞美激励。

人都有做个"重要"人物的欲望，都渴望得到别人的赞美和肯定。赞美是一种非常有效并且不可思议的推动力量，它能赋予人一种积极向上的力量，能够极大地激发人对事物的热情。用赞美的方式激励员工，管理者所能得到的将会远远大于付出。

（6）情感激励。

一个领导能否成功，不在于有没有人为你打拼，而在于有没有人心甘情愿地为你打拼。须知，让人生死相许的不是金钱和地位，而是一个"情"字。一个关切的举动、几句动情的话语、几滴伤心的眼泪，比高官厚禄的作用还要大上千百倍。

（7）竞争激励。

人都有争强好胜的心理。在企业内部建立良性的竞争机制，是一种积极的、健康的、向上的引导和激励。管理者摆一个擂台，让下属分别上台较量，能充分调动员工的积极性、主动性、创造性和争先创优意识，全面地提高组织活力。

（8）文化激励。

企业文化是推动企业发展的原动力。它对企业发展的目标、行为有导向功能，能有效地提高企业生产效率，对企业的个体也有强大的凝聚功能。优秀的企业文化可以改善员工的精神状态，熏陶出更多的具有自豪感和荣誉感的优秀员工。

（9）惩戒激励。

惩戒的作用不仅在于教育其本人，更重要的是让其他人引以为戒，通过适度的外在压力使他们产生趋避意识。惩戒虽然是一种反面的激励，但却不得不为之，因为"怀柔"并不能解决所有的问题。

 任务实施

在掌握销售团队建设与管理的主要内容的前提下，对团队管理活动进行分析，并很好地解决本项目任务中所描述的王大海遇到的情况，建议采取如下方式开展学习和训练。

一、在线学习

登录"汽车营销与服务专业教学资源库"，选定汽车服务企业管理课程中的"团队成员角色定位""目标管理""有效领导""沟通与激励"微课程，观看教学微课，并完成相应的进阶训练。在微课中如有疑问，可在线提问，与教师互动交流。

二、难点化解

认真学习本教材，进一步掌握销售团队管理的知识和技能，完成"难点化解"题目。

三、模拟训练

假定自己可以解决王大海的难题，与学习小组成员商讨，并采用角色扮演法在课堂上展示。

以小组为单位，模拟扮演某汽车服务企业的销售团队，进行团队成员角色分配和定位，设立团队目标，并在领导者的有效领导下，确定团队沟通与激励方案。小组拍摄销售团队建设与管理的汇报视频，并将微视频（或照片）上传至资源库平台。

沟通与激励在团队建设中的作用

一、沟通是团队建设的"润滑剂"

在团队建设中，沟通起着至关重要的作用，一个优秀的领导者应该具备教练和后盾的双重角色，给团队成员提供指导和支持。

1. 与班子成员的沟通

一支团队是否团结，是决定团队是否具有战斗力的主要因素，而团队的团结与否，主要取决于管理层，尤其是"一把手"和"副手"之间的关系是否和谐。"一把手"和"副手"之间要做到和谐，最重要的是处理好"搭台"和"补台"的关系，"一把手"要为副手们搭好施展才能的舞台，尊重他们的个性和意见；而副手们应当加强执行力，在施展才能的过程中应当为"一把手"补台，修正疏漏，完善决策。要"搭好台"和"补好台"，重要的是要在平时加强沟通和交流，不仅要谈工作，更要交流思想。班子之间的气氛融洽了，管理层的团结就有了根本的保证。在实际工作中，只有积极沟通，才能有效合作，因为没有沟通就没有效率、没有沟通就没有理解。只有沟通好了，各个事情才能够迎刃而解，别人才能理解。所以，沟通带来理解，理解带来合作。

2. 与中层和员工的沟通

作为团队领导者，应建立多种沟通平台，在与中层干部的沟通方面，如每周一召开的周例会、日常工作研讨会、各项专题会、每月业务经营分析会、季度民主生活会等，都为团队每个成员创造了良好的沟通机会。在与员工的沟通方面，管理者一般在沟通前应通过关心式的提问、拉家常式的开场白，或者一些轻松的话题，来拉近相互之间的心理距离，消除员工的胆怯心理。这样，就可以使员工没有心里防备地畅谈出自己的想法和建议。同时，还可通过开展活动打平台的方式与员工进行沟通。比如，不定期地开展各类文体活动或比赛，举办象棋赛、跳棋赛、扑克赛、乒乓球赛、卡拉OK赛、书画比赛等多种形式的活动，充分利用与员工一起参加活动的机会，在轻松愉悦的氛围中进行交流沟通，可以使员工在不知不觉中说出心里话。另外，对于员工们提出的意见或建议，不论有多尖锐、敏感，都应及时回应。这些都让员工们真正感受到了公司这个大家庭及管理者对自己的尊重，激励了员工们积极参与改革发展和转型跨越的工作热情。有效的沟通是维护团队完整的软性措施，是团队的无形纽带和润滑剂，可以使团队中上情下达、下情上报，促进彼此间的了解；可以消除员工内心的紧张和隔阂，使大家精神舒畅，从而形成良好的工作氛围。因此，作为管理者，必须保持团队内部上下、左右各种沟通渠道的畅通，以利于提高团队内部的士气，为各项工作的开展创造"人和"的环境。

二、激励是团队建设的"加油站"

在团队建设中，有效的激励可以使员工精神愉悦、心情舒畅，始终保持积极的心态、旺盛的精力，朝着单位制定的共同目标努力拼搏、无私奉献。每一个员工都是一个独立的不同于他人的个体，他们的需要、态度、个性等都有不同之处，必须具体了解每个员工的需要，对具体需要进行具体对待，做到有的放矢。根据马斯洛的需求层次理论，在满足他们物质激励的同时，还要满足他们的心理、精神的更深层次的需求，所以多种激励方法结合，才能最大限度调动员工的积极性。

1. 物质激励

物质激励，主要是报酬激励。员工报酬可依照其工作的绩效而定，提倡"多劳多得，少劳少得，不劳不得"，按照个人工作的量与质来确定其报酬的多少，个人的收入与自己的贡献是相关的，个人的收入与企业的经济效益是紧密联系的。

2. 情感激励

情感激励，主要是尊重员工。把员工当成企业的主人，每年开展给员工家属"订一份报纸、发一封慰问信、送一份生日礼品、进行一次体检、召开一次座谈会"等活动，让员工家属切实感受到大家庭的温暖，不断提升员工的归属感与幸福指数，使员工将自己的命运荣辱与企业的发展紧紧地联系在一起，激发其内在驱动力，为企业发展贡献自己的力量。

3. 精神激励

多点给员工提高自我、锻炼自己和发挥自身潜能的机会，让他们参与完成甚至是让他们独立完成一些对他们来说具有挑战性的工作。完成这样的工作对他们而言有无比的成功感、自豪感和满足感，比实际多拿薪水可能更具有激励作用。

同时，企业还可以通过内容丰富的培训活动来提升员工的个人能力，比如除了企业必须开展的常规培训之外，不定期地开展文秘班、后备高管班、业务特长班等专业训练班，给通过训练后考核合格的员工晋升、改变工作环境的机会。对积极参加各种学历教育、技术职称考试并通过的员工，给予报销各种费用的奖励。这样既提高了所有员工的整体素质，又营造了良好的企业文化氛围，满足了员工自我提升和发展的要求，让员工感受到"培训"是这个企业最大的福利。

练习与思考

一、单选题

1. "对销售人员的销售进度进行跟踪",是（　　）岗位的职责。
 A. 展厅经理　　　　　　　　　　　　B. 销售主管
 C. 大客户开发专员　　　　　　　　　D. 培训专员

2. 展厅经理直接负责管理的岗位包括（　　）。
 A. 大客户开发专员　　　　　　　　　B. 销售顾问
 C. 企划专员　　　　　　　　　　　　D. 培训专员

3. 客户开发主要是挖掘（　　），主要是通过一些网络途径或者是其他人的推荐进行客户的开发。
 A. 潜在的客户　　　　　　　　　　　B. 现实的客户
 C. 老客户　　　　　　　　　　　　　D. 新客户

4. （　　）工作的重点是建立客户对销售人员及经销商的信心,并使客户畅所欲言地说出他在汽车购买中的想法。
 A. 客户开发　　　　　　　　　　　　B. 客户接待
 C. 需求分析　　　　　　　　　　　　D. 处理客户异议

5. 对展车个性化展示的说法不正确的是（　　）。
 A. 对展示车辆适当进行动感车贴处理,以便更吸引顾客目光
 B. 车内不能放入脚垫、座椅套、转向盘套和内饰摆件
 C. 在行李箱内放入顾客娱乐、休闲及日常用到的一些物品
 D. 车内顾客试听的音乐应以动感时尚的潮流音乐为主

6. 关于汽车销售服务有限公司销售展厅的儿童区设置,说法不正确的是（　　）。
 A. 区内所有物品都应使用柔软、环保、清洁的儿童专用玩具设备
 B. 四周应适当加网状或棍状围栏,以避免儿童因四处乱跑而造成事故
 C. 为了方便大人看车,儿童区应尽量远离展车
 D. 如有儿童进入儿童娱乐区,应备有专人看护

7. （　　）是企业文化导入的一种有效的途径。
 A. 环境调研　　　　　　　　　　　　B. 市场策划
 C. 展厅5S管理　　　　　　　　　　　D. 早会

8. 为提高利用率,建议将商谈区散布在展厅各部,并配备（　　）。
 A. 方形的商谈桌和有轮子的座椅　　　B. 圆形的商谈桌和有轮子的座椅
 C. 五边形的商谈桌和座椅　　　　　　D. 圆形的商谈桌和没有轮子的座椅

9. 在对团队成员进行角色定位时,如果该成员冷静、自信、有控制力,擅长领导一个

具有各种技能和个性特征的群体，善于协调各种错综复杂的关系，喜欢平心静气地解决问题，可将他定位为（　　）。

A. 实干者　　　　　　　　　　　　B. 创新者

C. 监督者　　　　　　　　　　　　D. 协调者

10. 管理者若有意对员工放手、放权，适合领导（　　）类型的员工。

A. 高意愿、低能力　　　　　　　　B. 低意愿、低能力

C. 低意愿、高能力　　　　　　　　D. 高意愿、高能力

11. 管理者通过设置适当的目标，以此有效诱发、导向和激励员工的行为，调动员工的积极性，这种激励方法是（　　）。

A. 授权激励　　　　　　　　　　　B. 尊重激励

C. 目标激励　　　　　　　　　　　D. 沟通激励

二、多选题

1. 汽车销售的管理岗位有（　　）。

A. 销售经理　　　　　　　　　　　B. 销售主管

C. 展厅经理　　　　　　　　　　　D. 企划专员

2. 汽车销售经理的岗位任职要求包括（　　）。

A. 掌握现代企业管理、市场营销等经济理论

B. 有良好的人际交往和沟通能力

C. 有市场竞争的分析能力，有应对棘手问题的处理能力

D. 了解国家对二手车交易的有关政策和交易流程

3. 汽车销售展厅 5S 日常管理，是（　　）岗位的职责。

A. 展厅经理　　　　　　　　　　　B. 销售主管

C. 大客户开发专员　　　　　　　　D. 培训专员

4. 汽车销售服务包括的内容有（　　）。

A. 客户开发　　　　　　　　　　　B. 客户跟踪

C. 销售导购　　　　　　　　　　　D. 销售洽谈

5. 下列属于销售工具包内容的是（　　）。

A. 车型宣传画册　　　　　　　　　B. 名片

C. 接车单　　　　　　　　　　　　D. 交车单

6. 汽车销售门店管理的意义是（　　）。

A. 可以提高员工与员工之间的有效沟通

B. 可以提升门店与公司之间信息的快速反应

C. 可以提升终端统一陈列模式的形象

D. 可以提高销售服务企业与竞争对手的竞争实力

7. 展厅环境包括（　　）。

A. 物理环境　　　　　　　　　　　B. 销售顾问素质

C. 销售服务内容　　　　　　　　　　D. 心理环境

8. 展厅的心理环境具体指（　　）。

A. 轻松　　　　　　　　　　　　　B. 听觉

C. 热情　　　　　　　　　　　　　D. 礼貌

9. 在确定目标的过程中，应符合（　　）。

A. 目标既要有目标项目，又要有达到标准

B. 目标是质与量的统一

C. 完整的目标，既有质的规定性，又有量的界限

D. 目标可以没有时间限制

10. 进行目标设置时，应该进行的操作有（　　）。

A. 高层管理预定目标　　　　　　　B. 重新审议组织结构和职责分工

C. 确立下级的目标　　　　　　　　D. 上下级就奖惩事宜达成协议

11. 作为企业的领导者，应鼓励下级积极向上级反映情况和意见，适合采取的有效做法有（　　）。

A. 设置意见箱　　　　　　　　　　B. 外出游玩

C. 定期汇报　　　　　　　　　　　D. 建立奖励制度

三、判断题

1. 组织、协调相关人员做好客户上牌、按揭、保险等服务工作是销售顾问的岗位职责。（　　）

2. 销售顾问也叫企划专员，主要负责汽车销售、组织重要的广告宣传活动、公关活动。（　　）

3. 汽车 4S 店的销售经理也有必要了解国家对二手车交易的有关政策和交易流程。（　　）

4. 为了避免在协商阶段引起客户的质疑，对销售人员来说，重要的是要使客户掌握一些必要的信息，此外，销售人员必须在整个过程中占主导地位。（　　）

5. 试乘试驾是客户获得有关车的第一手材料的最好机会。在试车过程中，销售人员应让客户集中精神对车进行体检，并尽量多讲话，防止客户觉得受冷落。（　　）

6. 签约成交重要的是工作的效率，因此应促成客户尽快做决定，同时加强客户的信心。（　　）

7. 为了对展车进行个性化展示，车内顾客试听音乐的选择应以动感时尚的潮流音乐为主。（　　）

8. 展车的特殊装备展示应以更为个性化专属的产品为主。（　　）

9. 展车的车门保持上锁的状态，以防闲杂人等进入车内。（　　）

10. 展车车身上不许摆放价格板、车型目录、宣传资料等其他物品。（　　）

11. 车内后视镜和左右后视镜配合驾驶位相应地调至合适的位置，并擦拭干净，不留手印等污迹。（　　）

12. 展车车辆启动后，车内所有电器设备应置于开启状态。（   ）

13. KPI 可以使部门主管明确自身的主要责任，并以此为基础，明确部门人员的业绩衡量指标。建立明确的切实可行的 KPI 体系，是做好绩效管理的关键。（   ）

14. 管理者在下属中的影响力，既取决于职位影响力，又取决于个人影响力，但更重要的是取决于职位影响力。（   ）

15. 产生想法、编码和信息传递是信息接收者所做的事情，接收、解码和理解是信息发送者所做的事，反馈是发送者和接收者之间的互动。（   ）

16. 最有效的沟通是语言沟通和非语言沟通的结合。（   ）

17. 激励人就是激励人的积极性和主动性，最终达到提升个人绩效和组织绩效的目的。（   ）

四、简答题

1. 请举例说明汽车销售服务岗位有哪些。
2. 二手车置换业务在 4S 店服务中的地位和作用有哪些？
3. 请列举大客户开发专员的岗位任职条件。
4. 请简述汽车整车销售流程。
5. 汽车销售服务中车辆介绍的工作应注意什么？
6. 汽车销售服务中需求分析环境的工作应注意什么？
7. 请总结展厅环境管理的主要内容。
8. 请总结展车管理的主要内容。
9. 在目标管理的过程中，具体做法有哪些？
10. 领导者应培养自身具备的哪些主要技能？
11. 在沟通过程中，信息发送者和信息接收者分别应掌握哪些技巧？

项目三

售后服务管理

"第一辆车始于销售,第二辆车始于服务"。生产商除了要有优质的产品,还要有优质、完善的售后服务。许多汽车生产商和经销商已将提高自身售后服务质量作为维护品牌、发展客户的重要手段。汽车服务企业是提供汽车售后服务的主体企业,如何进行有效的售后服务管理,可以说是企业的重中之重。

本项目从售后服务岗位设置、售后服务流程设计、前台管理、车间管理、配件管理和质量管理6个任务展开,通过学习之后,学生对于整个售后服务涉及的工作岗位、服务流程及相关的售后知识能有比较全面的认识,并通过相应任务的实施,掌握售后服务的知识和技能。

任务 3-1　售后服务岗位设置

任务描述

李女士是一家事业单位的工作人员。李女士新买的福克斯轿车需要进行保养,于是,李女士来到朋友段玉所在的汽车服务企业。段玉是这家企业的售后服务经理,段玉介绍服务顾问张勉接待了李女士,然后引导李女士到客户休息区休息。李女士想到同事的一个儿子马上要大学毕业了,学习的就是汽车维修专业,于是想为同事的儿子做个咨询。正在这时,段玉忙完手上工作,来看李女士,李女士向段玉询问了关于汽车售后服务的工作人员都有哪些分工的问题。请问如果你是李女士的朋友段玉,你该如何向李女士讲解关于售后服务人员岗位设置和任职条件方面的问题?

任务分析

随着汽车保有量特别是私家车保有量的增加,汽车美容、养护业开始被有车族所熟知,"七分养,三分修",以养代修的爱车新理念逐步被广大有车族所接受。汽车保有量的大幅度上升,维修及相关行业高素质从业人员不足的矛盾会更加突出,必须采取相应措施。汽车维修从业人员法律意识、技术素质不高的问题,已成为制约汽车维修业持续发展的主要"瓶颈"。有鉴于此,有行业人士发出了"汽车维修行业人才缺口达250万人"的感叹,虽然这一数据的统计方式比较模糊,但是无疑对中国汽车维修行业人才发展提出了严峻的考验,而其中车身修复和汽车美容与装潢两方面的人才发展更是重中之重。到目前为止,虽然国内职业院校汽车运用与维修专业技能型人才培养取得了一定的成就,但是中国汽车维修行业人才的发展前景不容乐观,发展之路依然是任重道远。通过近几年的发展,虽然解决了一部分售后服务人才缺口的问题,但还需要加大力度培养该类人才。因此,需要对售后服务人才应具备的任职能力和岗位职责有明确的认识。

学习任务包括如下内容:

(1)完成"汽车营销与服务专业教学资源库"汽车服务企业管理课程中的"售后服务岗位分工""任职条件与岗位职责"微课程学习。

(2)小组采用角色扮演法组建团队进行售后服务岗位职责和任职条件的讨论。
(3)完成"售后服务岗位设置"项目任务书。
(4)完成拓展训练任务。

 学习目标

● 专业能力

1. 能够运用科学的方法对售后服务岗位设置进行分析,从而明确岗位职业和任职条件,对自身需要培养的能力要求有明确的认识,对售后服务各岗位的工作情况有一定了解;
2. 掌握"售后服务岗位分工""任职条件与岗位职责"等汽车售后服务岗位设置的知识和技能点。

● 社会能力

1. 树立服务意识、效率意识、规范意识;
2. 强化人际沟通、语言表达能力;
3. 维护组织目标实现的大局意识和团队能力;
4. 爱岗敬业的职业道德和严谨、务实、勤快的工作作风;
5. 自我管理、自我修正的能力。

● 方法能力

1. 利用多种信息化平台进行自主学习的能力;
2. 制订工作计划、独立决策和实施的能力;
3. 运用多方资源解决实际问题的能力;
4. 准确的自我评价能力和接受他人评价的能力;
5. 自主学习与独立思维能力。

 相关知识

一、售后服务岗位分工

汽车售后服务组织机构中,各部门人员的多少需要按各个岗位工作量安排。原则是售后服务机构中各级组织都有各自的负责人,做到每个岗位有人负责、每个人各尽其责。

常见的汽车服务企业售后服务部门岗位分工如图3-1所示。

一般来说,售后服务部门岗位是按照企业规模和服务量的要求进行设定的。对于一个中型汽车服务企业来说,其岗位的设置和人员的分配建议如下。

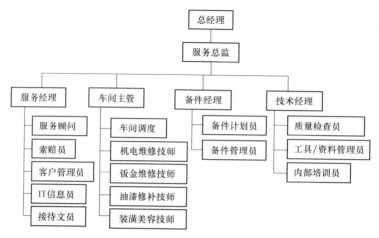

图 3-1 售后服务部门岗位分工

服务总监：1 名。

服务经理：1 名。

服务顾问：每名服务顾问每天负责接待 15～18 位客户。

索赔员：1 名（年索赔量超过 2 000 台次，设 2 名）。

顾客管理员：1 名。

IT 信息员：1 名。

接待文员：1～2 名。

车间主管：1 名。

车间调度：1 名。

维修人员：每名维修人员平均每天维修车辆 3 台次。

备件经理：1 名。

备件计划员：1 名。

备件管理员：1 名。

技术经理：1 名。

质量检查员：1 名。

工具/资料管理员：1 名。

内部培训员：1 名（可由技术经理兼任）。

微课视频：汽车售后服务岗位分工

案例资源：北京现代龙岩中天售后部各岗位分工与职责

案例资源：宝马 4S 店售后服务岗位职责

二、任职条件与岗位职责

（一）总经理

1. 总经理任职条件

（1）具有汽车专业大专及以上文化程度。

（2）具有很强的管理、协调和组织能力。

（3）具有很强的与人沟通交流的能力。

（4）熟练操作办公自动化软件和管理软件。

（5）3年以上汽车维修企业管理或相关经验。

案例资源：施达汽车工程咨询（上海）有限公司汽车售后服务岗位招聘启事

2. 总经理工作职责

（1）全面负责本企业各项工作。

（2）依据国家及行业的各项法律、法规，制定落实本企业的规章制度及方针政策。

（3）负责公司内文件的审批签发。

（4）主持制订本企业年度计划、季度计划等。

（5）参加汽车生产厂的有关会议并负责传达落实会议精神，负责签发报送汽车生产厂的文件及各种报表。

（6）投资及经营费用预算，包括厂房，厂地，设备设施的维护、折旧，人员工资，税务，广告费，差旅费等。

（7）人力资源管理，包括员工人事任免、员工满意度调查、员工考核、员工奖惩制度的建立与完善、员工培训计划的制订与实施等。

（二）服务总监

1. 服务总监任职条件

（1）具有汽车专业大专及以上文化程度。

（2）精通市场营销、财务管理、人事管理等企业管理知识。

（3）具有较强的计划、组织、协调能力。

（4）熟练操作办公自动化软件和管理软件。

2. 服务总监工作职责

（1）按品牌服务的要求对企业进行管理。

（2）负责与汽车生产企业售后服务部的业务联系，并落实其他各项工作安排。

（3）直接领导服务经理、备件经理、车间主管、技术经理的工作。

（4）重大质量问题及服务纠纷的处理。

（5）定期向总经理和汽车生产企业售后服务部报告企业的生产、经营和管理等工作。

（三）服务经理

1. 服务经理任职条件

（1）具有汽车专业大专及以上文化程度。

（2）具有先进的管理理念。

（3）有丰富的汽车维修经验和汽车理论基础。

（4）有较强的组织能力和表达能力。

（5）有驾驶执照，能熟练驾车。

（6）能熟练操作计算机。

2. 服务经理工作职责

（1）制定售后服务管理制度和业务流程工作标准。

（2）制订售后服务工作计划，保证售后服务月度和年度经营指标的完成。

（3）售后服务部日常事务的协调管理。

（4）处理用户投诉。

（5）制订售后服务内训计划并组织实施。

（6）售后服务部全体员工的月度和年度考核。

（7）定期向总经理汇报售后服务工作情况。

（四）服务顾问

1. 服务顾问任职条件

（1）具有汽车专业大专及以上文化程度。

（2）具有一定的语言表达能力、组织能力。

（3）从事汽车维修工作3年以上，对汽车故障有较强的分析判断能力。

（4）有驾驶执照，能熟练驾车。

2. 服务顾问工作职责

（1）接待来店顾客，按照相关业务流程和工作标准的要求在整个服务过程中为顾客提供一对一的优质服务。

（2）及时了解在修车辆的作业进度。

（3）接听在修车顾客的咨询电话，传递在修车状况信息。

（4）车辆交接。

（5）接受顾客预约信息，并做好接待顾客的前期准备工作。

（五）索赔员

1. 索赔员任职条件

（1）具有大专及以上文化程度。

（2）熟悉产品结构性能，从事汽车维修行业工作2年以上。

（3）具有一定的语言表达能力和协调能力。

（4）具有一定的故障件鉴定能力，掌握本品牌轿车索赔条例。

（5）有驾驶执照，能熟练驾车。

（6）能熟练操作计算机。

2. 索赔员工作职责

（1）负责故障件的原因分析，判定是否为索赔范围。

（2）负责正常索赔及超出权限的索赔申请。

（3）负责索赔件及索赔件记录的管理，建立索赔件台账。

（4）负责向汽车厂返还发生索赔的故障件。

（5）负责索赔件库的管理工作。

（六）客户管理员

1. 客户管理员任职条件

（1）具有大专及大专以上文化程度。

（2）具有较强的与人沟通交流的能力。

（3）熟练操作办公自动化软件和管理软件。

（4）一年以上轿车维修或相关经验。

2. 客户管理员工作职责

（1）建立、更新、维护顾客和车辆信息档案。

（2）顾客跟踪回访。

（3）传播服务信息。

（4）投诉档案的建立与管理。

（5）服务预约信息的记录及传递。

（七）IT 信息员

1. IT 信息员任职条件

（1）具有计算机或相关专业中专以上学历。

（2）了解汽车构造、汽车维修知识，具有 2 年以上工作经验。

（3）具有较好的语言表达能力。

（4）熟悉汽车驾驶，有驾驶执照。

2. IT 信息员工作职责

（1）负责车辆销售一周内的电话质量跟踪。

（2）负责客户来电记录，来信、来函的收集，并将信息向相关部门传递。

（3）负责来自汽车生产企业售后服务部及其他部门的信息接收、登记、传递及管理，并负责信息反馈工作。

（4）负责 R3 信息（基础信息、人员信息、培训信息等）的维护、接收与反馈。

（5）负责 Web 信箱信息的接收、反馈与存档。

（6）负责企业内部的 IT 信息管理。

（八）接待文员

1. 接待文员任职条件

（1）具有较强的与人沟通交流的能力。

（2）具有 1 年以上服务行业或相关经验。

2. 接待文员工作职责

（1）随时保持顾客休息区的整洁。

（2）负责顾客休息区的服务工作。

（九）车间主管

1. 车间主管任职条件
（1）具有大专及大专以上文化程度。
（2）具有很强的管理、协调和组织能力。
（3）具有现场生产管理方面的工作经验。
（4）熟练操作办公自动化软件和管理软件。
（5）具有4年以上轿车维修或相关经验。

2. 车间主管工作职责
（1）全面负责维修车间的安全、卫生、设备和5S等现场管理工作。
（2）协调监控维修作业进程，确保维修质量和完工交车时间。
（3）维修车间日常工作的指导和监督。
（4）与服务主管共同协调车间业务和前台业务的衔接。
（5）完成服务经理安排的各项临时性工作任务。
（6）所管辖各岗位员工的月度和年度考核。
（7）定期向服务经理汇报维修车间的工作情况。

（十）车间调度

1. 车间调度任职条件
（1）具有中专及中专以上文化程度。
（2）具有现场生产管理方面的工作经验。
（3）具有2年以上轿车维修或相关经验。

2. 车间调度工作职责
（1）根据各维修技师的技能水平和业务量饱满程度分配维修作业任务。
（2）进行维修资源的有效调度，并及时向服务主管反馈维修资源的动态状况。
（3）完工时间可能出现延误时，及时通知服务顾问或服务经理。
（4）管理、及时更新维修作业进度看板。

（十一）维修技师

1. 维修技师任职条件
（1）具有中专及中专以上文化程度。
（2）具有很强的管理、协调和组织能力。
（3）具有现场生产管理方面的工作经验。
（4）熟练操作办公自动化软件和管理软件。
（5）具有4年以上轿车维修或相关经验。

2. 维修技师工作职责
（1）服从车间调度的维修任务分派安排。
（2）按照有关工作标准按时完成维修作业。
（3）向车间调度反馈维修作业进度状况。

微课视频：汽车维修技师的岗位职责

（4）完成维修作业之后进行岗位维修质量自检验。
（5）完成车间主管安排的各项临时性工作任务。
（6）负责维修作业场所的5S工作。

（十二）备件经理

1. 备件经理任职条件

（1）具有汽车专业大专及以上文化程度。
（2）有3年以上的汽配供销管理经验。
（3）有较强的组织协调能力。
（4）能熟练使用计算机。
（5）参加并通过汽车厂配件部管理部门组织的培训。

2. 备件经理工作职责

（1）负责备件管理工作。
（2）根据汽车厂的要求及市场需求合理调整库存，加快资金周转。
（3）负责对店内有关人员进行配件业务培训。
（4）负责协调备件供应部门与其他部门的关系，保证一线服务工作需要。
（5）负责向本品牌轿车厂配件部管理部门传递备件市场信息及本店的业务信息。
（6）审核、签发配件订单。
（7）参加本品牌轿车配件部管理部门组织的业务培训。

（十三）备件计划员

1. 备件计划员任职条件

（1）具有汽车专业大专及以上文化程度，有3年以上汽配工作经验。
（2）具有一定的管理知识及管理经验。
（3）具备一定的汽车维修常识和营销知识。
（4）对汽车备件市场信息敏感，工作踏实，责任心强。
（5）能熟练操作计算机。

2. 备件计划员工作职责

（1）根据本店维修保养业务需要，合理安排库存，确保一线服务工作的正常开展。
（2）根据汽车厂配件部管理部门有关配件计划、订购的规定，开展配件计划、订购工作，正确、及时填写和传递备件订单。
（3）对备件供应的及时性、正确性负责，并保证订购汽车厂的原厂纯正备件。

（十四）备件管理员

1. 备件管理员任职条件

（1）汽车专业中专及以上文化程度。
（2）有一定的仓库管理经验。
（3）具有一定的汽车构造及维修常识。
（4）工作踏实，责任心强。

（5）能熟练操作计算机。

2. 备件管理员工作职责

（1）负责配件的仓储收发管理及库存盘点。

（2）负责配件的入库验收及维修配件的发放工作，建立库存账目。

（3）及时向配件计划员通报配件库存情况。

（4）负责配件库的环境、安全及防火工作。

（十五）技术经理

1. 技术经理任职条件

（1）具有汽车专业大专及以上文化程度。

（2）从事汽车维修工作 5 年以上，具有丰富的维修经验，对本品牌汽车故障有较强的分析判断能力。

（3）具有一定的外语阅读能力，能够熟练操作计算机。

（4）具有良好的语言和文字表达能力及沟通能力。

（5）有驾驶执照，能熟练驾车。

2. 技术经理工作职责

（1）培训。

1）参加汽车厂有关培训，负责店内员工的二次培训。

2）负责店内员工的常规培训。

3）负责开展店内技术竞赛等活动。

（2）故障诊断。

1）负责疑难故障的诊断及维修技术攻关，指导车辆维修及救援。

2）负责定期收集技术疑难问题及批量出现的质量问题反馈汽车厂。

3）负责监督、指导维修人员使用专用工具和仪器。

（3）质量验收。

1）负责控制、监督维修人员的维修质量。

2）对大的维修项目和安全部分的维修进行终检。

（十六）质量检验员

1. 质量检验员任职条件

（1）具有汽车专业中专及以上文化程度。

（2）具有较强的责任心。

（3）从事汽车维修工作 3 年以上，有较丰富的维修经验。

（4）有驾驶执照，能熟练驾车。

2. 质量检验员工作职责

（1）质量检验。

1）负责监督维修人员的维修工作。

2）负责常规作业项目的质量验收，并在派工单上签字。

3）负责参与重大、疑难故障的分析、鉴定。

（2）参与和协助店内培训。

1）负责培训准备工作。

2）协助技术总监进行有关课题的讲解。

（十七）工具/资料管理员

1. 工具/资料管理员任职条件

（1）具有高中或中专文化程度。

（2）熟悉汽车及汽车维修常识。

（3）具有一定文件资料管理和库房管理知识。

（4）能够熟练操作计算机。

2. 工具/资料员工作职责

（1）负责建立工具、设备的台账档案。

（2）负责库存工具的借用记录。

（3）负责库存工具的维护和年检。

（4）负责维修技术资料的管理。

（十八）内部培训员

1. 内部培训员任职条件

（1）汽车相关专业大专以上文化程度。

（2）熟悉汽车构造及相关知识，具有较强的汽车维修技能。

（3）具有较强的语言表达能力。

（4）能够熟练操作计算机。

（5）具有一定的英语阅读能力。

（6）熟悉汽车驾驶，有驾驶执照。

2. 内部培训员工作职责

负责企业内的各项技术培训工作。

任务实施

在掌握汽车售后服务岗位设置和任职条件与岗位职责的前提下，形成对汽车服务企业售后服务岗位设置的整体性认识，并很好地解决本项目任务中所描述的对李女士的关于为同事儿子就业应聘咨询的问题，建议采取如下方式开展学习和训练。

一、在线学习

登录"汽车营销与服务专业教学资源库"，选定汽车服务企业管理课程中的"售后服务岗位分工""任职条件与岗位职责"微课程，观看教学微课，并完成相应的进阶训练。在微课中如有疑问，可在线提问，与教师互动交流。

二、难点化解

认真学习本教材,进一步掌握任务 3-1 中的知识和技能,完成项目任务书中的"难点化解"题目。

三、模拟训练

假定你是李女士的朋友段玉,该如何向李女士讲解关于售后服务人员岗位设置和任职条件方面的问题呢?与学习小组成员商讨,并采用角色扮演法在课堂上展示。

拓展训练

以小组为单位,考察一家汽车服务企业,重点调研该企业的售后服务岗位,尤其是重点观察或者向从业人员请教售后服务岗位服务区域设置、岗位设置、岗位服务等问题。然后对收集到的信息进行归纳和总结,进而明确汽车售后服务岗位的分工、任职条件和岗位职责。小组拍摄所考察的售后服务岗位工作环境和工作场景,并将微视频(或照片)上传至资源库平台。

项目三
售后服务管理

任务 3-2　售后服务流程设计

任务描述

李女士是一家事业单位的工作人员。李女士新买的福克斯轿车需要进行保养,于是,李女士来到朋友段玉所在的汽车服务企业。段玉是这家企业的售后服务经理,段玉介绍服务顾问张勉接待了李女士。为了了解汽车售后服务流程,李女士向张勉提出了该问题。如果你是服务顾问张勉,你该如何为李女士解答该问题?

任务分析

目前大多数4S店经销商注重车辆销售,对售后服务的管理关注不够。随着汽车销售市场的进一步成熟,各个品牌产品差异化的减小,经销商的利润将主要来源于售后服务。因此,做好售后服务各项工作,不断提高品牌产品客户满意度,培养客户忠诚度,对汽车服务企业具有重要意义。

学习任务包括如下内容:
(1)完成"汽车营销与服务专业教学资源库"汽车服务企业管理课程中的"售后服务工作内容""售后服务核心流程""售后服务资料管理"微课程学习。
(2)小组采用角色扮演法组建团队,进行典型售后服务流程的过程。
(3)完成"售后服务流程设计"项目任务书。
(4)完成拓展训练任务。

学习目标

● 专业能力
1. 能够运用科学的方法,对汽车售后服务流程进行分析,从而为更有针对性的售后服务做好准备,提供服务的效率和质量,从而提高企业服务满意度;
2. 掌握"售后服务工作内容""售后服务核心流程""售后服务资料管理"等售后服务

流程设计的知识和技能点。
- 社会能力
1. 树立服务意识、效率意识、规范意识；
2. 强化人际沟通、语言表达能力；
3. 维护组织目标实现的大局意识和团队能力；
4. 爱岗敬业的职业道德和严谨、务实、勤快的工作作风；
5. 自我管理、自我修正的能力。
- 方法能力
1. 利用多种信息化平台进行自主学习的能力；
2. 制订工作计划、独立决策和实施的能力；
3. 运用多方资源解决实际问题的能力；
4. 准确的自我评价能力和接受他人评价的能力；
5. 自主学习与独立思维能力。

一、售后服务工作内容

按照发达国家对汽车业的界定，现在广义上的汽车售后服务主要包括维修、养护、救援、信息咨询、保险、二手车交易等内容。但就目前国内汽车业发展水平而言，国内所谓的售后服务还主要是维修和保养服务。

微课视频：售后服务工作内容

汽车售后服务是汽车服务企业围绕客户和送修汽车所展开的各项工作。汽车售后服务是汽车产品整体的一个部分，属于汽车服务业范畴，一般由汽车服务企业提供服务，汽车是间接的服务对象，客户才是直接的服务对象。具体地说，汽车售后服务，包括客户预约、接待、签订汽车维修合同、派工、调度、维修作业、质量控制、交车和跟踪回访服务等环节，是一个涉及客户关系、信息资源、市场开发、作业标准、流程设计和工作考核等方面的控制系统。

汽车服务企业的生产运作过程必须充分体现"以人为本"的特点，充分围绕客户这一中心展开各项服务活动。

1. 预约服务

汽车服务企业通过与客户预约维修可以有计划地安排工作到维修车间，调整企业用工，防止生产失衡。在预约时间前跟进客户，减少失约客户（预约了却没有来的客户），跟进所有失约客户并重新安排预约；尤其是承揽汽车定位维护业务，有很强的周期性特点，如果预约系统起作用，其他工作环节可变得有效平滑，客户满意度也可以提高。

2. 接待服务

接待是汽车维修企业的窗口，是内外联系的中枢，是非常关键的工作。接待要事先做好充分准备，要能预测客户对信息、环境、情感等方面的需求，并努力加以满足。

3. 调度与维修作业

汽车服务企业生产系统的良好运作，需要有准确的生产计划和合理的现场调度。调度是现场管理：派工、作业、换件、检验等，要维持清洁、高效、有序的工作环境；记录零配件的供应同步情况和现场可用工时数，关注作业人员的工作状态；既要监控生产现场各环节，也要关注维修单在业务部门的流动情况，还要优先对待返修客户和等待中客户。

4. 质量控制

汽车维修过程中，质量控制的目标是确保客户的车辆一次修复，减少返修和投诉的发生，增加客户满意度和企业员工的满意度。

5. 交车服务

汽车维修后，向客户交车前必须做如下工作：确认质量控制检查已经完成，客户的要求已经达到，原先估价和实际情况已经核对，准备好结算、收款和提供收款证明（发票），更换下的旧件已经说明并交给客户，确定跟踪服务的方式。通知客户来取车，客户到达时热情问候，陪同客户取车并当着客户的面取下座椅护套等，建议下次服务的时间或额外项目，感谢客户的光临。上述交车程序是为了确保客户离开时对汽车服务企业有良好的印象。

6. 跟踪回访服务

根据事先承诺的跟踪服务规程和服务方式，汽车服务企业在汽车修竣出厂后的 3 天内联系客户，记录客户的反应，跟进客户要求或因不满意而提出的事项。跟踪回访出厂后的汽车，及时处理客户的抱怨或投诉。跟踪服务可以保持与客户的交流，并在客户满意度方面提供有价值的反馈。

售后服务是现代汽车维修企业服务的重要组成部分。做好售后服务，不仅关系到本公司产品的质量、完整性，而且关系到客户能否得到真正的、完全的满意。

二、售后服务核心流程

在汽车售后服务中，为满足客户需求，树立品牌形象，提高服务效率，售后人员按照规范要求，执行最为重要的工作流程。汽车售后服务的程序化和制度化，既可以规范企业员工的行为，减少无效或低效劳动，提高维修服务的能力和效率，又能让客户了解企业运作的规范化和汽车维修服务保障体系的有效性，提高企业的效益和信誉。

微课视频：汽车售后服务核心流程

售后服务核心流程体现以"客户为中心"的服务理念，展现品牌服务特色与战略，使客户充分体验和了解有形化服务的特色，以提升客户的忠诚度；以标准化、统一化的作业标准，规范所有面对客户的服务行动；通过核心流程的优化作业，提升客户满意度，提升服务效益。

汽车服务企业一般采用"以客户为中心"的服务流程，即由预约、接待、调度与维修、质量控制、交车、跟踪回访等步骤组成，如图 3-2 所示。

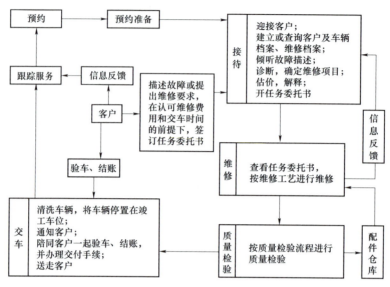

图 3-2　汽车售后服务流程图

1. 客户预约

汽车服务企业通过客户预约工作可以有效地控制客户数量，并在客户到达前做好相应的备件、场地、设备、人员的准备，监控和安排所有可使用的工作时间，有效处理直接送修和返修业务。特别是根据汽车定期维护业务的周期性特点有效开展预约工作，将使企业的各工作环节的衔接变得有效平滑，工作效率大为提高，客户满意度也可得到有效提升。目前，预约已成为汽车服务企业普遍采用的服务方式。

（1）预约的优势。

预约是汽车维修服务流程的第一个重要环节，因为它构成了与客户的第一次接触，从而提供了立即与客户建立良好关系的机会。

至于是通过电话还是亲自预约，形式并不重要。预约还有以下优势：

1）可以缩短客户等待时间，保证客户按约定的时间取车，从而减少客户抱怨。

2）可以非常准确地控制车间的设备利用率，减少设备空闲的时间。

3）可以对接收的汽车维修订单进行时间安排，削峰填谷。

4）可以及时订购配件，减少库存配件。

（2）预约的准备。

在汽车服务企业，同客户的预约工作一般由业务接待或服务顾问来完成，预约确认之后，还需要进行一系列的准备工作。

▶ **特别提示**

在进行预约之前，应该注意：

① 信息及其车辆情况：客户的名称、联系方式、车辆牌照号、车辆型号、行驶里程数、以往的维修情况、车辆需要做何种维护或有何种故障现象需要进行维修等。

② 维修生产和收费情况：维修车间是否可以安排工位、维修技师、专用工具，资料是否可用，相应的配件是否是现货或何时到货，相应维修项目的工时费和材料费等。

如果预约人员对以上情况很清楚，就能针对客户的具体要求及时做出合理的预约安排；如果预约人员当时不能清楚情况，就需要及时了解清楚之后再同客户电话确认。不要不清楚情况就盲目预约，以免到时无法践约，给客户造成时间损失，引起客户抱怨，影响维修企业信誉。

维修企业为了更好地推广预约工作，在预约维修推广开始时，除了大力宣传预约给客户带来的利益外，还可以对能够准时践约的客户在维修费用上给予适当的优惠或以赠送纪念品的方式进行鼓励。

鼓励更多的客户进行预约的做法有：

1）设立专门的预约接待窗口。

2）预约在维修低谷时间的客户，可享受工时折扣及其他优惠政策。

3）广泛开展预约优点的宣传，接待及交车时直接向客户推荐，电话回访时介绍预约。

4）发放预约优惠卡，向预约客户赠送小礼物，向客户发信函进行介绍。

5）预约时，客户可挑选业务接待。在接待区和客户休息室内放置告示牌，引导客户进行预约。

6）在寄给现有客户和潜在客户的印刷宣传品中推荐预约，向预约客户提供免费安全检查或其他鼓励性优惠等。

（3）预约的工作事项。

一般预约的内容有：

1）通过电话进行维修预约登记，填写预约登记表，见表3-1。

表3-1 预约登记表

客户名称	车型	电话	需求维修项目	预约时间	业务接待
MA：维护，GR：一般维修，UR：单件维修，DS：车身，QS：快修。					

2）询问客户及车辆情况（核对老客户数据，登记新客户数据）。

3）询问行驶里程、客户的需求或车辆故障状况。

4）询问上次维修时间及是否重复维修。

5）确定接车时间（要留有准备时间，要主动控制）、业务接待的姓名。

6）暂定交车时间（根据客户电话描述的故障现象、维修车间生产情况、配件库存情况等做出简单判断），注意留有余地。

7）告诉客户应带的相关资料（随车文件、防盗密码、防盗锁钥匙、维修记录等）。

8）提供价格信息（大致工时费、配件价格等）。

9）介绍其他特色服务项目并询问客户是否需要这些服务。

（4）预约后的工作。

为了使客户到了后能够很快地如约开展车辆维修，预约人员同客户做好预约之后应及时通知业务接待（预约人员也可能是业务接待），以便在客户到来之前做好必要的准备工作。在停车位、车间工位、维修技师、技术资料、专用工具、配件、辅料等方面都应该准备齐全，尤其是维修技术问题的确认及维修方案的准备，以免到时影响维修工作效率和质量。

准备工作属于流程中的内部环节，与客户并无直接的接触。业务接待需及时通知维修车间与配件部门做好相应的准备工作，维修车间、配件部门也应对业务接待的工作给予积极支持配合。如果这些工作不能在客户到来之前做好，比如维修所需配件不能够采购到，那么应及时通知客户取消这次预约，希望客户谅解并重新预约。但是这一切工作都应当在客户到来之前完成。如果可能进行业务接待，还应提前准备好任务委托书（或维修合同）。

2. 接待服务

汽车售后服务接待工作贯穿于车辆维修流程的全过程，从询问、环车检查、开具任务委托书、确定维修项目，直至客户取车、付款、电话跟踪、反馈信息等，构成了业务接待的内容。接待要事先做好充分的准备，要能预测客户对信息、环境、情感等方面的需求，关注到客户的这些需求之后，还必须去加以满足，以专业的方式接待客户来增加客户对企业的信心，在熟知本企业能力的基础上设法超越客户的期望。

（1）客户接待的内容。

在维修接待服务流程中，业务接待的主要工作包括以下几方面。

1）初步进行故障诊断。

① 细心聆听客户对故障的描述。

② 深入地向客户探问，以求找出更多的资料。

③ 与客户研讨，要明白客户做某一维修项目的原因。

④ 环车检查，初步找出故障来源，科学检测诊断，准备找出故障所在。

⑤ 与客户商妥后，确定维修项目。

⑥ 尽量满足客户报修以外的其他合理要求。

⑦ 根据试车检测情况，及时向客户提出建议。

⑧ 遇到难以解决的问题，应与技术主管商讨，找出解决问题的方法。

2）开具任务委托书。

① 取得车辆的基本资料（型号、年份、VIN 码等）。

② 车况、证件的交接。

③ 随车工具及物品的保管。
④ 与客户商定材料、配件的提供方式。
⑤ 开具任务委托书时，要注意与维修技师沟通有关维修工作。
⑥ 任务委托书开具后，要交给客户过目、签字。
3）修竣时间与收费。
① 工时估价应按照企业规定的不同车型、不同维修项目的统一工时定额和工时费报价。
② 零配件应按销售价格报价，对于特殊订货的配件，价格应适当加乘一定的系数后报价。
③ 对于客户自购件，应向客户解释正厂件与副厂件的质量差异和价格差异。
④ 对一般维修项目，可向客户直接报价；对个别维修项目的收费，应向客户做必要的解释。
⑤ 检查客户的保修单和保养单。
⑥ 告知客户可以取回车辆的时间。
⑦ 若客户对取车时间有异议，要做出适当回应。
⑧ 与维修技师商讨有关维修事宜。
⑨ 估算维修总费用。
⑩ 在安排维修时间表时，要考虑维修车间的工作量。
⑪ 要查清楚配件部门有没有所需的零配件。
⑫ 计算更换零配件的费用和工时费。
4）推销增加的服务。
① 在维修中反馈的追加项目和零件的更换，应及时与客户取得联系。
② 向客户建议额外的维修服务，应解释服务的性质、价格及益处。
5）与维修技师的沟通。
① 开具任务委托书就是与维修技师的一种沟通。
② 要与维修技师共同研讨任务委托书。
③ 尽量回答维修技师所提出的问题。
④ 通过维修技师充分了解维修车间的工作量。
⑤ 与维修技师商讨落实材料、配件的提供方式。
6）维修作业的跟进。
① 及时掌握维修进度与维修质量。
② 了解三检的实施情况。
③ 零件与工时如有改变，一定要通知客户。
④ 如发现有需要增加的维修项目，应立即向客户确认。
⑤ 在特殊情况下（如出现返修时），要检查维修技师的工作。
⑥ 随车进行车辆技术档案的登记整理。
（2）对车辆的检查。
对车辆进行初步检查，了解车辆的基本情况，具体内容参照表3-2。

表 3-2 车辆信息检查表

车牌号：　　车型：　　排量：　　车身颜色：　　初登日期：　　行驶里程：　　km

评定项目分类	检测项目	评定（√）	评定技术要求
车辆手续检查	发动机号	○ □	与铭牌和行驶证上是否相同
	车架号	○ □	
	购车原始发票	○ □	是否真实齐全
	过户发票	○ □	
	购置税发票	○ □	
	机动车辆登记证	○ □	验证是否是抵押车辆
	检查购置税	○ □	是否真实有效
	车船税	○ □	
	养路费	○ □	
	车辆年审	○ □	
车身及外观检查	检查车身油漆颜色	○ □	是否一致、有无修补痕迹
	检查门窗	○ □	开关是否灵活有效
	检查门口密封条	○ □	有无老化变形
	检车车门、前引擎盖	○ □	接缝结合是否均匀
车辆内饰检查	检查转向盘	○ □	是否上下松动
	喇叭	○ □	声音是否响亮
	乘客座椅	○ □	新旧程度
	遮阳板支架	○ □	是否可固定
	轻踩踏板	○ □	间隙是否合适
	车顶	○ □	被雨水锈蚀程度
	车底	○ □	
	机器仪表	○ □	显示清晰
	行李箱密封条	○ □	是否完好，被雨水锈蚀程度
发动机检查	机器表面	○ □	干净无油污
	气缸盖	○ □	有无漏油
	皮带	○ □	是否松动老化

续表

评定项目分类	检测项目	评定（√）	评定技术要求
发动机检查	机油	○ □	是否缺少，有无渗漏现象
	刹车油	○ □	
	助力油	○ □	
	电瓶	○ □	电压是否充足
	排气管	○ □	有无蓝烟、黑烟及异味
电器设备检查	发动机	○ □	发动机在热状态下是否3次启动不成功
	远近灯光	○ □	发光强度是否达到标准
	转向装置	○ □	是否完好无损、无异响
底盘检查	车底	○ □	有无漏水、漏油、漏气现象
	转向臂	○ □	横拉杆有无裂纹
	前架	○ □	有无损伤焊接痕迹
	前后桥	○ □	有无裂纹
	轮胎	○ □	胎压、花纹深度、有无偏磨现象
	转向操纵力	○ □	不大于 245 N
制动检查	制动力	○ □	分别以 20 km/h 和 50 km/h 进行测试
正常在○中打上√，有异常情况在□中打上√			
车主签字：　　日期：　年　月　日		评定人签字：　　日期：　年　月　日	

3. 调度与维修作业

服务车辆进厂后，由车间主管进行作业调度安排，各工位开始维修作业。

汽车维修作业应注意以下几个方面：

（1）维修前，应对客户财产进行保护，如实行"三件套"防护。

（2）维修工应按"维修施工单"上的要求进行作业，并在各自已完成的作业项目前打"√"确认。

（3）维修作业必须按照规定的技术标准和规范进行，完成后应将结果——调整后所测的符合规定要求的数据——填入维修单。

（4）维修工在进行作业时，应选用合适的工具和设备，防止野蛮作业，做到油、水、配件、工具不落地，保持场地整洁、文明作业。

（5）如遇到疑难杂症等技术问题，应及时寻求技术支援，直至技术总监的技术指导或实行技术会诊，绝不能拖延不报而延误工期。

（6）当维修项目需要调整时，维修人员应立即征求客户的意见，向客户说明维修中发现的问题、调整修理项目的必要性，并由接待人员或服务顾问与客户就维修项目、维修费用、交付时间的调整进行沟通，得到客户确认后，进行合同修订，然后再继续作业。

（7）在客户取车前，维修工应妥善保管更换下的配件，以备必要时让客户检查或交给客户。

4. 质量控制

加强对维修质量的控制，提高车辆维修质量是维修企业必须予以高度重视的问题。只有好的质量，才会让客户满意，质量是企业的生命。

车辆维修质量是客户最关心的问题之一，客户希望维修作业的各工序严格按照技术要求和操作规程进行，使用的原材料及零配件符合标准，按规定进行严格检验测试，使车辆故障完全排除、功能完全恢复、使用寿命得以延长等。

（1）三级检验制度。

汽车服务企业一般采用维修作业的自检、互检和专检的三级质量检验制度。

（2）质量保证期。

行业管理要求汽车维修实行竣工出厂质量保证期制度，汽车维修质量保证期从维修竣工出厂之日算起。汽车维修经营者应当公示承诺的汽车维修质量保证期（所承诺的质量保证期不能低于规定的标准），在承诺的质量保证期内，汽车因维修质量原因造成汽车无法正常使用的，汽车维修经验者应当及时无偿返修。

（3）车辆维修档案。

汽车维修经营者对汽车进行二级维护、总成修理、整车修理的，应当建立车辆维修档案，通常是"一车一档"。车辆维修档案主要包括维修合同、维修项目、具体维修人员及质量检验人员、检验单、竣工出厂合格证及结算清单等。企业建立档案以便今后客户的车辆再次来维修时，能对故障的分析和诊断有所帮助；一旦出现返修或质量纠纷，也有据可查。

5. 交车服务

（1）交车前的检查。

交车前最后的检查是维修业务中的重要环节，不仅可以改善工作质量，还会直接影响到客户的满意度。由车间主管或技术总监负责最后的检查，可保证质量控制获得更佳效果。作为业务接待，一定要充分了解最后检查的方法和项目，确定最后的检查已经实施。万一发生返修的情况，业务接待还要考虑补救措施。

（2）交车前的准备。

1）提早 2 h 检查作业进度，做到心中有数。确保能够按时交车。如果发生其他情况，及时与客户联系，并做好解释。一般情况下，要保证按时交车。

2）将车辆内外清理干净。交付客户一辆洁净的车辆非常重要，尤其是一些小细节，有时能体现维修企业的整体形象。如倒掉烟灰缸里的烟灰等。虽然汽车外观的保养占用的时间很少，却能起到事半功倍的效果。客户可以清晰地感到企业为他的汽车进行了清洁处理，能够感觉到企业对他的车辆是负责任的。第一眼印象往往是最重要的，是使人念念不忘的印象。正是那些举手之劳，常常会在很大程度上增加客户的满意度。

对维修过的部位进行清洁检查，应保证无油污，并确保无意外损伤，即在维修时造成的无意识的损伤。

3）礼仪性地将倒车镜、座椅、音响等恢复原位。

4）检查交车时间、费用、实际维修项目是否与任务委托书上的项目相符。如果有更改项目或不符的地方，查找原因并说明。做到心中有数，并及时与客户联系，做好解释工作。如果有增加项目，说明原因并注意维修费用变更与否。

5）对照任务委托书，进行车上检查，核查完工项目。逐项检查任务委托书上的项目是否已全部完成，确保所有数据均已载入任务委托书，确认所有费用均已列在客户结算单上。确认完成的维修项目符合客户的要求，将出厂返修率降到最低。

6）填写维修项目说明并开列相应结算单。为客户写好维修项目说明，确保书面说明易为客户所接受。

7）核算。业务接待审验完任务委托书后，确认无误后，做相应的记录，将任务委托书送交收款员进行核算。收款员检查任务委托书、材料单和其他凭证（例如外部维修加工单等）是否齐全，检查出库的材料是否与任务委托书要求的维修范围一致，并将额定项目进行核对、核算。

8）列出建议下次维修的项目。建议写明维修的项目、时间、危害性或危险程度，以及对车辆性能及寿命的影响。

6. 跟踪回访服务

（1）回访的目的。

1）征求客户的满意程度，并表达感谢之意，转达企业领导关心之情。

2）提高企业自身形象，培养忠实客户群体。

3）对客户不满意的情况应及时沟通、消除分歧，赢得理解并予以足够的忠实，及时整改，避免由此使客户失望，造成客户流失，影响企业的声誉。

案例资源：奥迪汽车售后服务核心流程

（2）回访的方式。

1）电话回访，这是最常用的方法。

2）定期由客户服务经理带队，选择一定比例的客户进行上门访问。

3）利用维修档案，通过电话、信件、电子邮件等方式提醒客户做车辆定期维护，顺便进行客户回访，并做好详细记录。一般应提前3周进行首次通知，并在日期将至时再次通知。

4）可以采用意见征询表、座谈会等多种形式与客户定期保持联系，询问车辆使用情况、对维修企业的意见和建议，或向客户介绍新的服务项目等。

三、售后服务资料

售后服务资料是售后服务人员在为客户进行售后服务时使用的所有用品、工具、单据。在进行售后服务准备时，售后服务人员需要将售后服务资料准备好，并熟悉资料的使用方法和使用时机。

售后服务资料在售后服务人员为客户进行售后服务时，要放在固定位置，这样在提高服务效率的同时，也有利于提高服务质量。关于售后服务资料的具体内容，见表3-3。

表3-3 汽车售后服务资料明细表

序号	资料名称	售后服务资料图
1	电话	
2	签字笔	
3	客户预约单	

续表

序号	资料名称	售后服务资料图
4	接车检查单	**接车检查单** 客户姓名/单位：　　　　车牌号：　　　　行驶里程：　　Km 客户描述： 保　养：首次保养□　小保养□　常规保养□　验车保养□　换机油机滤□　换三滤机油□　换机油□ 发动机：发不出□　抖咸哝□　加速不良□　动力不足□　油耗高□　易熄火□　急速不稳□ 异　响：发动机□　底盘□　行驶□　变速箱□　刹车□　仪表台□　座椅车门□ 灯　亮：机油黄灯□　机油红灯□　水温灯□　ABS□　气囊□　转向机灯□　EPC灯□ 空　调：不制冷□　异响□　有异味□　漏□　冷却液□　车身□　天窗□ 漏　油：发动机□　变速箱□　刹车□　汽油□　事故□　保险事故整形油漆□　局部整形补漆□ 其　他： 随车物品　1　　　　　备胎检查　是□ 否□　燃油存量检查 0 1/2 1/1 　　　　　2 　　　　　3　　　　　是否洗车　是□ 否□ 　　　　　4（提醒用户妥善保管好车上的贵重物品） 是否需要送车　是□ 否□　送车地址： 是否需要带走旧件　是□ 否□　放置地址： 车辆外观检查　　　　　车辆内饰检查 ▼凹凸□　　　　　　　▽污渍□ ▲划痕□　　　　　　　△破损□ ◆石击□　　　　　　　◇色斑□ ●油漆□　　　　　　　○变形□ 进一步检查□　　　预检□ 检查结果： 维修方案： 日期：　　服务顾问签字：　　客户签字：　　打印经销商/维修站名称 交车检查结果：车辆外观□　车内无零件/工具遗漏□　内饰（音响、空调、收音机、功能开关）□ 发动机舱（清洁、液位）□　后备箱□　维修表单□　旧件□
5	客户接待登记表	**客户登记表** | 日期 | 姓名 | 联系电话 | 职业 | 预购车型 | 颜色 | 接待人 | 电话/上门 | 备注 | |---|---|---|---|---|---|---|---|---|

续表

序号	资料名称	售后服务资料图
6	随车物品清单	(福特福睿斯随车物品清单表格)
7	委托交修单	(德宝汽车维修任务委托书 №:0001，第一联:存根(白)、第二联:客户(红)、第三联:结算(黄))

续表

序号	资料名称	售后服务资料图				
8	维修合同	汽车服务部车辆维修协议（含客户名称、电话、地址、联系人、车型、发动机号、牌照号、车架号、里程数、来厂日、预定交车日、用户指示、工作指示、工时费1-15项、备注、客户签名、接待签名、点车签名、代保管物品有/无等）				
9	派工单	车辆维修保养派工单（含报修部门、车牌号、报修日期、迄今行车里程、报修事项（维修□ 保养□ 其他□）、问题描述、维修项目、费用预算（元）、合计金额、驾驶员签字、部门负责人意见、分管经理意见）				
10	完修卡	序号	设备名称	大中型客车	大型货车	小型车	其他要求
		1	发动机检测诊断设备		√		颖具备示波器、转速器、发动机检测专用真空表的功能
		2	数字式万用电表		√		
		3	故障诊断设备	—	—	√	
		4	气缸压力表		√		
		5	汽油喷油器清洗及流量测量仪	—	—	√	
		6	正时仪		√		
		7	燃油压力表	—	—	√	

续表

序号	资料名称	售后服务资料图
11	客户满意度调查表	(顾客满意度调查表)

微课视频：售后服务
配套资料的使用

案例资源：广西鑫顺达一汽
特约维修服务中心接车单

知识拓展：售后服务工单

任务实施

在掌握汽车服务"售后服务工作内容""售后服务核心流程""售后服务资料管理"的前提下，形成对汽车售后服务流程的认识，并很好地解决本项目任务中所描述的问题，建议采取如下方式开展学习和训练。

一、在线学习

登录"汽车营销与服务专业教学资源库"，选定汽车服务企业管理课程中的"售后服务工作内容""售后服务核心流程""售后服务资料管理"微课程，观看教学微课，并完成相应的进阶训练。在微课中如有疑问，可在线提问，与教师互动交流。

二、难点化解

认真学习本教材,进一步掌握任务3-2中的知识和技能,完成项目任务书中的"难点化解"题目。

三、模拟训练

假定你是服务顾问张勉,你该如何为李女士解答该问题?与学习小组成员商讨,并采用角色扮演法在课堂上展示。

 拓展训练

以小组为单位,考察一家汽车服务企业,跟踪观察该企业的售后服务工作,尤其是注意售后服务工作的内容和流程,以及售后服务的资料及其管理。并在观察之后,针对以上问题对售后服务工作人员进行访问,然后归纳和总结。小组拍摄所考察的售后服务工作内容和流程,以及售后服务的资料及其管理,并将微视频(或照片)上传至资源库平台。

任务 3-3 前台管理

任务描述

李女士朋友的儿子小马顺利地通过了汽车售后服务接待岗位的应聘,来到王大海的汽车服务企业工作。小马到店报到后,要先完成为期 3 个月的实习工作。经理安排小马在实习期内主要协助完成售后前台管理的工作。那么,经理给小马安排的工作任务有哪些呢?有什么要求吗?

任务分析

汽车售后服务部由前台业务接待前台和车间组成。因此,前台管理是汽车服务企业售后服务部与客户接触的第一环节,是使客户对企业产生美好第一印象的重要岗位。从客户车停到业务接待厅门前的那一刻起,前台接待对客户的接待就开始了。此时,客户感受到良好的氛围,特别是感受到友好的问候。客户是否满意并留下,进而成为忠诚客户,前台接待负有实质性的责任。不满意的客户会在熟人中到处宣传其对企业的不满,由此带来的损失是不可估量的。优秀的前台接待,可以化解客户的不满,挽回由于客户的不满而带来的损失,为企业创造最大的效益。

学习任务包括如下内容:

(1)完成"汽车营销与服务专业教学资源库"汽车服务企业管理课程中的"看板管理""优质服务管理"微课程学习。

(2)小组采用角色扮演法组建团队进行前台管理服务的演示。

(3)完成"前台管理"项目任务书。

(4)完成拓展训练任务。

学习目标

● 专业能力

1. 能够运用科学的方法对前台管理的内容和要求进行分析和研究,从而为更有针对性的服务做好准备，提高服务的效率和质量，从而调高企业服务满意度；

2. 掌握"看板管理""优质服务管理"等前台管理的重要知识和技能点。

● 社会能力

1. 树立服务意识、效率意识、规范意识；
2. 强化人际沟通、语言表达能力；
3. 维护组织目标实现的大局意识和团队能力；
4. 爱岗敬业的职业道德和严谨、务实、勤快的工作作风；
5. 自我管理、自我修正的能力。

● 方法能力

1. 利用多种信息化平台进行自主学习的能力；
2. 制订工作计划、独立决策和实施的能力；
3. 运用多方资源解决实际问题的能力；
4. 准确的自我评价能力和接受他人评价的能力；
5. 自主学习与独立思维能力。

前台接待给企业带来了生机和效益，前台接待是服务行业实现现代化管理的重要步骤。前台接待岗位的设立，充分体现了汽车 4S 店的经营管理规范化程度。同时，前台接待带动与协调了各个管理环节，明确了职责，提高了工作效率，使各部门步调一致地完成企业的经营目标。另外，前台接待可作为企业与客户之间的桥梁，协调双方利益，使之基本一致，增加了双方的信任度。总之，前台接待可以凝聚广大客户，提高企业的经济效益和社会效益。

一、看板管理

看板即某工序何时需要多少数量的某种物料的卡片。通过看板来控制物料及其他信息，可以达到准时制生产方式。看板是一种有效控制生产现场工作的工具。

微课视频：售后
服务看板管理

看板管理方法是在同一道工序或者前后工序之间进行物流或信息流的传递的管理方式。准时制生产方式是一种拉动式的管理方式，它需要从最后一道工序通过信息流向上一道工序传递信息，这种传递信息的载体就是看板。汽车服务企业看板管理从第二次世界大战后丰田公司起源，现在已经在全世界大规模推广。

（一）看板管理的重要性

看板管理的重要性主要体现在顺应市场的改变与售后服务灵活性的保障措施两个方面。

1. 顺应市场的改变

看板在汽车业的起源是因为市场需求的改变，需要从原有的供不应求及所对应的小品种、大批量的生产方式，转向供过于求后产生的多品种、小批量的生产方式，以提高生产效率和生产灵活性。

2. 售后服务灵活性的保障措施

采用看板管理方法，可以根据需求来实时调整人员和各种资源。从原来比较僵硬的计划式规划售后进度等变为拉动式规划进度。计划式方法试图对一个售后项目在很长的时间跨度内做出详细的计划，然后依计划进行。这类方法在计划制订完成后拒绝变化。拉动式规划进度可以由实际情况来分配和规划人员与资源。看板是一种适应性设计，而不是规划性设计，使用看板的目的是适应变化，有效地进行售后服务管理。

总之，看板管理一方面可以提高单位时间的工作效率；另一方面，可以通过监督和过程控制节约生产成本。看板管理是企业管理的一个抓手，可以实现生产过程管理方式的合理性、高效性和灵活性。

（二）看板应用的策略

1. 做好部署的规划

看板管理需要管理人员规划对问题的处理流程，其中涉及售后服务人员怎么接受问题，研发人员怎么从售后人员那里接受问题后处理问题，测试人员怎么确认问题已经被解决和没有影响其他软件部分。当问题发生时，可以把人员和设备快速转移到处理问题的流程中。同时，由于看板本身的优势，可以迅速直观地看到有多少问题，谁在处理。同时，可以用颜色卡或者在看板位置标明问题的紧急程度。管理人员可以实时掌握每个问题的处理状态。当人员处理问题压力过大时，每个人负责的问题过多时，或者长时间无法解决问题时，就需要从组内或者其他组调剂人员或者减少花在低优先级上的人力。当设备不足以支持问题的复现、测试和验证时，也需要管理人员使用其他组的设备或者购买新的设备。

2. 明确流程的接口

看板中的任务交接的定义也有助于减少处理时间。在处理客户问题时，其中一个很耗费时间、精力的流程就在于得到的信息不全，无法准确定位，需要研发部门通过售后，甚至直接联系客户，进行频繁的信息交流。而看板流程本身需要售后在转移问题时，把相应问题解释清楚，给出相应数据和日志，以减少研发因为不确定而造成反复询问所浪费的时间。特别是一些偶尔出现的问题发生时，如果太晚去获得日志，可能会出现相关日志已经被覆盖的情况，而造成无法复现出现问题时的场景。这需要开发人员、测试人员、管理人员和售后人员在得到一个问题前，或者在对历史数据进行统计分析后，就要对如何接受一个问题的接口进行提前定义，要求售后人员要拿到何种及多少客户数据，来帮助研发部门定位问题。

（三）售后服务看板分类

常见的售后服务看板包括售后服务顾问工作记录看板、售后服务业绩记录看板、售后工位工作记录看板、售后服务预约与作业管理看板及备件订货管理看板等。

1. 售后服务顾问工作记录看板

售后服务顾问工作记录看板主要通过登记、公示工作目标和实际工作量，来促使服务顾问提高自己日常工作成效，见表 3-4。

表 3-4 售后服务顾问工作记录看板

SA		1	2	3	4	5	6	7
	目标							
	当日							
	目标							
	当日							
	目标							
	当日							
	目标							
	当日							

2. 售后服务业绩记录看板

售后服务业绩记录看板，主要通过登记、公示工作目标和实际工作量及任务完成率，来促使服务顾问完成目标，提高业绩，见表 3-5。

表 3-5 售后服务业绩记录看板

项目		1月			2月			3月	
		目标	实际	达成	目标	实际	达成	目标	实际
入厂台次									
服务产值									
单台目标									
CSI									

当月累计		1	2	3	4	5	6	7
入厂台次	当日							
	累计							
工时收入	当日							
	累计							
服务产值	当日							
	累计							
续保	当日							
	累计							

续表

项目		1月			2月			3月	
		目标	实际	达成	目标	实际	达成	目标	实际
精品	当日								
	累计								
养护产品	当日								
	累计								

3. 售后工位工作记录看板

售后工位工作记录看板,主要通过登记各工位各时段的维修项目和派工情况,方便车间管理与调度,见表3-6。

表3-6 售后工位工作记录看板

工位	技师	时间						
		8:00	9:00	10:00	11:00	12:00	13:00	14:00
保养工位1								
保养工位2								
保养工位3								
保养工位4								
保养工位5								
项修工位1								
项修工位2								
项修工位3								
项修工位4								
项修工位5								
四轮定位工位1								
四轮定位工位2								

4. 售后服务预约与作业管理看板

售后服务预约与作业管理看板,包括预约、作业进度、作业完工后、作业中断内容的记录和公示,见表3-7。

表3-7 售后服务预约与作业管理看板

序号	车牌号	服务专员	进厂时间			交车时间			维修状态					工序计划完成时间						总检
														钣金拆修			喷漆			
			月	日	时	月	日	时	钣金	漆前	喷漆	组装	抛光	月	日	时	月	日	时	
1																				
2																				
3																				
4																				
5																				
6																				
7																				

5. 备件订货管理看板

备件订货管理看板主要是对备件库存、使用、进货情况的记录和公示，保障配件使用和库存的合理化，见表3-8。

表3-8 备件订货管理看板

售后订货看板							
维修编号	备件名称	备件编号	数量	到货时间	车牌号	记录员	备注

知识拓展：看板的种类

知识拓展：看板管理的作用与操作原则

案例资源：看板管理的工作效率

二、优质服务管理

"客户至上、服务至上"是服务企业的宗旨,它充分反映了公司对每位员工的期待,服务顾问的一言一行都代表着企业形象,能否为用户提供优质服务直接影响企业声誉,即使有再好的商品和品牌,如果对客户服务不周、态度不佳,也会导致公司信誉的下降,使业绩不振。

微课视频:优质服务管理

优质服务是为用户提供的最佳服务,除要求把最佳的服务贯彻整个售后服务的始终外,还要为用户提供一些超值服务项目,扩大服务范围,兑现服务承诺,贯彻用户第一的服务宗旨。优质服务是树立企业和品牌形象,提高企业竞争力的有效措施。

汽车售后服务流程是以客户为中心的服务系统。如果售后服务顾问能够遵循每一个环节的服务标准,就能够超越客户最低限度的期望,满足客户要求,达到客户满意。

(一)优质服务的目的

① 增强 4S 店员工的服务意识、质量意识和市场意识,提高 4S 店的管理水平和市场竞争力。

② 树立 4S 店品牌形象,展示 4S 店维修实力和兑现服务承诺。

③ 宣传汽车生产企业产品的优良性能,落实服务范围和服务承诺。

④ 贯彻用户第一的服务宗旨,让用户满意,为市场负责。

(二)优质服务的内容和要求

1. 业务厅接待前来公司送修或咨询业务的客户

工作内容:

(1)见到客户驾车驶进公司大门,立即起身,带上工作用具(笔与接修单)走到客户车辆驾驶室边门一侧向客户致意(微笑点头),当客户走出车门或放下车窗后,应先主动向客户问好,表示欢迎(一般讲"欢迎光临!"),同时做简短自我介绍。

(2)如客户车辆未停在 4S 店规定的接待车位,应礼貌引导客户把车停放到位。

(3)简短问明来意,如属简单咨询,可当场答复,然后礼貌地送客户出门并致意(一般讲"请走好""欢迎再来")。如属需诊断、报价或进厂维修的,应征得客户同意后进接待厅商洽;或让客户先到接待厅休息,4S 店工作人员检测诊断后,再与客户商洽。情况简单的或客户要求当场填写维修单和预约单的,应按客户要求办理手续。

(4)如属新客户,应主动向其简单介绍 4S 店售后服务的内容和程序。

(5)如属维修预约,应尽快问明情况与要求,填写"预约单",并呈交客户;同时礼貌告之客户记住预约时间。

工作要求:

接待人员要文明礼貌、仪表大方整洁、主动热情,要让客户有宾至如归的第一印象。客户在接待厅坐下等候时,应主动倒茶,并示意"请用茶",以表示待客礼貌热诚。

2. 业务答询与诊断

工作内容：

在客户提出维修养护方面诉求时，4S 店接待人员应细心聆听，然后以专业人员的态度、通俗的语言回答客户的问题。在客户车辆需技术诊断才能做维修决定时，应先征得客户同意，然后接待人员开始技术诊断。接待人员对技术问题有疑问时，应立即通知技术部专职技术员迅速到接待车位给予协助，以尽快完成技术诊断。技术诊断完成后，应立即打印或填写诊断书，明确车辆故障或问题所在，然后把诊断情况和维修建议告诉客户，同时，把检测诊断单呈交客户，让客户进一步了解自己的车况。

工作要求：

在这一环节，4S 店接待人员态度认真细致，善于倾听，善于专业引导。在检测诊断时，动作要熟练，诊断要明确，要显示 4S 店技术上的优越性、权威性。

3. 业务洽谈

工作内容：

（1）与客户商定或提出维修项目，确定维修内容、收费定价、交车时间，确定客户有无其他要求，将以上内容一一列入维修单，请客户过目并决定是否进厂。

（2）客户审阅进厂维修单后，同意进厂维修的，应礼貌地请其在客户签字栏签字确认；如果不同意进厂维修，接待人员应主动告诉并引导客户到收银处办理出场手续，如有 4S 店诊断或估价，还应通知客户交纳诊断费和估价费；办完手续后应礼貌送客户出 4S 店，并致意"请走好，欢迎再来"。

工作要求：

与客户洽谈时，要诚恳、自信、为客户着想，不卑不亢，宽容，灵活，要坚守"顾客总是对的"的观念。对不在厂维修的客户，不能表示不满，要保持一贯的友好态度，动作要熟练，诊断要明确，要显示 4S 店技术上的优越性、权威性。

4. 业务洽谈中的维修估价

工作内容：

与客户确定维修估价时，一般采用"系统估价"，即按排除故障所涉及的系统进行维修收费。对一时难以找准故障所涉及的系统，也可以采用现象估价，即按排除故障现象为目标进行维修收费，这种方式风险大，4S 店人员定价时应考虑风险价值。对维修内容技术含量不高，或市场有相应行价的，或客户指定维修的，可以用项目定价，即按实际维修工作量收费，这种方式有时并不能保证质量，应事先向客户做必要的说明。

维修估价洽谈中，应明确维修配件是由 4S 店还是由客户提供，用正厂件还是副厂件，并应向客户说明。凡客户自购配件，或坚持要求关键部位用副厂件的，4S 店应表示在技术质量上不作担保，并在维修单上说明。

工作要求：

这一环节中，4S 店业务接待人员应以专业人员的态度与客户洽谈，语气要沉稳平和，灵活选用不同方式的估价，要让客户对 4S 店有信任感。应尽可能说明 4S 店价格的合理性。

5. 业务洽谈中的承诺维修质量与交车时间

工作内容：

业务洽谈中，要向客户明确承诺质量保证，应向客户介绍 4S 店承诺质量保证的具体规定。要在掌握公司现时生产情况下承诺交车时间，并留有一定的余地。特别要考虑汽车配件供应的情况。

工作要求：

要有信心，同时要严肃，特别要注意 4S 店的实际生产能力，不可有失信于用户的心态与行为。

6. 办理交车手续

工作内容：

客户在签订维修合同（即维修单）后，接待人员应尽快与客户办理交车手续，接待客户随车证件（特别是二保、年检车）并审验其证件有效性、完整性、完好性，如有差异，应当时与客户说明，并做相应处理，请客户签字确认差异。

接收送修车时，应对所接车的外观、内饰表层、仪表座椅等做视检，以确认有无异常，如有异常，应在维修单上注明；对随车的工具和物品应清点登记，并请客户在随车物品清单上签字。

同时把工具与物品装入为该车用户专门提供的存物箱内。

接车时，对车钥匙（总开关钥匙）要登记、编号并放在统一规定的车钥匙柜内。对当时油表、里程表标示的数字登记入表。如即使送车于车间修理的，车交入车间时，车间接车人要办理接车签字手续。

工作要求：

视检、查点、登记要仔细，不可忘记礼貌地请客户在维修单上签字。

7. 礼貌送客户

工作内容：

客户办完一切送修手续后，接待员应礼貌告知客户手续全部办完，礼貌暗示可以离去。如客户离去，接待员应起身致意送客，或送客户至业务厅门口致意："您走好，恕不远送。"

工作要求：

热情主动、亲切友好，注意不可以虎头蛇尾。

8. 为送修车办理进车间手续

工作内容：

客户离去后，迅速清理维修单，如属单组作业的，直接由业务部填列承修作业组；如属多组作业的，应将维修单交车间主管处理。

由业务接待员通知清洗车辆，然后将送修车送入车间，交车辆主管或调度，并同时交随车的维修单，请接车人在维修单指定栏签名，写明接车时间，时间要精确到 10min 范围内。

工作要求：

认真对待，不可忽视工作细节，更不可省略应办手续。洗车工作人员洗车完毕，应立即将该车交业务员处理。

9. 追加维修项目处理

工作内容：

业务部接到车间关于追加维修项目的信息后，应立即与客户进行电话联系，征求对方对增项维修的意见。同时，应告之客户由增项引起的工时延期。得到客户明确答复后，立即转达到车间。如客户不同意追加维修项目，业务接待员即可口头通知车间并记录通知时间和车间受话人；如同意追加，即开具维修单，填列追加维修项目内容，立即交车间主管或调度，并记录交单时间。

工作要求：

咨询客户时，要礼貌，说明追加项目时，要从技术上做好解释工作，事关安全时要特别强调利害关系；要冷静对待此时客户的抱怨，不可强求客户，应当尊重客户的选择。

10. 查询工作进度

工作内容：

业务部根据生产进展定时向车间询问维修任务完成情况，询问时间一般定在维修预计工期进行到 70%～80%的时候。询问完工时间、维修有无异常。如有异常，应立即采取应急措施，尽可能不拖延工期。

工作要求：

要及时询问，以免影响准时交车。

11. 通知客户接车

工作内容：

（1）做好相应的交车准备：车间交出竣工验收车辆后，业务人员要对车做最后一次清理，清洗、清理车厢内部，查看外观是否正常，清点随车工具和物品，并放入车中。结算员应将该车全部单据汇总核算，此前要同意、收缴车间与配件部有关单据。

（2）通知客户接车：一切准备工作完成之后，即提前 1h，或提前 4h（工期在 2 天以上，包括 2 天）通知客户准时来接车，并致意："谢谢合作！"；如不能按时交车，也要按上述时间或更早些时间通知客户，说明延误原因，争取客户谅解，并表示道歉。

工作要求：

通知前，交车准备要认真；向客户致意、道歉要真诚，不得敷衍了事。

12. 对取车客户的接待

工作内容：

（1）主动起身迎候取车的客户，简要介绍客户车辆维修情况，指示或引领客户办理结算手续。

（2）结算：客户来到结算台时，结算员应主动、礼貌地向客户打招呼，示意到台前座位落座，以示尊重；同时迅速拿出结算单呈交客户；当客户同意办理结算手续时，应迅速办理，当客户要求打折或提出其他要求时，结算员可引领客户找业务主管处理。

（3）结算完毕，应即刻开具该车的"出厂通知单"，连同该车的维修单、结算单、质量保证书、随车证件和车钥匙一并交到客户手中，然后由业务员引领客户到车场做随车工具与物品的清点和外形视检，如无异议，则请客户在维修单上签名。

（4）客户办完接车手续，接待员送客户出厂，并致："××先生（小姐）请走好。""祝一路平安！欢迎下次光临！"

工作要求：

整车结算交车过程动作、用语要简练，不让顾客觉得拖拉、烦琐。清点、交车后，客户签名不可遗漏。送客要至诚。

13. 客户档案的管理

工作内容：

客户进厂后，业务接待人员当日要为其建立业务档案，一般情况下，一车对应一个档案袋。档案内容有客户相关资料、客户车辆详细信息、维修项目、维修保养情况、结算情况、投诉情况，一般以该车维修单内容为主。

老客户的档案资料表填好后，仍存入原档案袋。

工作要求：

建立档案要细心，不可遗失档案规定的资料，不可随意乱放，应放置在规定的车辆档案柜内，由专人保管。

14. 客户的咨询解答与投诉处理

工作内容：

客户电话或来业务厅咨询有关维修业务问题，业务接待人员必须先听后答，聆听要细心，不可随意打断客户；回答要明确、简明、耐心。答询中要善于正确引导客户对维修的认识，引导其对4S店实力和服务的认识与信任，并留意记下客户的工作地址、单位、联系电话，以便今后联系。对于客户投诉，无论是电话还是上门，业务接待员都要热情礼貌接待，认真倾听客户意见，并做好登记、记录。倾听完意见后，接待员应立即给予答复。如不能立即处理的，应先向客户表示歉意，并明确表示下次答复时间。

处理投诉时，不能凭主观臆断，不能与客户辩驳争吵，要冷静而合乎情理。投诉对话结束时，要致意："××先生（小姐），感谢您的信任，一定给您满意答复。"

工作要求：

受理投诉人员要有公司大局观，要有客户第一的观念，投诉处理要善终，不可轻慢客户。客户对4S店答复是否满意要做记录。

15. 跟踪服务

工作内容：

根据档案资料，业务人员定期向客户进行电话跟踪服务。跟踪服务的第一时间一般选定在客户车辆出厂两天至一周之内。

工作要求：

跟踪电话时,要文明礼貌,尊重客户,在客户方便时与之通话,不可强求;跟踪电话要有一定准备,要有针对性,不能漫无主题,用语要简洁扼要,语调应亲切自然。要善于在交谈中了解相关市场信息,发现潜在维修服务消费需求,并及时向业务主管汇报。

(三)汽车 4S 店其他优质服务项目

① 紧急救援。
② 车辆保险及协助理赔的代办。
③ 车辆代办年检。
④ 代用车服务。
⑤ 车务提醒。
⑥ 客户用车安全常识介绍。

(四)优质服务及反馈

为了获得客户的满意和信任,必须向他们提供优质的车辆及服务。因此,服务部门不仅要向客户提供优质服务,还要反馈必要的信息,以便使汽车生产企业生产更好的车辆。

提供优质服务不仅需要精湛的技术,还需要及时地反应和跟踪服务行为。只有提供这些综合的服务,才能够满足客户的期望,让客户满意。

1. 反馈信息以提供优质车辆

由于服务部门所从事的活动就是直接与客户和他们的车辆打交道,因此,需聆听客户的心声。直接的观点和建议是他们获得有用信息的最佳途径之一。为了达到客户对车辆质量的期望值,应自觉收集需要的信息,并将这些信息反馈给汽车生产企业,以便应用到将来的产品和服务中去。

2. 优质服务的主要措施

以下提供优质服务的 4 项主要措施,对增加客户的忠诚度是很重要的。
(1)关心客户。
(2)可靠的服务工作。
(3)体贴入微的跟踪服务。
(4)有效的服务工作。

任务实施

在掌握汽车售后服务看板管理和优质服务管理的前提下,形成对汽车服务企业售后服务前台管理的整体性认识,并很好地解决本项目任务中所描述的问题,建议采取如下方式开展学习和训练。

一、在线学习

登录"汽车营销与服务专业教学资源库",选定汽车服务企业管理课程中的"看板管理""优质服务团队管理"微课程,观看教学微课,并完成相应的进阶训练。在微课中如有疑问,可在线提问，与教师互动交流。

二、难点化解

认真学习本教材，进一步掌握任务 3-3 中的知识和技能，完成项目任务书中的"难点化解"题目。

三、模拟训练

如果你是经理，该如何为实习售后服务接待的小马布置他的工作？与学习小组成员商讨，并采用角色扮演法在课堂上展示。

拓展训练

以小组为单位，考察一家汽车服务企业，观察该企业售后服务前台看板的管理，跟踪调研售后服务前台管理岗位的工作，向服务人员询问企业前台管理服务质量考核的具体要求和办法，进而明确售后服务前台管理的工作内容和要求。小组拍摄所考察的前台管理内容和要求，并将微视频（或照片）上传至资源库平台。

项目三
售后服务管理

任务 3-4　车间管理

 任务描述

车间是汽车服务企业主要的作业现场,王大海所在的城市近期出现了一家车行"实习生车间内被撞身亡"的恶劣事件,引起了很大的轰动。王大海又通过网上查阅,发现汽车维修车间出现类似的事件还不少。虽然公司自成立以来,未出现类似事件,但王老板想以"实习生车间内被撞身亡"事件为契机,整改车间存在的一些问题,杜绝安全隐患,以便提高车间的安全系数,提高车间的运作效率。

假如你是该公司车间管理负责人,如何彻底地对车间存在的问题进行整改呢?

 任务分析

王大海所面临的问题属于车间管理范畴,主要是车间生产调度、车间安全、5S 管理及所涉及的维修项目的维修等问题。

车间是维修的作业现场,对汽车维修的质量和汽车维修业务的正常运行都起着至关重要的作用。只有车间管理工作做好,才能消除安全隐患,保证维修业务的顺利进行,提高汽车维修质量,对于维修工人来讲,也是创造了一个很好的安全工作环境。学习任务包括以下内容:

(1)完成"汽车营销与服务专业教学资源库"汽车服务企业管理课程中的"生产调度管理""工时、费用管理""车间安全管理""5S 管理"微课程学习。

(2)小组采用角色扮演法组建团队为王大海解决困境。

(3)完成"车间管理"项目任务书。

(4)完成拓展训练任务。

 学习目标

● 专业能力

1. 能够明确车间管理在汽车服务企业管理中的重要性;

119

2. 掌握"生产调度管理""工时、费用管理""车间安全管理""5S 管理"等车间管理的知识和技能点。

● 社会能力

1. 树立服务意识、效率意识、规范意识；
2. 强化人际沟通、语言表达能力；
3. 维护组织目标实现的大局意识和团队能力；
4. 爱岗敬业的职业道德和严谨、务实、勤快的工作作风；
5. 自我管理、自我修正的能力。

● 方法能力

1. 利用多种信息化平台进行自主学习的能力；
2. 制订工作计划、独立决策和实施的能力；
3. 运用多方资源解决实际问题的能力；
4. 准确的自我评价能力和接受他人评价的能力；
5. 自主学习与独立思维能力。

一、车间生产调度管理

生产调度是汽车服务企业中维修业务生产作业计划的具体实施。

1. 生产调度的任务

汽车维修生产调度（即派工调度）的基本任务是：根据生产作业计划安排，调度车辆进厂报修，并根据车主报修情况（凭《报修单》），通过对待修车辆的实际检测与诊断，确定该车辆所需要的实际维修项目（并做好记录和登记），调度维修人员实施车辆维修。

生产调度人员所使用的调度令即《派工单》，见表 3-9。在该《派工单》上，应填明承修班组、主要作业项目和作业要求、定额工时及要求完工时间等，在向各维修班组下达该派工单时，还应向承修班组交代具体的承修要求和注意事项等。

为了使承修车辆在维修过程中达到质量最好、行程最短、耗时和耗费最低的目的，生产调度人员的基本职责，就是要合理地处理好汽车维修过程中各生产环节之间的关系。为此，生产调度人员在派工调度时，应特别注意各承修班组的维修工作量的基本均衡（以避免忙闲不均），并且保证所派承修班组的技术水平与所承修车辆相适应。

表 3-9 派工单

车型		车号		维修类别		承修车间		班组		派工单号	

序号	主要作业项目	作业要求	定额工时	完工时间	主修人签字	检验员签字
备注						

派工员　　　　派工日期

除了日常性的生产调度外，在生产过程中，还应按照生产作业计划要求，定期召开现场生产调度会，从而全面、系统地控制企业的日常生产活动，保证生产过程的连续性、协调性和均衡性，保证产品质量，保持生产秩序，尽可能避免经常性的突击性加班。生产调度会的作用是协调各部门的工作及部署和指挥生产活动。

2. 生产调度方式

目前国内汽车维修业务所采取的生产调度方式通常有以下两种。

（1）《派工单》传票制度。生产调度人员通过《派工单》的方式，将维修项目及维修要求下达给承修车间及承修班组（或者将《派工单》悬挂于待修车辆上随车移动），由承修班组根据《派工单》所列的资源内容与作业要求进行维修，专职检验人员也凭此《派工单》进行检验。由于《派工单》标明了具体的作业项目和进度质量要求等，因此不仅能起生产指令的作用，以便于汽车维修过程中各工序的交接，而且由于《派工单》随车下达，方便了汽车服务企业的生产现场管理。

（2）《派工单》公示制度。维修车间在接到《派工单》时，将《派工单》所列作业内容与作业要求集中公示于维修车间内的公示牌《车间在修车进度表》上，以公布当前所有在厂维修车辆的汽车编号、维修类别、派工单号、主要作业项目与附加作业项目、要求完工日期、主修人及当前所存在的问题等。

无论是《派工单》传票制度，还是《派工单》公示制度，在具体执行生产调度时，为了保证维修车间内正常的生产秩序和生产节奏，应遵循以下原则。

（1）各工位应在保证其数量和进度的前提下，做好各工位的质量自检。

（2）各工序之间应该做好质量互检，即前工序必须保证在规定的时间向后工序提交规定数量的合格产品。

（3）生产调度人员应该深入生产现场，以便随时掌握生产进度，若有脱节或误差，应及时修正和调节。

3. 生产调度的主要内容

（1）指导、检查生产前的作业准备：人员到岗，设备工具准备状况，车间场地卫生，作业区安全状况，车间动力供应准备状况。

（2）下达生产指令，安排工作任务：下达工单，应明确规定作业项目、内容、工期、作业处班组。

（3）巡视车间，实施现场指导、协调、监督：调度管理是逐日逐时的管理，对车间各生产环节、各生产阶段、各班组、各工序（主要的）的作业活动要进行适时组织和调整，以促进文明生产，保证生产计划进度。

（4）控制、协调生产过程中的配件材料供应：了解材料供应情况、督促配件材料及时到位。

（5）检查、督促车间合理使用、维护设备，监督日常操作，检查维护情况。

（6）做好工单完成情况的检查、记录、统计、分析，及时解决出现的问题。

（7）检查、监督安全生产工作：督促按规章规程作业；检查车间安全保障设施完好情况。

（8）组织好生产调度会：组织车间调度，及时排除生产过程出现的问题。调度会如果以早会形式进行，应严格掌握早会时间和内容。

4. 调度管理中的注意事项

（1）派工，应注意车间生产均衡性和班组生产能力特点。

（2）接交车辆时，注意工单与车钥匙的核对、登记、签收。

（3）车间巡视时，要有责任心。巡视中要注意员工情绪、车间生产整体运行状态、动力供应情况，及时掌握待修原因，及时处理突发意外事件。

（4）小组视检：发现问题及时解决。技术问题立即通知技术人员到场；生产问题按章程现场解决；配件问题及时与配件部门协调解决。

二、工时、费用管理

（一）工时与工时定额

1. 工时

工时不单纯指汽车维修保养过程中人工所付出的工作时间数。工时费包括人工操作费用、设备使用费用、低值易耗品费用、水电费等，并且根据技术难度的不同，工时标准在实际工作所需要的小时数基础上做一定的调整，因此，有些工时标准比实际工作的小时数要高。工时的单位为小时，最小单位为0.1个工时。如一个标准工时为100元，则最小单位为0.1个工时，即10元。

微课视频：如何确定汽车维修工时费

2. 工时定额

所谓的定额，就是对某一事物规定的数量标准，对某一事物发展过程中的额度。

在汽车维修生产作业中，定额就是在一定作业条件下，利用科学的方法制定出来的完成质量合格的单位作业量，所必须消耗的人力、物力、机械班次或资金的数量标准。

案例资源：天津市事故车辆修复工时定额标准

工时定额是汽车维修生产中许多经济技术定额中最重要的一种定额,是在一定生产技术条件下进行维修作业所消耗的劳动时间标准,即具有标准熟练程度的维修人员在标准的维修作业条件下完成某一车型的某一维修项目所需要的工作时间,一般用小时数来表示。

(二)汽车维修工时定额的类别

汽车维修工时定额包括以下4种:

1. 汽车大修工时定额

汽车大修工时定额是指对一部汽车完成大修作业所需要的工时限额。汽车大修工时定额应分别按照车辆的类别、车辆型号并参考车辆厂牌制定。

2. 汽车总成大修工时定额

汽车总成大修工时定额是指对汽车某一总成完成大修作业所需的工时限额。汽车总成大修工时定额应分别按照车辆的类别、车辆型号并参考车辆厂牌的总成特点制定。

3. 汽车维护工时定额

汽车维护工时定额是指对一部汽车完成维护作业所需的工时限额。汽车维护工时定额应分别按照车辆的类别、车辆型号并参考车辆厂牌维护级别标准而制定。

4. 汽车小修工时定额

汽车小修工时定额是指对一部汽车进行每项小修作业所需的工时限额。汽车小修工时定额应分别按照车辆的类别、车辆型号并参考车辆厂牌的每项具体作业特点制定。

(三)制定汽车维修工时定额的原则与方法

1. 制定维修工时定额的基本原则

(1)客观现实性。

劳动定额水平相对合理,要从行业管理水平、企业管理水平、维修人员的技术水平及设备、工具、仪器、材料、辅料、配件的实际条件出发,经过评估,把定额制定在行业平均先进水平上。这个水平就是在短期内争取达到的定额水平。

(2)合理性。

要求不同车型之间、不同工种之间的定额水平保持平衡,要使其定额的现实比例和超额比例大体接近,避免相差悬殊,宽严不等。

(3)发展性。

要求定额的水平要有超前意识,即对新时期内的新技术、新工艺、新结构应考虑到。

(4)特殊性。

对在不同条件下或特殊情况下的作业,应采取不同定额标准。

2. 制定维修工时定额的方法

(1)经验估计法。

经验估计法是由定额人员、维修人员、技术质量检验人员根据自己的维修生产实际,经对维修项目、工艺规程、生产条件(设备、工具、仪器)及现场实际情况等诸多因素分析并结合同类维修作业的经验资料,用估计的方法来确定维修工序的时间。

优点：简便易行、易于掌握、工作量小、便于定额的及时制定和修改，主要用于维修量小、工序多或临时作业中。

缺点：由于此方法对构成的各因素缺乏定量的分析，技术依据不足，且容易受到评估人员的主观因素影响，因而定额的准确性差一些。

（2）统计分析法。

统计分析法是根据过去同类维修项目的实际工时消耗的统计资料，进行分析整理，并根据当前维修项目施工的组织技术和生产条件来制定工时定额的方法。

优点：以大量统计资料为依据，简便易行，工作量不大。在资料数据比较多，统计制度健全的条件下运用此方法是比较准确的。

缺点：当维修工艺较复杂时，统计工作量繁重，从而影响到资料数据的准确性。

（3）技术测定法。

根据对生产技术条件和组织条件的分析研究，再通过技术测定和计算确立合理的维修工艺和工时消耗，从而制定出维修工时定额。

根据确定时间所用方法的不同，可分为分析研究法和分析计算法两种。

优点：分析维修工艺技术条件和生产组织结构条件的内容比较全面、系统，有较充分的技术数据，因而是一种比较科学、严谨的方法，准确性最高。

缺点：由于此方法细致复杂，需要大量的人力、大量的资料积累，所以操作起来时间较长。

（4）类比法。

类比法是以现有车型的维修项目工时定额为基本依据，经过对比分析，推算出另一种车型同类维修项目工时定额的方法。用来比较推理的必须是相近似车型的统一维修项目。

优点：简便易行，结果分析对比细致，也能保证维修工时定额具有一定的准确性。

缺点：容易受到统一维修项目的可比性限制，故应用的广泛性受到局限。

（5）典型定额法。

典型定额法是根据同一维修项目挑选出代表性的车型作为样板，首先为样板车型制定出工时定额（可以采用经验估计法、统计分析法、技术测定法等）作为典型车型的工时定额。然后，其他同类维修项目便可以根据其相同维修部位构造、维修难易程度等情况，用样板车型的工时定额比较修正来确定工时定额。

（6）幅度控制法。

幅度控制法是由维修或行业主管部门参照国内外典型的先进企业的同类车型、同类维修项目的工时定额，结合本地区、本企业的实际情况，考虑不断提高维修生产效率的可行性，从而制定工时定额的方法。

（四）汽车维修费用及计算方法

1. 汽车维修工时费用

汽车维修工时费用是指汽车维修所付出的劳务费用，即完成一定的维修作业项目而消耗的人工作业时间所折算的费用。

汽车维修工时费用的计算公式为

$$工时费用 = 工时单价 \times 定额工时$$

每个工种的工时费用所包含的内容各不相同。

机电工时费用除了人工费用外，还包括拆卸、安装、更换、分解、清洗、测量、调整、紧固、仪器测试等操作过程，并且包括维修中使用的低值易耗品，如少量的密封胶、绝缘胶布、少量润滑油、螺钉、螺母、拉带等，以及清洗过程中用到的汽油等；"拆装"与"更换"是同样的操作工时；拆装某部件过程中包含有其他拆装的部件时，如果还更换了其中的配件，那么只计算最终的维修工时；某些部件的拆装过程关联到其他部件的拆装，那么需要这两个过程累计计算工时。

钣金工时费用除了人工费用外，还包括平整损坏部位、拆卸、安装、调整、测量、更换部件等，氧气、乙炔、二氧化碳气体费，电焊机、整形机的电费，也包括维修严重碰撞时使用大梁校正仪。

喷漆工时费用除了人工费用外，还包括油漆、腻子、砂纸、胶带、烤房燃油费、红外烤灯、电费等所有消耗材料费用。

2. 汽车维修材料费用

（1）配件费用。

1）外购配件费用即使用汽车维修企业购进的汽车配件的费用，按实际购进的价格收费。

2）自制配件费用指使用汽车维修企业自己制造加工的汽车配件的费用。属于国家（或省）统一定价的，按统一价格收费；无统一定价的，按实际加工成本价收费；对个别加工成本较高的配件，可与用户协商定价。

3）修旧配件费用是指由汽车维修企业将具有修复价值的旧件，经过加工，使其几何形状及机械性能得以恢复，以备车辆修理时使用。旧件修复成本及必要的管理费用之和，就是修旧配件费用。

（2）辅助材料费用。

汽车维修辅助材料费用是指汽车维修过程中消耗的棉纱、纱布、锯条、密封纸垫、开口销、通用螺栓、螺母、垫圈、胶带等低值易耗品。汽车维修过程中这类材料的消耗不易单独核算费用，因此，交通行业主管部门和物价管理部门统一规定了"汽车维修辅助材料费用定额"，作为汽车维修辅助材料费用的收费标准。汽车维修企业应依据"汽车维修辅助材料费用定额"收取汽车维修辅助材料费用。

（3）油料费用。

油料费用是指汽车维修过程中消耗的机油、齿轮油、润滑脂、汽油、柴油、制动液、清洗剂等油品的费用。对汽车维修过程中各种油料的消耗，交通行业主管部门和物价管理部门一般也规定统一的"油料消耗定额"。各种油料的费用应依据规定的油料消耗定额与油料的现行市场价格进行计算和收取。

3. 其他费用

（1）材料管理费。

材料管理费是指在汽车维修过程中使用维修企业的外购汽车配件时，在其购进价格的基础上加收的一部分费用。材料管理费的实质是对汽车维修企业外购汽车配件过程中所发生的采购费用、运输费用、保管费用及材料损耗费用等的补偿。

材料管理费的计算方法为

$$材料管理费=汽车维修过程中所消耗的外购配件费用×材料管理费率$$

（2）外协加工费。

外协加工费是指在汽车维修过程中，由于承修企业的设备与技术条件所限，从而不能进行的加工项目，由承修企业组织到厂外进行加工所产生的费用。

外协加工项目，如果属于客户报修的维修类别规定的作业范围之外的项目，其外协加工费用一般由承修企业事先垫付，然后向客户照实收取；但如果外协加工项目包含在客户报修的维修类别规定的作业范围之内，承修企业应按相应的标准工时定额收取工时费用，不得再向客户加收外协加工费。

4. 汽车维修总费用的计算

$$维修总费用=工时费用+材料费用+其他费用$$

三、车间安全管理

（一）事故与安全管理

1. 产生事故的原因

（1）人为因素造成的事故。

由于不正确使用机器或工具，穿着不合适的衣物，或由于技术员不小心而造成的事故。

（2）自然因素造成的事故。

由于机器或工具出现故障，缺少完整的安全装置，或者工作环境不良而造成的事故。

微课视频：车间安全管理

2. 安全管理基本要求

（1）车间整洁、布局合理，应设有总成修理间、工具库房、配件库房和废旧件存放库房，制度要齐全，并统一格式上墙张贴。车间各工位明显处张贴该岗位安全操作规程，对特殊区域（如发电房、油料房等）、特殊工位、特殊设备，要于醒目处张贴禁止事项。

（2）设备、工具配备合理、齐全，性能良好，实行定置管理。

（3）维修人员着装整齐、清洁，佩戴工作牌，持证上岗。

（4）修理过程中实行"三不落地"（工具不落地、配件不落地、油污不落地），保持工作场地的清洁。

案例资源：车辆安全事故

（5）维修过程的每道工序都要检验，并在过程检验单上记录，合格才可放行。

（二）车间安全管理措施

1. 工作着装

（1）工作服。

知识拓展：安全操作规程

为防止事故的发生，工作服必须结实、合身，以便于工作。为防止工作时损坏汽车，不要暴露工作服的带子、纽扣。防止受伤或烧伤的安全措施是不要裸露皮肤。

（2）工作鞋。

工作时要穿安全鞋。因为穿着凉鞋或运动鞋会很危险，易摔倒并因此降低工作效率，还会使穿戴者容易因为偶然掉落的物体而受到伤害。

（3）工作手套。

提升重的物体或拆卸热的排气管或类似的物体时，建议戴上手套。然而，对于普通的维护工作，戴手套并非一项必需的要求。根据要做的工作类型来决定是否必须戴手套。

2. 工作安全注意事项

（1）始终使工作场地保持干净来保护自己和其他人免受伤害。

1）不要把工具或零件留在自己或者其他人有可能踩到的地方。将其放置在工作架或工作台上，并养成好习惯。

2）立即清理干净任何飞溅的燃油、机油或者润滑脂，防止自己或者他人滑倒。

3）工作时不要采取不舒服的姿态。这不但会影响工作效率，而且有可能会使自己跌倒和伤害到自己。

4）处理沉重的物体时，要极度小心，因为如果它们跌落到脚上，自己可能会受伤，并且记住，如果试图举起一个对自己来说太重的物体，背部可能会受伤。

5）从一个工作地点转移到另外一个工作地点时，一定要走指定的通道。

6）不要在开关、配电盘或电动机等附近使用可燃物。因为它们容易产生火花，并造成火灾。

（2）使用工具工作时，遵守如下的预防措施来防止发生伤害。

1）如果不正确地使用电气、液压和气动设备，可能导致严重的伤害。

2）在使用产生碎片的工具前，戴好护目镜。使用过砂光机和钻孔机一类的工具后，要清除其上的粉尘和碎片。

3）操作旋转的工具或者工作在一个有旋转运动的地方时，不要戴手套。手套可能被旋转的物体卷入，伤到自己的手。

4）用举升机升起车辆时，初步举升到轮胎稍微离开地面为止。然后，在完全升起之前，确认车辆牢固地支撑在举升机上。举升后，千万不要试图摇晃车辆，因为这样可能导致车辆跌落，造成严重伤害。

(三）车间防火

1. 采取如下预防措施来防止火灾

（1）如果火灾警报响起，所有人员应当配合扑灭火焰。

（2）除非在吸烟区，否则不要抽烟，并且要确认将香烟熄灭在烟灰缸里。

2. 在易燃品附近遵照如下预防措施

（1）吸满汽油或机油的碎布有时有可能自燃，所以它们应当被放置到带盖的金属容器内。

（2）在机油存储地或可燃的零件清洗剂附近，不要使用明火。

（3）千万不要在处于充电状态的电池附近使用明火或产生火花，因为它们产生了可以点燃的爆炸性气体。

（4）仅在必要时才将燃油或清洗溶剂携带到车间，携带时，还要使用能够密封的特制容器。

（5）不要将可燃性废机油和汽油丢弃到阴沟里，因为它们可能导致污水管系统产生火灾。始终将这些材料倒入一个排出罐或者一个合适的容器内。

（6）在燃油泄漏的车辆没有修好之前，不要启动该车辆上的发动机。修理燃油供给系统，例如，拆卸化油器时，应当从蓄电池上断开负极电缆，以防发动机被意外启动。

3. 正确使用电气设备

如果发现电气设备有任何异常，立即关掉开关，并联系管理员/领班；如果电路中发生短路或意外火灾，在进行灭火步骤之前，首先关掉开关；向管理员/领班报告不正确的布线和电气设备安装；有任何保险丝熔断，都要向上级汇报，因为保险丝熔断说明有某种电气故障。

4. 其他注意事项

（1）不要靠近断裂或摇晃的电线。

（2）为防止电击，千万不要用湿手接触任何电气设备。

（3）千万不要触摸标有"发生故障"的开关。

（4）拔下插头时，不要拉电线，而应当拉插头本身。

（5）不要让电缆通过潮湿或浸有油的地方，不要通过炽热的表面或者尖角附近。

（6）在开关、配电盘或电动机等物附近不要使用易燃物，因为它们容易产生火花。

四、5S 管理

5S 管理也被称为 5S 活动，它是指对生产各要素（主要是物的要素）所处的状态不断地进行整理、整顿、清扫、清洁和提高员工素养的活动。5S 是取整理（Seiri）、整顿（Seiton）、清扫（Seiso）、清洁（Seiketsu）和素养（Shitsuke）5 单词的第一个字母而成的。它的具体类型内容和典型的意思就是扔掉垃圾和仓库长期不要的东西。一些企业在实践中又加入了安全（Safety），形成了 6S 管理。加上节约（Save）、习惯化（Shiukanka）、

微课视频：5S 管理

服务（Service）或坚持（shikoku），就是 7S、8S、9S 或 10S 管理，这样管理的内容越来越丰富了。

（一）5S 的内容

1. 整理（Seiri）——1S

把需要的东西和不需要的东西明确地分开，把不需要的东西扔掉，现场只保留必需的物品。将工作场所的物品按常用、不常用和不用，区分为经常用的、不经常用的、不再使用的 3 类。

（1）经常用的：放置在工作场所容易取到的位置，以便随手可以取到，如工具、油盘、抹布等。

（2）不经常用的：储存在专有的固定位置，如发动机吊装架、量具等。

（3）不再使用的：应及时清除掉，如废机油、废旧料、个人生活用品等。

通过整理，要达到工作场所无任何妨碍工作、妨碍观瞻、无效占用作业面积的物品，以腾出更大的空间，防止物品混用、误用，创造一个干净的工作场所。

2. 整顿（Seiton）——2S

对工作场所需要的物品加以定量、定位。

（1）物品摆放位置要科学合理，对放置的场所按物品使用频率进行合理规划。如经常使用的工具要放到维修工人工具柜，不常使用的专用工具要放到工具库。

（2）物品摆放要有专用位置，如蓄电池充电室、专用设备存放架、总成修理间等。

（3）物品摆放要目视化，要在显著位置做好适当的标识。

通过整顿把有用的物品按规定分类摆放好，并做好适当的标识，杜绝乱堆乱放、物品混淆不清，避免该找的东西找不到等无序现象的发生，以便使工作场所一目了然。整齐明快的工作环境可以减少寻找物品的时间，消除过多的积压物品。

3. 清扫（Seiso）——3S

工作场所内所有的地方清扫干净，包括工作时使用的仪器、设备、材料等清除工作时产生的灰尘、油泥。

（1）清扫地面、墙上、天花板。

（2）对仪器设备、工具等进行清理、润滑，对破损的物品进行修理。

（3）对洒漏的机油、防冻液等进行清扫，防止污染环境。

通过清扫使工作场所保持干净、宽敞、明亮，以维护生产安全，保证工作质量。同时，清扫时也可以发现问题，例如，发现了滴漏的废机油，一定要查清是在维修车辆时润滑系统有问题，还是盛装废机油的容器有问题。清扫时在地面上发现了螺母，就应马上追查螺母的来源。

4. 清洁（Seiketsu）——4S

经常性地做整理、整顿、清扫工作，并对以上 3 项进行定期与不定期的监督检查。

（1）落实 5S 工作责任人，负责相关的 5S 责任事项。每天上下班花 3～5 min 做好 5S 工作。

(2) 经常性地自我检查、相互检查，专职定期或不定期检查等。

(3) 要求不仅物品、环境要清洁，而且员工本身也要"清洁"，工作服要清洁，仪容要整洁。

(4) 员工不仅形体上要清洁，而且精神上要"清洁"，要礼貌待人，友好和善。

清洁的目的是消除工作场所产生脏、乱、差的源头。

5. 素养（Shitsuke）——5S

素养是指通过以上4S活动，使作业人员按章操作、依规行事，养成良好的作业习惯，从而使每个作业人员都成为有教养的人。

素养是5S管理的核心和精髓，没有员工素养的提高，5S管理不能顺利开展，也不能坚持下去。素养要求员工：工作时精神饱满，遵守劳动纪律。

素养的目的是使每个员工都养成良好的习惯，遵守规则，积极主动。

6. 5S之间的关系

整理是整顿的基础，整顿又是整理的巩固，清扫显现整理、整顿的效果，而通过清洁和素养，形成持续改善的气氛，如图3-3所示。

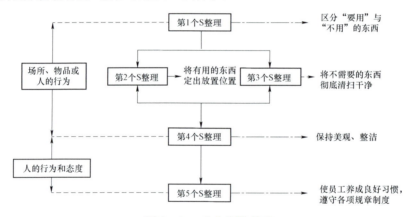

图3-3 5S之间的关系

（二）推行5S的作用

想象一下，作为一个顾客，你走进一家汽车服务企业并发现以下现象：

业务接待厅：业务接待员有礼貌地向你问好，并迅速为你办完登记手续。顾客休息室舒适、明亮，生活接待为你倒上茶水，听着优美的音乐。

案例资源：5S管理案例

厂区：厂区规划合理，生产车间、货仓、宿舍、餐厅、球场、停车区、草地等，这些映入你的眼帘，顿时觉得心旷神怡。

办公室：各个写字间宽敞明亮，办公人员各司其职，办公用品摆放整齐，整个办公室没有半点喧闹嘈杂。

生产车间：生产现场工作区、通道、物料区、总成维修区、废料区、工具柜等合理规划，各种物品摆放整齐并有明显的标识，地面上干干净净，没有配件、工具放在地上，车辆的维修进度表及时反映生产进度等。

员工：员工穿着整洁的工作服，每个人情绪看起来非常饱满，维修工人动作熟练，维修工作有条不紊。

你到这样一个环境优美、管理有序、员工精神饱满的汽修企业，首先就会产生好感，对这家企业会产生充分的信心，会很愿意同这样的企业进行合作。这一切，首先是推行 5S 的效果。这些只是表面能看到的 5S 的作用，归纳起来，5S 具有以下作用。

1. 改善和提高企业形象

整齐、整洁的工作环境，容易吸引顾客，让顾客心情舒畅；同时，由于口碑的相传，企业会成为其他企业的学习榜样，从而能大大提高企业的威望。

2. 提高工作效率

良好的工作环境和工作氛围，再加上很有修养的合作伙伴，作业人员可以集中精神，认认真真地干好本职工作，必然能提高效率。如果作业人员处于一个杂乱无序的工作环境中，情绪就会受到影响，从而导致工作效率下降，所以 5S 管理是促成效率提高的有效途径之一。

3. 改善零件在库周转率

需要时能立即取出有用的物品，供需间物流通畅，这样可以极大地减少寻找所需物品时所滞留的时间。因此，能有效地改善零件在库房中的周转率。

4. 减少直至消除故障，保证质量

好质量来自好的工作环境。而工作环境只有通过经常性的清扫、点检和检查，不断地净化，才能有效地避免污损东西或损坏机械，维持设备的高效率，提高生产质量。

5. 保证安全生产

整理、整顿、清扫，必须做到储存明确，东西摆在固定位置，借出物品归还原位，工作场所内都应保持宽敞、明亮，通道随时都是畅通的，地上不能摆设不该放置的东西，工作有条不紊，意外事件的发生相应地就会大为减少，安全就有了保障。

6. 降低生产成本

通过实行或推行 5S 管理，能大大减少作业人员、机器、场所、时间等方面的浪费，从而降低生产成本。

7. 改善员工的精神面貌，使企业更有活力

5S 管理可以明显地改善员工的精神面貌，使企业焕发一种强大的活力。员工都有尊严和成就感，对工作尽心尽力，并带动改善意识形态。

8. 缩短作业周期，确保交货

推行 5S 管理，通过实施整理、整顿、清扫、清洁来实现标准的管理，企业的管理就会一目了然，使异常的现象明显化，减少浪费，生产就能进行得非常顺畅，效率必然提高，作业周期也相应地缩短，确保准时交货。

（三）5S 的检查与管理规范

1. 5S 的检查

5S 的检查分为定期检查和非定期检查。

（1）定期检查。定期检查又可分为日检、周检、月检3种。

日检：由各部门主管负责，组织班组长利用每天下班前的10 min对辖区进行5S检查，重点是整理和清扫。

周检：由各部门经理负责，组织主管利用周末下班前的30 min，对辖区进行5S检查，重点是清洁和素养。

月检：由总经理牵头，组织部门经理利用月底最后一个下午，对全厂进行5S检查。

（2）非定期检查。

一般是企业中、上层在维修工作繁忙，或接到客户、员工投诉或下情上达的渠道受阻时，临时对基层进行的5S检查。

不论是定期检查还是非定期检查，都必须认真做好记录，及时上报和反馈。与5S标准比较，凡不合格项，必须发出整改通知，限期整改验收。

2. 5S管理规范

5S管理的规范内容很多，不同的场所、不同的部门会有不同的规范内容，详见表3－10。

表3－10　5S管理检查规范表

受评区域	序号	检查项目	优 1分	中 0.5分	差 0分	检查评价
管理部门（总经办、人事行政部、财务部、市场部、客服部）						
办公室	1	室内地面是否保持干净、卫生，地面无烟灰、烟头，烟灰缸及时清理				
	2	办公桌面是否整齐，不凌乱				
	3	文件柜、抽屉里的文件分类摆放、整齐有序				
	4	文件柜顶没有随便摆放杂物、文件等				
	5	办公设施洁净，并定位摆设				
	6	电脑、电话及其他电源线固定得当、线路合理				
	7	绿植盆景生机勃勃，无枯死或干黄				
	8	办公室四周墙壁洁净，无刮痕，无蜘蛛网				
	9	员工按规定着装、佩戴工牌				
	10	办公桌摆放有序，离开座位人员椅子复位				
	11	能在30 s内找出常用的文件				
	12	电脑资料分门别类，能在30 s内找出常用的文件				
	13	看板及时更新、物料杂物堆放有序、私人物品摆放有序				

续表

受评区域	序号	检查项目	优 1分	中 0.5分	差 0分	检查评价
办公室	14	电脑定期杀毒、电子邮件定期阅读及清理				
	15	保安亭整洁卫生,物品摆放有序,对讲机等设备功能正常				

公共区域部分

受评区域	序号	检查项目	优 1分	中 0.5分	差 0分	检查评价
会议室培训室	16	地面/桌椅表面洁净				
	17	会议椅的摆放整齐				
	18	白板用毕及时擦拭,干净白亮				
	19	白板笔更新及时、墨水充足、笔帽盖紧/板擦干净				
	20	照明设备/空调处于正常状态				
卫生间	21	洗手台/镜子保持干爽				
	22	便池清洁,通水设施正常				
	23	地面(包含内间)洁净、无水渍				
	24	卫生间空气保持清新、无异味				
	25	卫生用品充足				
	26	拖把、清扫桶洁净,按规定摆放				
露天区域	27	水泥地面干净,无纸屑、烟头等				
	28	围墙角落干净,没有堆放垃圾				
	29	客户车、商品车摆放有序				
	30	露天区域内植物生机勃勃,无枯黄				
厨房	31	各类物资、原料分类摆放				
	32	厨具、灶头洁净、卫生,无油渍,定期清理				
	33	地面干净,无油、水渍				
	34	垃圾定期、及时处理,无蚊蝇、蟑螂、老鼠等				
	35	下水道通畅,无堆积杂物				
	36	配备有效消防、消毒器具				
饭堂宿舍	37	墙面、地面、洗碗池洁净,无油渍				
	38	用餐桌椅干净、摆放整齐				

续表

受评区域	序号	检查项目	优 1分	中 0.5分	差 0分	检查评价
饭堂宿舍	39	照明、空调、风扇设备处于正常状态				
	40	没有大量剩菜剩饭的现象				
	41	照明、空调、风扇、水龙头随手关闭，人走设备停				
	42	员工碗筷摆放有序				
	43	无蚊蝇、蟑螂、老鼠等影响卫生之物				

销售部门

受评区域	序号	检查项目	优 1分	中 0.5分	差 0分	检查评价
办公室接待前台	44	室内桌椅、地面、办公设备清洁				
	45	办公桌椅摆放整齐				
	46	文件、来电登记表按规定摆放，文本完整无缺烂				
	47	接待前台物品摆放有序，名片摆放整齐				
	48	文件摆放有序，能在30s内找到常用文件或物品				
户外	49	户外（展厅门前空地）干净，无纸屑、烟头				
	50	户外广告物（如横幅等）更换及时，无残旧、过时物件				
	51	试乘试驾车辆摆放整齐，干净整洁				
展厅	52	落地玻璃洁净明亮				
	53	欢迎踏垫颜色鲜艳、清洁，摆放合理				
	54	易拉宝、资料架摆放整齐并充足				
	55	洽谈区桌椅摆放整齐				
	56	烟灰缸干净，烟头、烟灰及时清理				
	57	按规定播放背景音乐并调至最佳状态，定期更换				
	58	展厅植物良好，无枯叶、烟灰及烟头				
	59	精品展示柜外观洁净，柜内精品摆放有序				
	60	展厅内广宣物（如横幅、吊旗等）及时更新				

续表

受评区域	序号	检查项目	优 1分	中 0.5分	差 0分	检查评价
展厅	61	儿童游乐区整齐,各类游乐器具按规定摆放及功能正常				
展车	62	内外观清洁,座椅调整适当				
	63	内外轮弧清洁,车轮MARK垂直于地面				
	64	发动机室、后厢沟槽整齐清洁				
人员仪容	65	按规定安排人员在展厅门口迎宾				
	66	按规定着装、佩戴工牌				
	67	仪容整洁,站、坐姿得体				
	68	能熟练使用接待用语和服务应对技巧				

售后部门

受评区域	序号	检查项目	优 1分	中 0.5分	差 0分	检查评价
办公室接待前台	69	室内桌椅、地面、办公设备清洁				
	70	办公桌椅摆放整齐				
	71	文件摆放有序,能在30 s内找到常用文件或物品				
	72	接待前台物品摆放有序,名片摆放整齐				
	73	三件套、外观检查单、工单等准备充足,摆放规范				
	74	接待前台摆放整齐、干净				
仓库	75	仓库各类标志清楚,标签清晰并及时更新				
	76	物件分类摆放,能在30 s内找出常用件				
	77	过道畅通无阻				
	78	货架及时清扫,干净整洁				
	79	配备消防器材,且处于正常使用期				
维修车间	80	各区域划线清晰、油漆标志清楚,指向明确				
	81	作业现场物品、工具摆放整齐有序,30 s能找出常用工具				
	82	作业期间保持三不落地(配件、工具、油污不落地)				
	83	通道、走道保持畅通,消防设施功能正常,定期检查				
	84	工具箱等定位放置,设定责任人				
	85	机器设备定期保养,外观清洁,功能正常				
	86	旧零件整齐摆放,废件及时处理				
	87	车间内动力供给系统加设防护物或警告牌				

续表

受评区域	序号	检查项目	优 1分	中 0.5分	差 0分	检查评价
维修车间	88	车间地面、门窗、洗手台、清洁池等保持清洁				
	89	车间排水道及时清理杂物				
	90	员工按规定着装，戴工牌及防护用品				
	91	工单与维修车辆一一对应，摆放合理				
客户休息区	92	桌椅、地面整洁				
	93	饮用水、茶水、水杯充足、易取				
	94	客户使用过的烟灰缸、一次性水杯及时清理				
	95	报纸、书刊、杂志及时更新、及时归位，电脑网络正常				

（四）5S管理实施应注意的问题

5S管理推行容易，无须特殊培训，即可马上开始。5S的实施，在较短的时间内就可收到明显的效果，但要坚持下去，持之以恒，不断改进，却不容易。很多企业实行过5S管理，但不少半途而废。

在开展5S管理的过程中，要始终贯彻自主管理和优化管理的原则，从我做起，从优化做起，并注意以下问题。

（1）5S管理要长期坚持，整理、整顿不能平日不做，而靠临时突击将物品整理摆放一下；创造良好的工作环境；不能靠购置几件新设备、刷刷墙面；素养形成更不能靠一个会议解决问题。

（2）5S管理要依靠全体员工自己动手、持之以恒来实施，并在实施过程中不断培养全体员工的5S意识，提高5S管理水平。

（3）追求目标一致的5S。

评价分数的差别就是追求目标的差别。在5S改善的推进过程中，针对现场某一区域，询问相关领导："这个区域能打几分？"领导认为"70分左右"。而针对同样的区域来询问生产负责人，就可能听到这样的回答："这个嘛，40分左右吧。"对于相同的区域，为什么会产生70分和40分两种评价呢？其实，这正体现了追求目标上的差别，并通过分数表现出来而已。

统一目标，促进改善的深入。领导认为能够达到70分，应该是认为这一区域"已经超过及格水平"，而生产负责人只打出40分，则是认为这一区域"还没有达到及格水平"。在这种情况下，生产负责人会要求这一区域的员工"再加把劲"，而领导人员认为这里已经超过了及格水平，对下一步的改善计划，就不会形成很强的督促力。

从这里可以看出，目标不一致，就会引起评价标准的混乱，也就无法进行深入改善。为了使改善能够持续深入，统一目标是非常重要的。

企业领导层应该不遗余力地持续推进5S。有这样一句成语：有志者，事竟成。为了能够把工作持续推进下去，我们需要顽强的意志，并付出艰苦的努力。尤其是在推进5S的活动中，更需要信念坚定，不断进行自我激励，同时脚踏实地地付出辛苦努力。做不到这一点，5S所取得的效果就无法真正得以固化。

特别是总经理或厂长这样的企业领导层，无论工作如何繁忙，都应该切实地抽出时间进行5S巡查。企业领导层"能否持续地对各个区域进行巡回评价""能否始终保持热情并持续努力下去"，这些都是5S能否固化下来的决定性因素。

在公司里，如果每天早上都能坚持进行"早上好""谢谢"等活动，就能使员工慢慢形成自然问候的习惯。同样的道理，企业领导层如果每个月都能坚持对各个区域进行5S巡查，并对各区域的进展状况做出评价，那么5S活动也就会自然而然地在企业上下形成一种习惯。

5S活动只有持续下去，才能产生出实际的效果。企业领导能否做到始终满怀热情、持续地推行5S，这一点至关重要。

 任务实施

在明确车间管理在汽车服务企业中的重要性的前提下，形成对车间管理的整体性认识，并很好地解决本项目任务中所描述的王大海遇到的情况，建议采取如下方式开展学习和训练。

一、在线学习

登录"汽车营销与服务专业教学资源库"，选定汽车服务企业管理课程中的"生产调度管理""工时、费用管理""车间安全管理""5S管理"微课程，观看教学微课，并完成相应的进阶训练。在微课中如有疑问，可在线提问，与教师互动交流。

二、难点化解

认真学习本教材，进一步掌握任务3-4中的知识和技能，完成项目任务书中的"难点化解"题目。

三、模拟训练

假如你是该公司车间管理负责人，请组织团队来分析车间管理的主要工作内容，并分析各方面存在的问题，给出切实可行的整改措施。

 拓展训练

以小组为单位，走访考察汽车服务企业车间，并对车间管理现状进行初步分析，形成分析报告，并将作品上传至资源库。

任务 3-5　配件管理

 任务描述

在汽车服务企业经营与管理中，王大海意识到：汽车配件是进行汽车维修服务的重要物质条件，汽车配件管理是售后服务管理的重要内容之一。汽车维修所使用的配件，直接影响汽车维修后的质量、安全、企业信誉和经济效益。因此，王大海目前主要考虑的问题是如何加强对汽车配件的管理，从而有效压缩库存量，降低成本。

如果你是王大海聘请的顾问，你将如何建议王大海进行汽车配件仓库的整体规划与日常管理？

 任务分析

保障汽车配件供应率是提高汽车服务企业服务质量的重要内容，要提高配件供应率，必须确定适当的配件经营机制，做好配件的计划、采购和库存管理等工作。

任务主要是从"配件仓库规划""配件采购管理""配件入库管理""配件库存管理""配件出库管理"5个方面来展开，让学生明确汽车服务企业配件管理的相关作业内容。

学习任务包括如下内容：

（1）完成"汽车营销与服务专业教学资源库"汽车服务企业管理课程中的"配件仓库规划""配件采购管理""配件入库管理""配件库存管理""配件出库管理"微课程学习。

（2）小组采用角色扮演法组建团队，站在王大海的角度对汽车服务企业配件仓库的建设与管理工作进行谋划。

（3）完成"配件管理"项目任务书。

（4）完成拓展训练任务。

学习目标

● 专业能力
1. 能够识别汽车配件,能够对汽车配件仓库进行规划和具体的进出库管理;
2. 掌握"配件仓库规划""配件采购管理""配件入库管理""配件库存管理""配件出库管理"等汽车配件管理的知识和技能点。

● 社会能力
1. 树立服务意识、效率意识、规范意识;
2. 强化人际沟通、语言表达能力;
3. 维护组织目标实现的大局意识和团队能力;
4. 爱岗敬业的职业道德和严谨、务实、勤快的工作作风;
5. 自我管理、自我修正的能力。

● 方法能力
1. 利用多种信息化平台进行自主学习的能力;
2. 制订工作计划、独立决策和实施的能力;
3. 运用多方资源解决实际问题的能力;
4. 准确的自我评价能力和接受他人评价的能力;
5. 自主学习与独立思维能力。

相关知识

配件仓库是汽车配件经营服务的物质基地,仓库管理就是对储存物质的合理保管和科学管理,是汽车服务企业管理的重要组成部分。一方面,仓库管理的好坏,是汽车配件能否保持使用价值的关键之一,加强仓库的科学管理,提高保管质量,是保证所储存的汽车配件价值的重要手段;另一方面,仓库管理是汽车配件经营企业为用户服务的一项工作,仓库管理员将用户所需的配件交给用户,满足用户的需求,能够实现企业服务用户的宗旨。

拓展资源:汽车配件仓库管理的任务

一、配件仓库规划

(一)仓库选择

选择什么样的仓库,汽车配件经营企业应根据自身的特点和条件,在对成本和需求权衡分析的基础上做出合理的选择。汽配经营企业可以在自建仓库、合同仓库和公共仓库中进行选择。

一般来说,企业对自建仓库和合同仓库有充分的使用权,可以用来满足企业年度的基本需求；而公共仓库则可以被用来应付旺季之需。是选择自建仓库还是选择租赁公共仓库，汽配经营企业应该根据自身的特点和条件，在对成本和需求权衡分析的基础上做出合理的选择。

（二）仓库数量决策

仓库数量对汽车配件仓储的各项成本都有重要影响，一般来说，随着仓库数量的增加，运输成本会减少，而存货成本和仓储成本将增加，只有在某一点，即仓库数量的最佳选择点，总成本才达到最低。在确定仓库数量时，应考虑到市场规模的大小、运输方式等。

1. 市场规模的大小

对于单一市场的中小规模汽配经营企业，通常只需一个仓库；而产品市场遍及全国各地的大规模汽配经营企业，则要经过仔细分析和慎重考虑才能决定合适的仓库数量。

2. 运输方式

仓库数量的决策还要与运输方式的决策相协调。例如，一个或两个具有战略性选址的仓库结合快捷的运输方式，就能在全国范围内提供快速、优质的服务。尽管运输成本相对提高，但却降低了仓储和库存成本。由于运输方式的多样性，再与其他仓储决策结合考虑，使仓库数量决策的余地增大，当然，决策的过程也变得非常复杂。

（三）仓库的规模和选址

如果汽配经营企业租赁公共仓库，仓库选址决策的重要性相对小一些，因为可以根据经营需要随时改变。但是如果汽配经营企业自建仓库，尤其对于市场遍及全国的大型汽配经营企业来说，那么仓库的规模与选址就变得极为重要。主要考虑因素如下：

① 选址需要对成本进行权衡分析；
② 选址必须综合考虑许多因素（运输、市场状况、地区特点）；
③ 需要评估设备安装和作业费用；
④ 有扩充空间；
⑤ 必要的公用设施；
⑥ 地面支撑仓库结构；
⑦ 充分的排水系统。

（四）仓库的布局

进行仓库布局的决策时，对仓库内部通道、空间、货架位置、配备设备及设施等实物布局进行决策，其目的是充分利用存储空间，提高存货的安全性，有效利用储运设备，从而提高仓库运作效率和服务水平。

1. 分区分类

汽配仓库的分区分类储存是：

（1）根据"四一致"的原则（性能一致、养护措施一致、作业手段一致、消防方法一致），把仓库划分为若干保管区域。

（2）把配件划分为若干类别，以便统一规划储存和保管。根据我国汽车配件经营企业仓库管理实际情形,可将汽车配件分为发动机、底盘、电器、车身覆盖件、常用件五大类进行分类摆放管理。

2. 设施配备

随着现代物流的发展和生产模式的转变,仓库的主要功能逐渐从储存商品向促进商品的流通转换。因此,在进行仓库布局设计时,应该最大限度地为加速商品流通提供便利,因此,需要科学地配备各种装卸、搬运、储存等设施。主要所需设备如下:

(1)一定数量的货架、货筐。

最好采用可调式货架,颜色统一,大、中货架及专用货架采用钢质材料,小货架不限制材料,但要安全。

(2)专用的配件运输设施。

专用的配件运输设施是实现装卸搬运作业机械化的基础,是物流设备中重要的机械设备。它不仅可用于完成货物的装卸,还可用于完成库场配件的堆码、拆垛、运输及舱内、车内、库内货物的起重输送和搬运。在汽车配件经营企业的汽配仓库中,应按需配备如叉车、手推车、搬运车等各种作业车辆。

(3)必要的通风、照明,以及防火设备器材。

汽配仓库作为储存各项汽车配件的空间,不能受潮,不能发霉,不能使各项零配件锈蚀,从而影响汽车的正常使用。汽配仓库需要一个良好的适应汽配存放的环境,因此,汽配仓库还需配备仓库通风机类的通风设备。此外,良好的照明环境和完备的消防系统能够使仓库管理人员看清仓库内的状况,除了保证满足货物的堆外,还必须保证消防设备的齐全,以保证发生火灾时货物的抢救和人员能够得到疏散。

3. 位置码编制

编制配件的位置码系统,是为了提高查找配件的速度,优化汽车配件仓库的管理。位置码是标明配件存放位置的代码,是空间三维坐标形象的表现。对于空间三维坐标,任何一组数字都可以找到唯一的点与它相对应,也就是一点确定一个位置,一个位置只能放置一种配件。

(1)位置码编制依据。

位置码编制依据是"三点系统",是指由配件仓库、车间柜台和用户柜台构成的系统,它是仓库平面布置的基础,主要作用是能够保证使用较少的工作人员,走相对较短的距离,使各种控制便利。

微课视频:配件仓库位置码的编制

(2)位置码编制的方法。

1)使配件的存放位置与使用都易于接近;

2)流动量频繁的配件应存放在前面,方便配件人员查找及获取;

3)流动量相对缓慢的配件存放在后排货架。

(3)位置码编制的具体步骤。

位置码是4位码,根据"区、列、架、层"的原则进行,如图3-4所示。

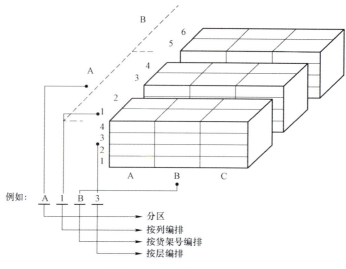

图 3-4 仓库整体规划图

1）首先按区分类：位置码的第一位是在仓库中的分区，用 A，B，C，…表示。分区情况请见表 3-11。

表 3-11 某仓库分区情况表

区	说明	区	说明
A	小件	F	导管
B	中型件	G	车轮毂
C	大型件	H	玻璃
D	车身部件	I～W	常用件
E	电缆、镶条	X～Z	预备货位

2）按列编排：位置码的第二位表示第几列货架，用 1，2，3，…表示；

3）按货架号编排：位置码的第三位表示每列货架的第几个货架，用 A，B，C，…表示；

4）按层编排：位置码的第四位表示每个货架的第几层，用 1，2，3，…表示；

5）最后把所有配件的位置码在指定位置标明。

（4）位置码编制的说明。

1）位置码中的数字要与英文字母分开书写，当 26 个英文字母不够用时，可将 26 个英文字母排列组合，以增加表示的范围，如 AA、AB、AC 等；

2）列号编排时，以仓库的入门处为三维坐标的原点，位置码的列号依次增大，可以方便查找；

3）货架号编排时，可采取从左到右法或环形法；

4）层号编排时，一般采取从下至上法；
5）配件存放要考虑预留空货位，以作为配件号的更改及品种增加时的补充。

二、配件采购管理

（一）汽车配件采购的原则

1. 采购管理原则

（1）勤进管理原则。勤进管理是加速资金周转，避免商品积压，提高经济效益的重要条件。勤进快销就是采购次数要适当一些，批量要少一些，采购间隔期要适当缩短。要在采购适销对路的前提下，选择能使采购费用、保管费用最省的采购批量和采购时间，以降低成本，降低商品价格，使顾客买到价廉物美的商品。勤进快销还要随时掌握市场行情，密切注意销售去向，勤进、少进、进全、进对，以勤进促快销，以快销促勤进，不断适应消费需要，调整更新商品结构，力求加速商品周转。在销售上，供应要及时，方式要多样，方法要灵活，服务要周到，坚持薄利多销。

案例资源：汽车零部件采购调查分析

（2）以销定进原则。指按照销售状况决定采购。通常计算订货量主要有以下参数：

日平均销售量（DMS）=昨日的 DMS×0.9＋当日销售量×0.1

建议订货量=日平均销售量×（距下次订货量天数＋下次交货天数＋厂商交货前置期＋商品安全天数＋内部交货天数）－已订货未交量－库存量

最小安全库存量=陈列量＋日平均销售量×商品运送天数

订货量是一个动态的数据，根据销售状态的变化（季节性变化、促销活动变化、供货厂商生产状况变化、客观环境变化）决定订货量的多少，才能使商品适销对路，供应及时，库存合理。

（3）以进促销原则。以进促销原则是与以销定进相联系的，单纯地讲以销定进，进总是处于被动局面。因此，扩大采购来源，积极组织适销商品，能主动地促进企业扩大销售，通过少量采购试销刺激消费，促进销售。

（4）保管保销原则。销售企业要保持一定的合理库存，以保证商品流通连续不断。

2. 商品购进原则

采购的原则除了要求购进的商品适销对路外，还要保质保量。生产企业实行质量三包——包修、包退、包换，经营企业要设专职检验部门或人员，负责购进商品的检验工作，把住质量关。除此之外，购进还应遵循以下原则：

（1）积极、合理地组织货源，保证商品适合用户的需要，坚持数量、质量、规格、型号、价格全面考虑的购进原则。

（2）购进商品必须贯彻按质论价的政策，优质优价，不抬价，不压价，合理确定商品的采购价格；坚持按需采购、以销定进；坚持"钱出去、货进来、钱货两清"的原则。

（3）购进的商品必须加强质量的监督和检查，防止假冒伪劣商品进入企业，流入市场。在商品采购工作中，不能只重数量而忽视质量、只强调工厂"三包"而忽视产品质量的检查，对不符合质量标准的商品，应拒绝收购。

（二）汽车配件采购的方式

（1）集中进货。企业设置专门机构或专门采购人员统一进货，然后分配给各销售部门（销售组、分公司）销售。集中进货可以避免人力、物力的分散，还可以加大进货量，受到供货方重视，并可根据批量差价降低进货价格，也可省其他进货费用。

（2）分散进货。由企业内部的配件经营部门（销售组、分公司）自设进货人员，在核定的资金范围内自行进货。

（3）集中进货与分散进货相结合。一般是外埠采购及非固定进货关系的采取一次性进货，办法是由各销售部门（销售组、分公司）提出采购计划，由业务部门汇总审核后集中采购；本地采购及有固定进货关系的，则采取分散进货。

（4）联购合销。由几个配件零售企业联合派出人员，统一向生产企业或批发企业进货，然后由这些零售企业分销。此类型多适合小型零售企业之间，或中型零售企业与小型零售企业联合组织进货。这样能够相互协作，节省人力，化零为整，拆整分销，并有利于组织运输，降低进货费用。

微课视频：汽车配件采购中进货点的选择

上述几种进货方式各有所长，企业应根据实际情况扬长避短，选择适合自己的进货方式。

（三）汽车配件订货合同的确定

1. 确定进货渠道

汽车配件经营企业多从汽车配件生产厂家进货，应选择以优质名牌配件为主的进货渠道。但为了适应不同层次消费者的需求，也可进一些非名牌厂家的产品。进货时可按 A 类厂、B 类厂、C 类厂顺序选择进货渠道。

A 类厂是主机配套厂，这些厂知名度高，产品质量优，大多是名牌产品。这类厂应是进货的重点渠道。合同签订形式可采取先订全年需要量的意向协议，以便于厂家安排生产，具体按每季度、每月签订供需合同。

B 类厂生产规模和知名度不如 A 类厂，但配件质量有保证，配件价格也比较适中。订货方法与 A 类厂不同，一般签订较短期的供需合同。

C 类厂是一般生产厂，配件质量尚可，价格较前两类厂家的低。这类厂的配件可作为进货中的补充。订货方式也与 A、B 类厂的有别，可以采取电话订货的办法，如需签订供需合同，合同期应更短一些。

必须注意，绝对不能向那些没有进行工商注册，生产"三无"及假冒伪劣产品的厂家订货和采购。

2. 确定进货点

目前汽车配件经营企业选择进货时间大多采用进货点法。确定进货点一般要考虑 3 个因素：

（1）进货期时间：指从配件采购到做好销售准备的间隔时间。

（2）平均销售量：指每天平均销售数量。

（3）安全存量：是为了防止产、销情况变化而增加的额外储存的库存数量。

按照以上因素，可以根据不同情况确定不同的进货计算方法：

在销售和进货期时间固定不变的情况下，进货点的计算公式为：

$$进货点=日平均销售量×进货期时间$$

在销售和进货时间有变化的情况下，进货点的计算公式为：

$$进货点=（日平均销售量×进货期时间）+安全存量$$

进货时间可以根据库存量来控制，当库存配件下降到进货点时，就组织进货。

3. 确定进货量

进货量的控制方法有定性分析法和定量分析法。

（1）定性分析法。

1）按照供求规律确定进货量。

① 对于供求平衡、供货正常的配件，应采取勤进快销，多销多进，少销少进，保持正常周转库存。计算进货量的方法是：根据本期的销售实际数预测出下期销售数，加上一定的周转库存，再减去本期末库存预算数，从而计算出每一个品种的下期进货数。

② 对于供大于求、销售量又不大的配件，要少进，采取随进随销、随销随进的办法。

③ 对暂时货源不足、供不应求的紧俏配件，要开辟新的货源渠道，挖掘货源潜力，适当多进，保持一定储备。

④ 对大宗配件，则应采取分批进货的办法，使进货与销售相适应。

⑤ 对高档配件，要根据当地销售情况，少量购进，随进随销。

⑥ 对销售面窄、销售量少的配件，可以多进样品，加强宣传促销，严格控制进货量。

2）按照配件的产销特点确定进货量。

① 常年生产、季节销售的配件应掌握销售季节，季前多进，季中少进，季末补进。

对季节生产、常年销售的配件，要掌握销售季节，按照企业常年销售情况，进全进足，并注意在销售过程中随时补进。

③ 对新产品和新经营配件，根据市场需要，少进试销，宣传促销，以销促进，力求打开销路。

④ 对将要淘汰的车型配件，应少量多样，随销随进。

3）按照供货商的远近确定进货量。本地进货可以分批次，每次少进、勤进；外地进货，配件适当多进，适当储备。要坚持"四为主，一适当"的原则，四为主：本地区紧缺配件为主，具有知名度的传统配件为主，新产品为主，名优产品为主；一适当：品种要丰富，数量要适当。

4）按照进货周期确定进货量。每批次进货能够保证多长时间的销售，这就是一个进货周期，进货周期也是每批次进货的间隔时间。

确定进货周期要考虑许多因素，如配件销售量的大小、配件种类的多少、供货商的远近、配件运输的难易程度、货源供应是否正常及企业储存保管配件的条件等。确定合理的进货周期，要坚持以销定进、勤进快销的原则，使每次进货数量适当。既要加速资金周转，又要保证销售正常进行,并且不能使配件库存过大。

(2) 定量分析法

定量分析法有经济批量法和费用平衡法两种。

1) 经济批量法。采购汽车配件既要支付采购费用,又要支付保管费用。采购量越小,采购的次数就越多,采购费用支出也越多,而保管的费用就越小。由此可以看出,采购批量与采购费用成反比,与保管费用成正比,运用这一原理时,可以用经济进货批量来控制进货批量。所谓经济进货批量,是指在一定时期内在进货总量不变的前提下,求得每批次进货多少,才能使进货费用和保管费用之和(即总费用)减少到最小限度。

在实际运用中,经济批量法可细分为列表法、图示法和公式法,此处仅介绍列表法及公式法。

① 列表法。

例:设某配件企业全年需购进某种配件 8 000 件,每次进货费用为 20 元,单位配件年平均储存费用为 0.5 元,则该汽车配件的经济进货量是多少?

解:用列表法计算,见表 3-12。

表 3-12 经济进货批量计算表

年进货次数/次	每次进货数量/件	平均库存数量/件	进货费用/元	储存费用/元	年总费用/元
A	B	$C=B\div 2$	$D=A\times 20$	$E=C\times 0.5$	$F=D+E$
1	8 000	4 000	20	2 000	2 020
2	4 000	2 000	40	1 000	1 040
4	2 000	1 000	80	500	580
5	1 600	800	100	400	500
8	1 000	500	160	250	410
10	800	400	200	200	400
16	500	250	320	125	445
20	400	200	400	100	500
25	320	160	500	80	580
40	200	100	800	50	850

从表 3-12 中可以看出,如果全年进货 10 次,每次进货 800 件,全年最低的总费用为 400 元。就是说,等分为 10 次购买,全年需要的该种配件总费用是最省的,这是最经济的进货批量。不难发现,此时,进货费用与储存费用是相等的,年总费用最低,进货批量也是最佳的。

② 公式法。

设 Q 为每次进货量(经济批量),R 为某种配件年进货量,K 为每次进货的进货费用,H 为单位汽车配件年平均储存费用。则

年进货次数为 $\dfrac{R}{Q}$;

每批进货后均衡出售，年平均库存为 $\frac{Q}{2}$。

由图表法可知，在进货费用与储存费用接近或相等时的进货总费用最低，即

$$\frac{R}{Q}K = \frac{Q}{2}H$$

移项得：

$$Q^2 = \frac{2RK}{H}$$

即

$$Q = \sqrt{\frac{2RK}{H}}$$

求得的即是最经济合理的进货批量。

将已知条件代入，即得最佳进货量：

$$Q = \sqrt{\frac{2RK}{H}} = \sqrt{\frac{2\times 8\,000\times 20}{0.5}} = 800（件/次）$$

最佳进货次数=10 次，最低年总费用=400 元。

计算简捷，可以直接计算结果，但不能反映分析过程。

2）费用平衡法。费用平衡法是以进货费用为依据，将存储费用累积与进货费用比较，当存储费用累积接近但不大于进货费用时，便可确定其经济进货量。

存储费用=销售量×单价×存储费用率×（周期−1）

由于第一周期购进配件时，不发生存储费用，所以上式中的周期数应减1。

如：某种配件预计第一到第五周的销售量各为 50、60、70、80、70，单价为 12 元，进货费用为 65 元，每周期的存储费用率为 2.5%，求经济进货量 Q。

第一周期：销售量为 50，存储费用为 0 元，存储费用累积为 0 元。

第二周期：销售量为 60，存储费用=60×12×2.5%×1=18（元），存储费用累积为 18+0=18（元）。

第三周期：销售量为 70，存储费用=70×12×2.5%×2=42（元），存储费用累积为 18+42=60（元）。

第四周期：销售量为 80，存储费用=80×12×2.5%×3=72（元），存储费用累积为 60+72=132（元）。

第五周期：销售量为 70，存储费用=70×12×2.5%×4=84（元），存储费用累积为 132+84=216（元）。

由此可见，第三周期存储费用累积 60 元，最接近并小于进货费用 65 元，所以，可将第一到第三周期销售量之和（50+60+70）作为一次进货批量，那么本期的经济批量就是 180。

4. 拟定订货合同

采购合同是经济合同的一种，是供需双方为执行供销任务，明确双方权利和义务而签订的具有法律效力的书面协议。采购合同必备条款包括以下各项内容：商品名称、质量条

款、数量和计量单位、商品的价格、交货的期限、地点和方式、产品的包装标准和包装物的供应与回收、商品的验收方法、违约责任、结算方式等。

合同的内容要简明，文字要清晰，字意要确切，品种、型号、规格、单价、数量、交货时间、交货地点、交货方式、质量要求、验收条件、双方职责、权利都要明确规定。签订进口配件合同时，更要注意这方面的问题，特别是配件的型号、规格、生产年代、零件编码等不能有一字差别。近几年生产的进口车，可利用标识码（17位码）来寻找配件号。此外，在价格上也要标明何种价，如离岸价、到岸价等。

（四）汽车配件订货流程

根据配件用途，将汽车配件订货分为库存补充件、客户订购件和维修厂急需件三类。图3-5所示为某公司汽车配件订货流程。

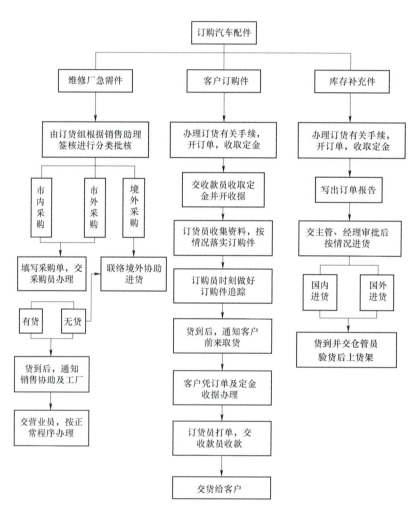

图3-5 某公司汽车配件订货流程

1. 库存补充件订货流程

（1）拟定订货合同初稿。

每个月根据配件实际库存量、半年内销售量及安全库存量等信息，计算出配件订货数量，再根据实际情况进行适当调整，形成订货合同初稿明细表，见表3-13。订货的原则是：先市内后市外，先国内后国外。国内订货应向信誉好的大公司或向原汽车制造厂配套单位订购。

表3-13 订货合同初稿明细表

配件编号	配件名称	车型/发动机型号	参考定量	安全量	单价/元	现存量	平均月销量
22401-40V05	火花塞	Y31/VG30（S）	340	345	126.00	5	45
92130-G5701	雪种杯	C22/Z20（S）	1	2	5 440.00	1	0.33
8243-G5107	窗扣	C22/Z20（S）	1	9	674.00	8	1.67

（2）向多家供货商发出询价单。

根据订货合同初稿明细表，经订货部门主管审查并调整订货数量后，填写询价单，见表3-14。

表3-14 询 价 单

公司名称：＿＿＿＿＿＿＿＿＿＿　　　　编号：＿＿＿＿＿＿　日期：＿＿＿＿＿＿
联系电话：＿＿＿＿＿＿＿＿＿＿　　　　总页数：＿＿＿＿＿＿

项目	数量	零件编号	零件名称	单价	金额

订货人：＿＿＿＿＿＿　　联系电话：＿＿＿＿＿＿　　FAX：＿＿＿＿＿＿

××汽车服务有限公司

（3）确定最后正式订货单。

根据各供货商反馈回来的报价单，调整订货数量后，向其中一家发出正式订货单。

综上所述，库存配件补充订货程序包括：

（1）每月根据配件实际库存量、销量和安全库存量等信息，由电脑计算并输出一份"合同初稿明细表"，再根据销售经验和市场情况做适当调整。

（2）向邻近地区如深圳、广州、香港等地供货商发出询价单，一般先国内后国外。

（3）根据各供货商反馈回来的报价单，再次调整订货数量，确认后发出正式订货单。

2. 即购即销急需配件订货流程

（1）填写缺件报购通知单。

修理部门或客户所需配件如果库存缺货，由营业部开出"缺件报购通知单"交订货部门，见表3-15。

表 3-15 缺件报购通知单

单位：××××××		工卡		46911
车牌号	苏 A*****	车型：R*****	发动机型号	1Y
报购单号：98293032			2014 年 8 月 31 日	
配件名称	规格	配件编号	数量	备注
链条	双排	92600-G5700	1	公务车
凸轮齿轮	z=36	11818-V6502	1	公务车
曲轴齿轮	z=18	99810-14C26	1	公务车

（2）询价与报价。

如果当地有配件供应商，订货部门可以先通过电话、E-mail 或传真与当地配件供货市场联系；如果没有，再与邻近的市场联系；仍然没有的话，则与远一些的国内市场或国外有关公司联系，询问价格和供货时间。

（3）签订急需配件订购合同并收取订金。

得到反馈信息后，应将价格和供货时间及时向客户通报，由客户确认价格和供货时间，并签订定购合同和缴纳订金后才能正式下订单。

（4）跟踪并及时提货交货。

订单发出后要注意跟踪询问，时刻掌握供货动态，货到后及时通知客户前来取货。

三、配件入库管理

配件入库是物质存储活动的开始，也是汽车配件库存管理的重要阶段。这一阶段主要包括接运、验收和办理入库手续等环节。

（一）接运

进仓是配件入库的第一步，它的主要任务是及时而准确地接收入库配件。在接运时，要对照货物单认真检查，做到交接手续清楚、证件资料齐全，为验收工作创造有利条件，避免将已发生损失或差错的配件带入仓库，造成仓库的验收或保管出现困难。

案例资源：某汽车 4S 店配件入库管理制度

（二）验收

1. 验收时需要注意的问题

（1）验收的必要性。不正确的验收会导致用户不满意和利润损失。

（2）验收标准。配件外包装完整无破损；配件表面无碰伤、损坏；配件实际到货数与货物装箱单数量相符；配件编号、型号、规格与进货清单相符；无错发、漏发等现象。

（3）检查验收。经销商自提配件应当场按照装箱单进行验收。对到站货物，经销商收到《领货凭证》后在取货地点进行清点验收，查看集装箱（件）是否破损、变形、丢失，集装箱的锁、卡、封是否完整，《领货凭证》上的件数与实际是否相符；如发现问题，应立即与车站交涉,以免事后发生争议或损失。每批配件入库前,应有库管员进行检查,填写《配件检验回执单》,报至物流组处理,如无反馈,视同无问题。

(4)抽查复验。配件经理对配件进货验证工作进行复验,配件品种数量都抽查10%的比例进行复验。

(5)检验方法:合格——在《回执单》上用"√"表示;不合格——在《回执单》上用"×"表示;安全件及配件数在5以下的全部抽检,并在《回执单》上签字,如发现问题,应尽快申请索赔。

(6)入库验收。每批配件入库前由库管员进行验收,配件经理对配件入库验收工作进行检查;发现不合格品,要标识并隔离堆放,未经验收或检验不合格的配件,不允许入库投入使用或销售。

2. 验收作业程序

(1)验收准备。搜集和熟悉验收凭证等有关资料;准备并校验相应的验收工具,准备装卸搬运设备、工具及材料;配备相应的人力;根据配件数量及保管要求,确定存放地点和保管方法。

(2)核对资料。凡要入库的零配件,应具备的资料包括入库通知单、供货单位提供的质量证明书、发货明细表、装箱单、承运部门提供的运单及必要的证件等。仓库需对上述各种资料进行整理和核对,无误后才可进行实物检验工作。

(3)实物检验。主要包括对配件的数量和质量两方面的检验。数量验收是查对所到配件的名称、规格、型号、件数等是否与入库通知单、运单、发货明细表一致。质量验收主要检验汽车配件是否齐全,汽车配件是否符合质量要求;需进行技术检验来确定其质量的,应通知企业技术检验部门检验;还应注意必须妥善保管配件的原厂合格证,以便对质量问题交涉和索赔。

(三)入库

汽车配件经过验收后,对于质量完好、数量准确的汽车配件,应及时办理入库手续,进行入账、立卡、建档,妥善保管配件的各种证件、账单资料。

微课视频:入库验收的程序

1. 入账

仓库对每一品种规格及不同级别的物质都必须建立收、发、存明细账,它是及时、准确地反映物资储存动态的基础资料。

2. 立卡

物卡是一种活动的实物标签,它反映仓储配件的名称、规格、型号、级别、储备定额和实存数量,一般直接挂在货位上。

3. 建档

历年来的技术资料及出入库资料应存入档案,以便查阅和积累配件保管经验。档案应一物一档,统一编号,以便查找。

四、配件库存管理

（一）配件库存管理工作的基本要求

在系统上线初期，每天物料出入库频繁，收发单据数量大，仓管员、录单员加班多，容易造成系统数据紊乱，影响生产经营。改善公司仓库的管理现状，提升系统运行质量成为仓库管理的重要任务。

（1）对进厂配件认真检查、验收、入库。

（2）采用科学方法，根据配件不同性质进行妥善的维护保管，确保配件的安全。

（3）配件存放应科学合理，整齐划一，有条不紊，便于收发盘点、检查和验收，并保持库容的文明整洁。

（4）配件发放要有利于生产，方便工人，做到深入现场，送货上门，满足工人的合理要求。

（5）定期清仓、盘点，应掌握配件变动情况，避免挤压浪费和丢失，保持账、卡、物相符。

（6）不断提高管理和业务水平，使验收、分类、堆放、发送、记账等手续简便、迅速和及时。

（7）做好旧配件和废旧物资的回收利用。

（二）配件的保管与保养

1. 自然因素对汽车配件的影响

汽车配件品种繁多，由于使用材料和制造方法的不同而各具特点，有的怕潮、有的怕热、有的怕光、有的怕压等，在储存中会受自然因素的影响而发生变化，影响到这些商品的质量。因此，在仓储管理中要做到以下几点：

（1）重视各种配件的储存期限。各类汽车配件出厂时，都规定了保证产品质量的储存日期，但在进货及仓库保管中常常被忽视，如各类金属配件在正常保管条件下，自出厂之日起，生产厂保证在 12 个月内不锈蚀；橡胶制品、刹车片、离合器片、蓄电池等都有一定的规定期限，如果超出其期限，就会影响使用性能或寿命。因此，应重视储存期限，配件应在期限内销售完毕。

（2）安排适当的库房和货位。各种配件的性能不同，对储存保管的要求也不一样，所以，在安排库房和配件进库后，在具体安排货位时，应把不同类型、不同性质的配件，根据其对储存条件的要求，分别安排在适当的仓库和货位。例如，对忌潮的金属配件，应该集中放在通风、向阳的位置，对于忌高温的配件，应该放在避光的位置，对于防尘、防潮、防高温要求高的配件，应设专柜储存、专人保管；对于高档或已开箱的配件，如收音机、仪器仪表、轴承等，在条件具备的情况下，可设密封室或专用储存柜储存。

（3）配件加垫。汽车配件绝大部分都是金属制品，属忌潮物资，一般都应加垫，以防锈蚀，枕垫的高度一般为 10～30 cm。

（4）加强仓库内温度、湿度控制。可采取自然通风、机械通风或使用吸潮剂等措施控制库内温度、湿度。具体地说，就是根据不同季节、不同的自然条件，采取必要的通风、降潮、降温措施。

（5）严格配件进出库制度。库存配件应严格执行先进先出的原则，尽量减少配件在库时间，使库存不断更新。

（6）建立配件保养制度。可选派一些有配件保养知识和保养经验的人员，对滞销积压及受损配件进行必要的保养。

（7）做好库内外清洁卫生。要做到库房内外无垃圾，无杂草、杂物，加强环境绿化，以防尘土、脏物和虫害的滋生。经常检查库房内的孔洞、缝隙及配件包装、建筑的木质结构等，如发现虫害，及时采取措施捕灭。

（8）保证配件包装完好无损。凡是有包装的配件，一定要保持其内外包装的完好，这对仓库保管员来说是一项重要的规定，必须严格遵守。如果损坏了包装，从某种意义上讲，就等于破坏了配件的质量，因为包装的主要目的之一就是保护配件质量，用以防潮、防尘和碰撞。

2. 特殊配件的存放

（1）不能沾油的汽车配件存放。有些汽车配件浸、沾油会影响寿命或使用效果，存放应特别注意。例如，轮胎、水管接头、三角皮带等橡胶制品怕沾柴油、黄油、机油，尤其怕沾汽油，若常与这些油类接触，就会使上述橡胶配件膨胀、老化，加速损坏报废。干式纸质空气滤清器滤芯不能沾油，否则灰尘、砂土黏附上面，会将滤芯糊住，这样会增大气缸进气阻力，使气缸充气不足，影响发动机的功率。发电机、起动机的碳刷和转子若黏上黄油、机油，会造成电路断路，使工作不正常，甚至汽车不能起动。风扇皮带、发电机皮带沾上油会引起打滑，影响正常工作。干式离合器的各个摩擦片应保持清洁干燥，黏上油就会打滑；同样制动器的制动蹄片黏上油则会影响制动效果。散热器黏上机油、黄油后，会黏附尘砂影响散热效果。

（2）爆震传感器的存放。爆震传感器受到重击或从高处跌落会损坏，为防止取放时失手跌落，这类配件不应放在货架或货柜的上层，而应放在底层，且应分格存放，每格一个，下面还应铺上海绵等软物。

（3）减震器的存放。减震器在车上是承受垂直载荷的，若长时间水平旋转，会使减震器失效。在存放减震器时，要将其竖直放置。水平放置的减震器，在装上汽车之前要在垂直方向上进行手动抽吸。

（三）ABC 管理法

1. ABC 管理法的内涵

ABC 库存分类管理法又称为重点管理法或 ABC 分析法，该方法是根据帕累托曲线所揭示的关键的少数和次要的多数，以库存物资单个品种的库存资金占整个库存资金的累积百分数为基础将存货分类

拓展资源：汽车配件库存分析及管理

为 A 类、B 类和 C 类，针对不同类型级别的货物进行分别管理和控制，见表 3-16。

表 3-16 不同类型库存的管理策略

库存类型	特点（按货币量占用）	管理方法
A 类	品种数占库存总数的 5%~15%，成本占 60%~80%	进行重点管理：现场管理更加严格，应放在更安全的地方；为了保证库存记录的准确性，要经常进行检查和盘点；预测要更加仔细
B 类	品种数占库存总数的 20%~30%，成本占 20%~30%	进行次重点管理：现场管理不必投入比 A 类更多的精力；库存检查和盘点的周期可以比 A 类要长一些
C 类	品种数占库存总数的 60%~80%，但成本仅占 5%~15%	只进行一般的管理：现场管理可以更粗放一些；但是由于品种多，差错出现的可能性也比较大，因此，也必须定期进行库存检查和盘点，周期可以比 B 类长一些

2. ABC 管理法的成效

ABC 分类法的应用，在储存管理中比较容易取得以下成效：

（1）压缩总库存量。

（2）解放被占压的资金。

（3）使库存结构合理化。

（4）节约管理力量。

3. ABC 管理法实施步骤

ABC 分类法的实施步骤主要包括以下几个方面：

（1）收集数据。

在对库存进行分类之前，首先要收集有关库存品的年需求量、单价及重要度的信息。

（2）处理数据。

利用收集到的年需求量、单价，计算出各种库存品的年耗用金额。

（3）编制 ABC 分析表。

根据已计算出的各种库存品的年耗用金额，把库存品按照年耗用金额从大到小进行排列，并计算累计百分比。

（4）确定分类。

根据已计算的年耗用金额的累计百分比，按照 ABC 分类法的基本原理，对库存品进行分类。

（5）绘制 ABC 分析图。

把已分类的库存品在曲线图 3-6 上表现出来。

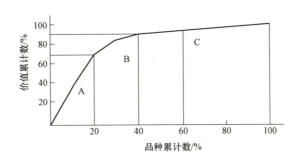

图 3-6 ABC 曲线图

需注意的是，在进行 ABC 分类时，耗用金额不是唯一的分类标准，还需结合企业经营和管理等其他影响因素。有时某项 C 类或 B 类物品的缺少会严重地影响整个生产，于是该项 C 类或 B 类物品必须进行严格的管理，会强制地进入 A 类。所以，在分类时，不但要依据物品的耗用金额，还要考虑物品的重要程度等。

（四）库存配件盘点

1. 盘点的目的

配件仓储盘点就是如实地反映存货的增减变动和结存情况并加以整理，使账物相符。配件存货位置应准确，以利于分析存货的合理性和经营状态的优劣，为日后的再订货和经营策略的调整提供有效的依据。

2. 盘点的内容

（1）核对存货的账面结存数与实际结存数，查明盈亏存货的品种、规格和数量并予以分析。

（2）查明变质、损坏的存货，以及超储积压和长期闲置的存货品种、规格和数量。

（3）收集、汇总、清除伤、残、损件且登记在册，并采取有效措施，予以处理与隔离。

（4）检查零件的摆放位置、货位标签是否正确完好。同类零配件需集中摆放，不应混放，检查零配件的摆放位置是否正确，货位标签是否正确完好，否则应更换。

（5）进行清仓打扫，按库房管理规定进行清理整顿。

3. 盘点的形式

盘点主要有永续盘点、循环盘点、定期盘点和重点盘点等形式。

（1）永续盘点：指保管人员每天对有收发动态的配件盘点一次，并汇总成表，以便及时发现和防止收发差错。

（2）循环盘点：指保管人员对自己所管物资分别按轻、重、缓、急，做出月盘点计划，按计划逐日盘点。

（3）定期盘点：指在月、季度、年度组织清仓盘点小组，全面进行盘点清查，并造出仓储清册。

（4）重点盘点：根据季节变化或工作需要，为某种特别目的而对仓库物资进行的盘点和检查。

4. 盘点方法和表格

（1）配件盘点的方法——实地盘点法。实地盘点法是指在财产物资存放现场逐一清点数量或用计量仪器确定其实存数的一种方法。

盘点时，不便清点的小件可以用称重法求总数，即先数出一定数量的配件作为"标准件"，仔细称出"标准件"的质量，再称出所有仓储质量，即可算出总数。称重法计算公式为

$$总数 = 总质量 \times (标准件的质量 / 标准件的质量)$$

（2）盘点表格。包括盘点卡、盘点总表、盘点报表。

1）盘点卡：盘点卡上有盘点日期、盘点人签字、配件号、名称、位置码、清点结果。

2）盘点总表：用于盘点结果登记，总表上包括每个件的位置码、账面数与清点数。

3）盘点报表：包括进货价格、账面数、实际存数、盈亏数量、金额和原因，反映仓储变质并超储积压情况，以此作为盘点的结果和财务处理的依据。

5. 盘点中出现问题的处理

对于盘点后新出现的盈亏、损耗、规格串混、丢失等情况，应组织复查落实，分析产生的原因。

（1）储耗。对易挥发、潮解、融化、散失、风化等物资，允许有一定的储耗。凡在合理储耗标准以内的，由保管员填报"合理储耗单"，经批准后即可转财务部门核销。一般情况下，一个季度进行一次储耗计算，计算公式如下：

微课视频：库存配件盘点差错的处理

$$合理储耗量 = 保管期平均仓储量 \times 合理储耗率$$

$$实际储耗量 = 账存数量 - 实际数量$$

$$储耗率 = 保管期内实际储耗量 / 保管期内平均仓储量 \times 100\%$$

对实际储耗量超过合理储耗部分做盘亏处理，凡因人为的原因造成物资丢失或损坏的，不得计入储耗内。

（2）盈亏和调整。在盘点中发生盘盈或盘亏时，应反复落实，查明原因，明确责任。由保管员填制"仓储物资盘盈盘亏报告单"，经仓库负责人审签后，按规定上报审批。

（3）报废和削价。由于保管不善造成霉烂、变质、锈蚀等的配件，在收发、保管过程中已损坏并已失去部分或全部使用价值的，或因技术淘汰需要报废的，经有关方面鉴定后，确认不能使用者，由保管人员填制"物资报废单"并上报审批。由于上述原因需要削价处理者，经技术鉴定，由保管人员填制"物资削价报告单"，按规定报上级审批。

（4）事故。由于被盗、火灾、水灾、地震等原因及仓库有关人员失职，使配件数量和

质量受到损失者,应视作事故向有关部门报告。

在盘点过程中,还应清查有无本企业多余或暂时不需用的配件,以便及时把这些配件调剂给其他需用单位。

6. 盘点注意事项

所有的到货应立即上架,清点时不要遗漏和另放他处;货架的标签应与实物相符,发现问题应及时纠正和补充,对破旧或不清楚的标签要及时换新;配件号不同,而实物相符的零件,要做好混库处理,并做好记录;配件号相同,而实物不相符的零件,要做好分析处理,并反馈给厂家配件部;完整的包装应放在货架的前面(或上面),已打开的包装应放在后面(或下面),数量不足的包装应填充成标准包装。

7. 盘点步骤

盘点步骤如图3-7所示。

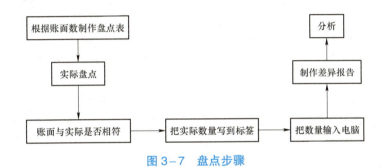

图3-7 盘点步骤

8. 确认仓储差异后的处理

重新清点出现仓储差异的零件,如果差异是由于清点错误或其他错误造成的,则应改正盘点卡片,无法查明仓储差异原因时,应上报并通过会计解决。

五、配件出库管理

配件出库是库存管理业务的最后阶段,它的任务是把配件及时、迅速、准确地发放到使用者手中。出库工作的好坏直接影响企业的生产秩序,影响到配件经营的盈亏、损耗和周转速度。

为保证配件出库的及时、准确,应使出库工作尽量一次完成。同时,要认真实行"先进先出"的原则,减少物资的储存时间,特别是有保存期限的配件,应在限期内发出,以免配件变质损坏。应严格按照下述出库流程进行工作:

(1)营业员接待顾客并开出零件取货单。由营业员接待顾客或修理部员工,根据要求开出"零件取货单",见表3-17。

案例资源:某汽车4S店配件出库管理规定

微课视频:汽车配件的出库流程

表 3-17 零件取货单

××汽车服务有限公司

零件取货单（修理部）

操作卡：_____

车　牌：_____　　　　　　　　　　　　发票凭单

挂账户口：_____　　　　　　　　　　　开票日期　　年　　月　　日

序号	车系	零件编号	名称	货位	单价	提货数量	金额

营业员_____　　仓管员_____　　领料人_____　　合计金额_____

（2）仓库员从仓库清点出所需配件。仓库员按照"零件取货单"上库位编号、零件名称、提货数量等，清点出有关零件，在"零件取货单"上签字，表示所需配件确实有货，并将该单返回营业员。

（3）顾客查验配件。由顾客（或修理部职员）查验是否是所需配件，核实后即可提货。

（4）办理交款提货手续。顾客要当场交款并提货。若是修理部职员，则签字提货。

 任务实施

在掌握汽车配件管理的主要内容的前提下，对汽车配件仓库进行规划与设计，并很好地解决本项目任务中所描述的王大海遇到的情况，建议采取如下方式开展学习和训练。

一、在线学习

登录"汽车营销与服务专业教学资源库"，选定汽车服务企业管理课程中"配件仓库规划""配件采购管理""配件入库管理""配件库存管理""配件出库管理"微课程，观看微课教学视频，并完成相应的进阶训练。在微课学习中如有疑问，可在线提问，与教师互动交流。

二、难点化解

认真学习本教材，进一步掌握配件管理的知识和技能，完成项目任务书中"难点化解"题目。

三、模拟训练

假定自己可以解决王大海的难题，与学习小组成员商讨，并采用角色扮演法在课堂

上展示。

 拓展训练

以小组为单位,模拟扮演某汽车服务企业的配件仓库管理人员,对配件仓库进行规划与设计,并且开展采购、入库、库存管理、出库的业务流程。小组拍摄配件管理的操作视频,并将微视频(或照片)上传至资源库平台。

任务 3-6　质量管理

任务描述

王大海的汽车服务企业自成立之初一直坚持"以顾客为中心"的经营理念,为尽可能准确地了解顾客对于企业的评价,除了平时做好回访记录外,特举行一次"你找茬,我送礼"的回访活动,鼓励客户给企业提出意见,找问题,并对踊跃参与的客户送"一次免费保养和三次免费洗车"的大礼包。通过活动的开展,发现很多客户对于汽车的售后技术质量和服务时间都是非常满意,但是"顾客接触服务质量"这一指标并不是太理想。对相关案例进行细致的调查分析后,找到了深层的原因,例如存在多次任务疏忽,其根源可能是质量责任制度没有落实等。

王大海希望公司相关人员尽快采取相应措施进行整改,明确责任人与完成时间,不断提升企业的"顾客接触服务质量"这一指标,重拾客户对企业的信心。

任务分析

企业发展的生命线是企业的质量管理,汽车服务企业的质量是关键,是根本,只有质量得到客户的认可,才有可能使客户满意。王大海所面临的问题属于质量管理范畴,主要是汽车维修质量管理、汽车维修质量检验和考核的问题。

在明确全面质量管理的基础上,还需明确汽车维修质量管理是如何进行的,如何进行汽车维修质量检验,以及对汽车维修质量的考核。只有将企业的质量做好,企业才有赖以生存的保障。学习任务包括如下内容:

(1)完成"汽车营销与服务专业教学资源库"汽车服务企业管理课程中的"全面质量管理""维修作业质量管理""汽车维修质量检验""汽车维修质量考核"微课程学习。

(2)小组采用角色扮演法组建团队为王大海解决困境。

(3)完成"质量管理"项目任务书。

(4)完成拓展训练任务。

项目三 售后服务管理

 **学习目标**

- 专业能力

1. 能够把握汽车服务企业服务质量管理的重要性；
2. 掌握"全面质量管理""维修作业质量管理""汽车维修质量检验""汽车维修质量考核"等汽车服务企业质量管理的知识和技能点。

- 社会能力

1. 树立服务意识、效率意识、规范意识；
2. 强化人际沟通、语言表达能力；
3. 维护组织目标实现的大局意识和团队能力；
4. 爱岗敬业的职业道德和严谨、务实、勤快的工作作风；
5. 自我管理、自我修正的能力。

- 方法能力

1. 利用多种信息化平台进行自主学习的能力；
2. 制订工作计划、独立决策和实施的能力；
3. 运用多方资源解决实际问题的能力；
4. 准确的自我评价能力和接受他人评价的能力；
5. 自主学习与独立思维能力。

 **相关知识**

汽车维修质量是指汽车维修作业对汽车完好技术状况和工作能力维持或恢复的程度。从服务角度讲，汽车维修质量是指用户对维修服务的态度、水平、及时性、周到性及收费等方面的满意程度。

一、全面质量管理

所谓全面质量管理，就是通过全面的、全员的、全过程的质量保证体系，最经济地为用户提供最满意质量的产品和最满意服务的一整套质量管理的体系、手段和方法。

1. 全面质量管理的指导思想

（1）质量第一。企业要以质量求生存、以质量求发展。

（2）用户至上。企业要树立以用户为中心，为用户服务的思想。

（3）质量是做出来的，而不是检出来的。为此，要突出人的因素，并突出以预防为主的原则。

（4）在质量管理中，一切要用数据说话。

2. 全面质量管理的基本宗旨

在汽车维修的全过程中,全面贯彻质量标准,动员全体职工都来关心和保证产品质量与服务质量,从而为用户多、快、好、省地提供优质服务和修好车辆,对用户负责。

3. 全面质量管理的基本特点

全面质量管理的基本特点是"三全一多",即全面的、全过程的、全员的,而其管理方法可以是多种多样的。

(1) 全面的质量管理。

所谓全面的质量,是指广义质量,它包括产品质量、服务质量、工作质量和过程质量。

(2) 全过程的质量管理。

所谓全过程的质量管理,是指对产品质量与服务质量形成的全过程(即从产品市场调查、设计制造、使用维修到销售及售后服务全过程)进行质量管理。

(3) 全员的质量管理。

全面质量管理所涉及的产品质量和服务质量最后都将归结为企业全体员工(上至厂长、下至工人)的工作质量。

4. 全面质量管理的基本方法

全面质量管理与单纯的产品事后检验不同,也与单纯的数理统计不同。全面质量管理不仅要将过去的单纯产品事后检验转变为现在的全过程检验,并且还要把过去的管结果转变为现在的管因素。全面质量管理通常采用 PDCA 管理循环进行控制和管理(图 3-8),它可分为 1 个过程、4 个阶段和 8 个步骤。

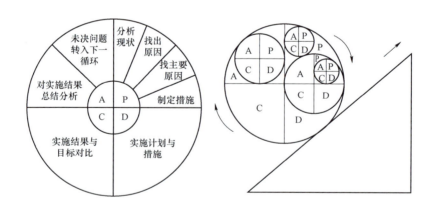

图 3-8 PDCA 循环的八个步骤及各循环的关系

(1) 1 个过程。是指企业在不同时期具有不同的质量目标和质量管理任务,因此,围绕着每个阶段的质量目标与质量管理任务,质量管理活动都有一个从计划、实施、检查到总结的全部过程。

（2）4个阶段。第一是计划阶段（Plan）：根据市场需求，结合企业自身条件，以经济效益为目的，制定具体的质量奋斗目标和质量实施方案（为客户服务及满足客户需求）；第二是执行阶段（Do）：根据质量计划所定质量奋斗目标和质量实施方案去实施和执行，即组织实施阶段；第三是检查效果阶段（Check）：根据质量计划的实施情况，去检查实施的结果和效果，由此发现问题；第四是总结处理阶段（Action）：通过归纳，总结成功的经验和失败的教训，把成功经验纳入标准予以推广，并采取措施持续改进；对于尚未解决的问题，留在下个循环继续完成。

微课视频：PDCA在汽车服务企业质量管理中的运用

（3）8个步骤。PDCA管理循环的具体实施过程，可分为8个步骤。如：① 分析现象，查找存在的质量问题；② 分析产生质量问题的原因；③ 从中找出主要原因；④ 针对主要原因制订质量改进计划；⑤ 执行质量改进措施计划；⑥ 检查改进效果；⑦ 总结经验，巩固成绩，并将工作结果标准化；⑧ 找出尚未解决的问题，并将存在问题计划到下个循环中。

PDCA循环不仅是全面质量管理的基本方法，也是企业管理的基本方法，它适用于企业生产经营管理的各个环节和各个方面。其特点是：

（1）每一个阶段本身也是按PDCA方式运转并循环的，即所谓大循环套小循环。

（2）整个企业、各个科室、车间、班组和个人都有自己的PDCA工作循环，并且相互协调，相互促进。

（3）工作循环的4个阶段之间是紧密衔接的，不能间断。

（4）工作循环的4个阶段是周而复始的，不能停顿。

（5）每一个循环结束后，下一轮循环又在更高的水平上进行，即每转动一圈，就上升一步，实现一个新的目标。如此反复不断地循环，质量问题不断得到解决，管理水平、工作质量和产品质量得到了步步提高，从而企业能够不断"波浪式地前进、螺旋式地上升"。

5. 全面质量管理的实施步骤

（1）对全体员工进行全面质量管理思想的教育；

（2）充分进行市场调研，了解同行业是如何进行质量管理的，如何使客户满意的，找出差距，提出改进措施；

（3）建立明确的质量基准和质量测评制度；

（4）建立相对完善的激励机制；

（5）加强质量检验机制；

（6）建立一套明确而有效的解决问题的方法；

（7）培育员工的主人翁意识和敬业精神；

（8）建立平等对话机制；

（9）组成质量小组；

（10）培养全面质量管理意识。

二、维修作业质量管理

维修作业质量是提高服务质量的基础。维修作业质量是每个工作环节品质的综合表现，因此，必须对维修作业的各个环节进行全面的质量管理。

微课视频：维修作业质量管理

1. 汽车维修质量管理的任务

（1）加强质量管理教育，提高全体员工的质量意识，牢固树立"质量第一"的观念，做到人人重视质量，处处保证质量。

（2）制定企业的质量方针和目标，对企业的质量管理活动进行策划，使企业的质量管理工作有方向、有目标、有计划地进行。

（3）严格执行汽车维修质量检验制度，对维修车辆从进厂到出厂的维修全过程、维修过程中的每一道工序，实施严格的质量监督和质量控制。

（4）积极推行全面质量管理统筹科学、先进的质量管理方法，建立健全汽车维修质量保证体系，从组织上、制度上和日常工作管理等方面，对汽车维修质量实施系统的管理和保证。

2. 汽车维修质量管理机构

质量管理机构的主要职责是：

（1）贯彻执行国家和交通部颁布的有关汽车维修技术标准、规范及汽车生产企业要求的技术标准。

（2）根据国家标准和汽车生产企业的技术要求，制定和贯彻本企业的汽车维修工艺和操作规程。

（3）建立健全企业内部质量保障体系，加强质量检验，掌握质量动态，进行质量分析，推行全面质量管理。

（4）建立质量评优与奖惩制度，做好修后质量跟踪服务。

3. 汽车维修质量管理制度

汽车维修企业必须建立健全维修服务管理制度，以保证维修质量的不断提高。

（1）进厂、解体、维修过程及竣工出厂检验制度。

车辆从进厂，经过解体、维修、装配，直到竣工出厂，每道工序都应通过自检、互检，出厂要进行终检，并做好检验记录，以便查验。

（2）零部件的检验制度。

配件质量是保证维修质量的重要因素。对从汽车拆解的各个零部件和修复的零件要逐一进行检测，根据技术标准进行鉴定。对新配件也要进行检验，"新件不等于好件"。销售服务店要按照汽车生产厂的要求从汽车生产厂售后服务部门购进原厂配件。

案例资源：维修作业质量案例

（3）技术素质培训制度。

提高员工的服务意识和技术水平是保证维修质量的重要手段。企业要根据生产情况，不断组织员工进行培训，并按不同岗位和级别进行应知应会的考核，考核的结果是确定员工级别的重要因素，以激励员工不断进取的自觉性。销售服务店必须参加汽车生产企业组织的技术和业务培训，并进行店内二次培训，以保证培训的深度和广度。大的服务店或修理厂要设置专门的内部培训员（一般由技术总监担任）。

（4）岗位责任制度。

维修质量是靠每个岗位的操作者实现的，是由全员来保证的。因此，必须建立严格的岗位责任制度，以增强每个职工的质量意识。定岗前要合理配备，量才适用，定岗后要明确职责，并保持相对稳定，以便提高岗位技能和责任心。

（5）质量保证期制度。

车辆经过维修后，在正常使用情况下，按规定都有一定的质量保证期。其计算方法有的按时间，有的按行驶里程。在保证期内，发生的质量事故，应由厂方承担责任。因此，承修厂签发维修合同和出厂合格证时，均应注明质量保证期限。

《机动车维修管理规定》第三十七条规定：整车或总成修理为车辆行驶 20 000 km 或者 100 日；二级维护为车辆行驶 5 000 km 或者 30 日；一级维护、小修、专项修理为车辆行驶 2 000 km 或者 10 日。

三、汽车维修质量检验

汽车维修质量检验是指采用一定的检验测试手段和检查方法，测定汽车维修过程中和维修后（含整车、总成、零件、工序等）的质量特性，然后将测定的结果同规定的汽车维修质量评定参数标准相比较，从而对汽车维修质量做出合格或不合格的判断。

案例资源：未做质量检验的后果

（一）汽车维修质量检验的分类

（1）按维修程序分类：按维修程序，分为进厂检验、零件分类检验、过程检验和出厂检验。

（2）按检验职责分类：按检验职责，分为自检、互检和专职检验，也称"三检制度"。这是我国目前普遍实行的一种检验制度。有的汽车销售服务店对大的维修项目和涉及行车安全的维修项目，则采用自检、质检员检验和技术总监终检的"三级质检制度"。

（二）汽车维修质量检验的标准

汽车维修的技术标准是衡量维修质量的尺度，是企业进行生产和技术、质量管理工作的依据，具有法律效力，必须严格遵守。质量检验就是要遵守标准，满足标准要求。认真贯彻执行标准，对保证维修质量、降低成本、提高经济效益和保证安全运行都有重要作用。

我国汽车维修的技术标准分四级，即国家标准、行业标准、地方标准和企业标准。汽车维修作业一般采用汽车生产厂制定的企业技术标准。

（三）汽车维修质量检验的方法

汽车维修质量检验的方法分为两类：一是传统的经验检视方法；二是借助于各种量具、仪器、设备对其进行参数测试的方法。

（四）汽车维修质量检验的内容

1. 材料的质量检验

材料的质量检验包括采购前的质量检验、入库质量检验、库存质量检验和出库质量检验。材料，主要是指汽车配件，也包含其他辅助性用料，如砂纸、手套等。

（1）采购前的质量检验。

采购前的质量检验包括对供应商的调查、样品的采集检测、对采购材料的质量评估等。

具体内容可以根据企业的具体制度和采购的材料不同而定。采购后的质量检验，主要指的是根据库存质量检验和出库质量检验获得的信息，对采购行为和供应商进行评估和选择。

（2）入库质量检验。

入库质量检验指的是在采购入库过程中，检验材料的质量。入库检验是材料检验中最初也是最重要的部分，其内容包括采购前、采购中和采购后的检验。

（3）库存的质量检验。

库存的质量检验指的是在材料的保管过程中，观察并记录其外观和内在质量的变化，并做出反馈，还包括对库存材料的定期和不定期检查。

（4）出库的质量检验。

出库的质量检验，指的是对材料出库状况的检测、记录和在使用过程中的质量状况的跟踪，包括在维修、检验、出厂后及返修过程中的情况跟踪。

2. 维修流程的质量检验

（1）接车检验。

1）接车时，向车主询问维修记录，并在自己的计算机系统中查询其维修记录。

2）业务接待人员和检验人员负责对送修车辆进行预检，按规范填写有关单据中的检验记录。

3）车辆预检后，根据驾驶员的反映及该车技术档案和维修档案，通过检测或测试、检查（初诊），确定基本作业内容，并告知车主。

4）对应该作业的内容进行记录。

（2）维修过程的检验。

1）过程检验实行自检、互检和专职检验相结合的"三检"制度。

2）检验内容分为汽车或总成解体，清洗过程中的检验，主要零部件的检验，各总成组装、调试检验。

3）各检验人员根据分工，严格依据检验标准、检验方法认真检验，做好检验记录。

4）经检验不合格的作业项目，需重新作业，不得进入下一道工序。

5）对于新购总成件，必须依据标准检验，杜绝假冒伪劣配件。

6）对于影响安全行车的零部件，尤其要严格控制使用标准。对不符要求的零部件，必须进行维修或更换，同时要及时通知前台，并协助前台向车主做好说明工作。

（3）维修总检。

1）所有维修的车辆，在结算前必须进行总检。

2）在总检之前，各个项目必须完成自检。

3）总检的范围根据维修的分类而定：大修车辆必须进行全车检查，按照交通部的标准执行；普通保养则按照各个车型制造厂的标准进行；小修则按照车间规定进行。

4）总检员必须在检验单上签名，对自己的检验结果负责。

5）对于检验不合格的车辆，一律不得结算出厂。

6）如果出厂以后车主发现不合格现象，返工责任由检验员与项目维修人承担。

四、汽车维修质量考核

（一）企业汽车维修质量考核

为了提高生产过程中包括进厂检验、过程检验等环节的工作质量和质量检验意识，保证过程检验的有效实施，应对维修生产等岗位实施质量考核。考核汽车维修企业产品质量与服务质量的常用指标是返修率和在厂车日或车时（指维修车辆自入厂至修竣出厂所经历的日历天数或小时数），而考核汽车维修企业内部工作质量的常用指标是返工率与一次检验合格率。

微课视频：汽车维修质量考核

1. 返工率

返工率是指在汽车维修过程中，因工序互检不合格而造成的返工次数，占工序总移交次数的百分率。返工率指标主要用于考核汽车服务企业内部工序质量。

2. 返修率

返修率是指在汽车维修竣工出厂后，在质量保证期内，由于汽车维修质量或汽车配件质量不合格所造成的返修次数，占汽车服务企业同期维修车辆总数的百分率。返修率指标常用于月、季、年度质量考核，计算公式为

$$车辆返修率 = 返修车次/维修车次 \times 100\%$$

3. 一次检验合格率

一次检验合格率是指在汽车维修过程中或汽车维修竣工时，交付专职检验"一次合格"所占的百分率。一次检验合格率是考核汽车维修企业工作质量的综合性指标，计算公式为

$$车辆维修一次检验合格率 = 一次性维修合格车次/总维修车次 \times 100\%$$

（二）汽车维修质检人员的工作质量考核

汽车维修质量检验员是维修质量的哨兵，是企业形象的代表。其业务素质的高低，直接影响着本企业声誉的好坏。因此，必须严格选拔，慎重任用，在任的汽车维修质量检验人员应不断钻研汽车维修技术，提高检验技能。

1. 汽车维修质量检验人员素质要求

（1）具有中专以上文化程度，掌握全面质量管理的基本知识。

（2）熟悉汽车维修技术。

（3）掌握汽车维修标准，出厂检验员还需有与准驾车相符的正式驾驶执照。

（4）掌握公差配合与技术测量的基本知识。

（5）会正确使用量检具，熟悉和掌握测试技术。

（6）责任心强，办事公道，身体健康，无色盲，无高度近视。

（7）受过专门培训，并取得交通行业主管部门的认可。

2. 汽车维修质量检验人员的工作质量考核指标

汽车维修质量检验员工作质量的考核要素有 3 条：检验工作量、检验准确性、检验数据记录的完整性和及时性。实践证明，检验员的工作质量不能与企业的质量指标挂钩，也就是检验员对企业的质量指标完成得好坏不负责任。如果检验员对质量指标负责，容易产生将不良维修产品作为合格维修产品的判定，失去了检验员的质量的把关作用。

对检验准确性的考核，一般用漏检和错判数量，或造成的工时损失来考核。这种方法比较粗放，不便于对检验员进行相对比较，所以用检验准确率考核比较严谨。

检验准确率计算公式为

$$Z = \frac{A-K}{A-K+B} \times 100\%$$

式中，A 为检验员检出的不合格维修产品数；K 为复核检验时，从不合格产品中检出的合格维修产品数；B 为复核检验时，从不合格产品中检出的不合格维修产品数。

上式中，分子 $A-K$ 就是检验员检出的真正不合格维修产品数。而分母 $A-K+B$ 则是被检产品真正的不合格维修产品数。于是，检验准确率就是检验员所发现的真正不合格维修产品数与产品中实际存在的不合格维修产品数之比。

例如，被检维修产品共 100 件，检验员检出 9 个不合格维修产品，经复核检验，发现 9 个不合格维修产品中有 2 个是合格的，而在合格维修产品中又检出 4 个不合格维修产品，则检查准确率计算如下：

$$Z = \frac{A-K}{A-K+B} \times 100\% = \frac{9-2}{9-2+4} \times 100\% = 63.7\%$$

检验准确率公式有一定缺陷。如 $B=0$，即在复核检验时，从合格维修产品中检验不到不合格维修产品，也就是无论从不合格中复核出多少合格品，检验准确率永远是 100%。这实质是允许错判错误。为此，还应有错判百分率考核指标。错判百分率 E 由以下计算公式确定：

$$E = \frac{A-K}{N-(A-K+B)} \times 100\%$$

式中，N 为检验维修产品的件数；A 为检验员检出的不合格维修产品数；K 为复核检验时，从不合格维修产品中检出的合格维修产品数；B 为复核检验时，从合格维修产品中检出的不合格维修产品数。

上式中，分母 $N-(A-K+B)$ 是维修产品中实际存在的真正合格维修产品数，分子则是检验员将合格维修产品判为不合格维修产品数。所以，错判百分率实质上是：检验员将合格维修产品判为不合格维修产品数（属于错判）与维修产品中真正存在的合格维修产品数之比。

企业对检验员下达考核指标时，应根据实际情况下达。复核检验可用交叉复检法或复核检验法。所谓复核检验法，是由检验部门的复核检验员，复核已检验过的维修产品。所谓交叉复检法，是指检验员之间相互复检。

 任务实施

在掌握汽车服务企业质量管理的前提下，形成对汽车服务企业质量管理的整体性认识，并很好地解决本项目任务中所描述的王大海遇到的情况，建议采取如下方式开展学习和训练。

一、在线学习

登录"汽车营销与服务专业教学资源库"，选定汽车服务企业管理课程中的"全面质量管理""维修作业质量管理""汽车维修质量检验""汽车维修质量考核"微课程，观看教学微课，并完成相应的进阶训练。在微课中如有疑问，可在线提问，与教师互动交流。

二、难点化解

认真学习本教材，进一步掌握任务 3-6 中的知识和技能，完成项目任务书中的"难点化解"题目。

三、模拟训练

假定自己可以解决王大海的难题，与学习小组成员商讨，分析产生"顾客接触服务质量"不理想的原因，并采用"PDCA"循环法，先选取影响最大的几个因素进行整改，注意整改措施的有效实施，明确责任人与完成时间，然后再进一步解决其他的影响因素。

 拓展训练

以小组为单位，如果客户反映"维修时间"过长，请分析具体的深层原因，用 PDCA 循环法予以改进，并将作品上传至资源库。

质量管理的发展过程

虽然质量管理的起源几乎与企业管理的发展相同步，但质量管理学却是随着现代工业生产的发展而逐步形成和发展起来的。质量管理的发展过程曾经历了质量检验、统计质量控制、全面质量管理3个阶段。

（1）质量检验阶段。产品质量检验阶段是质量管理发展的最初阶段（1920—1940年）。当时人们对质量管理的认识只是局限于产品的质量检验上。它只依靠几个质量检验员，仅在生产过程中，根据产品验收标准，通过各种检测仪具，从产成品中挑出残次品，从而把好产品的出厂质量关。

这种方法虽然也可以保证产品的出厂质量，但由于是事后检验，不能解决生产过程中由于技术工艺落后而导致的产品质量差和成本高的问题，更不能预防和控制不合格产品的产生。况且对于大批量生产的企业来说，要对所有的出厂产品都做100%的检验，不但经济上很不合理，而且技术上也不可行。

（2）统计质量控制阶段。随着工业生产的进一步发展，产品批量越来越大。特别是在第二次世界大战中，美国的不少民用品生产企业转向军用品生产，当时所面临的主要问题就是产品批量太大而无法逐件检验，而产品的高废品、次品率又直接影响到产品交货。为了加强质量控制，预防废品、次品的产生，减少企业经济损失，美国的休哈特于1924年提出了系统质量管理。在加强生产过程中质量检验的基础上，为产品的原材料、零部件、半成品和成品各环节设计了质量控制图表，并用数理统计方法找出其质量波动规律，努力消除产生废品、次品的异常原因，从而使整个生产过程或生产系统都处在良好状态下，保证企业能最经济地生产出符合客户要求的合格产品。由于"统计质量控制"是在加强生产过程中质量检验的基础上，应用数理统计方法来控制产品质量的，这种方法体现了以预防为主的思想，因而开始在大型企业中应用。但在中小型企业，由于推广者过分强调数理统计概念而使其变得神秘莫测，结果反而使企业管理者无法应用，只好仍然依靠生产检验部门实施最原始的产品质量检验，造成了数理统计与质量控制的相互脱节。

（3）全面质量管理阶段。1950年后，随着科学技术和社会生产力的迅速发展，工业产品频繁地更新换代，人们对工业产品的安全性和可靠性提出了更高的要求，迫使企业的产品质量管理引进安全性和可靠性的概念。许多企业管理者认为，在从原材料供应、产品设计制造，直到产品销售和使用的全过程中，所有环节都会影响企业的产品质量。若要控制产品质量，必须对生产过程实施全面的质量控制。于是美国的费根堡和朱兰等人提出了全面质量管理概念，即为了贯彻企业的质量方针，保证企业的产品质量和服务质量，必须改善企业的组织管理。他们主张在企业中以生产客户满意的产品为理念，开展全面的、全员的、全过程的质量管理和控制，从而把企业中的各个部门构成一个完整的质量保证体系。

这种全面质量管理既强调了质量控制，也强调了质量检验，从而保证了企业能用最经济的方法生产出客户最满意的产品。

回顾质量管理的发展历史可以看出，作为企业管理的重要组成部分，全面质量管理是企业管理和质量管理发展的必然产物，并且也是现代企业管理的中心环节。

质量管理发展 3 个阶段的特点与差别对比表见表 3-18。

表 3-18 质量管理发展 3 个阶段的特点与差别对比表

项目	质量检验阶段	统计质量管理阶段	全面质量管理阶段
质量概念	狭义质量	从狭义质量向广义质量发展	广义质量
管理依据	按产品标准验收	按既定质量标准验收	以技术标准为基础，适应客户需求
管理特点	事后把关，管结果	从把关向预防控制发展	防检结合，预防为主，管因素，管条件
管理范围	限于生产现场质量管理	从生产过程扩展到设计过程	全过程质量管理
管理方法	主要采用检验方法	发展到采用数理统计方法	运用多种管理方法、手段
管理对象	限于产品质量	从产品质量向过程质量发展	产品质量、工作质量、过程质量、服务质量
管理标准化	重视技术标准	从技术标准发展为质量控制标准	严格执行技术、控制和管理标准并重的制度
管理人员	质检部门和质检人员	质检部门、技术部门及有关人员	全体员工

练习与思考

一、单选题

1. 管理、及时更新《维修作业进度看板》，是（　　）岗位的职责。
   A. 接待文员　　　　B. 车间调度　　　　C. 备件管理员　　　　D. IT 信息员
2. 负责顾客休息区的服务工作，是（　　）岗位的职责。
   A. 接待文员　　　　B. 顾客管理员　　　　C. 服务顾问　　　　D. 维修技师
3. 不是必须能够熟练操作计算机的岗位是（　　）。
   A. 服务经理　　　　B. 质量检查员　　　　C. 内部培训员　　　　D. 顾客管理员
4. 当年索赔量超过（　　）台次，可以设 2 名索赔员。
   A. 1 000　　　　　B. 2 000　　　　　C. 3 000　　　　　D. 4 000
5. 汽车售后服务核心流程体现以（　　）的服务理念。

A. 客户为中心 B. 企业利益为中心
C. 企业管理质量的提升 D. 员工服务效率最大化

6. 下列选项中，不属于修理工作的是（　　）。
   A. 机电修理　　　B. 钣金修理　　　C. 喷漆修理　　　D. 更换机油

7. 下列汽车售后服务资料中，最常用的是（　　）。
   A. 接车单　　　B. 洗车单　　　C. 维修合同　　　D. 增项单

8. 汽车售后服务预约应提前（　　）确认客户预约。
   A. 0.5h B. 1h
   C. 半天 D. 不用再预约，直接等候客户到来

9. 业务部根据生产进展定时向车间询问维修任务完成情况，询问时间一般定在维修预计工期进行到（　　）的时候，询问完工时间、维修有无异常。
   A. 50%~60%　　B. 70%~80%　　C. 80%~90%　　D. 作业结束

10. 跟踪服务中，根据档案资料，业务人员定期向客户进行电话跟踪服务。跟踪服务的第一时间一般选定在客户车辆出厂（　　）为宜。
    A. 当天致电 B. 两天至一周之内
    C. 半个月 D. 一个月后

11. 追加维修项目时，应为客户提供（　　），并请客户确认签字。
    A. 批单　　　B. 维修合同书　　　C. 增项单　　　D. 交车单

12. 客户离去后，迅速清理维修单，如属单组作业的，直接由业务部填列承修作业组；如属多组作业的，应将维修单交（　　）处理。
    A. 维修技师　　　B. 服务顾问　　　C. 车间主管　　　D. 总经理

13. 看板中的任务交接的定义也有助于（　　）。
    A. 发现问题　　　B. 减少处理时间　　　C. 职责明确　　　D. 追究责任

14. 很多企业的生产调度会是以早会的形式进行的，那么早会一般是（　　）生产时间的。
    A. 不占用　　　B. 可以占用　　　C. 占用　　　D. 无所谓

15. 工时费的单位是小时，最小的单位为（　　）。
    A. 1个工时　　　B. 0.5工时　　　C. 0.01工时　　　D. 0.1工时

16. 5S管理的核心和精髓是（　　）。
    A. 整理　　　B. 整顿　　　C. 清洁　　　D. 素养

17. 日检由各部分主管负责，重点检查的是（　　）。
    A. 整理　　　B. 整顿　　　C. 清洁　　　D. 清扫

18. 周检由各部门经理负责，重点检查的是（　　）。
    A. 整理　　　B. 整顿　　　C. 清洁　　　D. 素养

19. 对于产品市场遍及全国各地的大规模汽配经营企业，较适合建立的配件仓库的数量是（　　）。

A. 1个 B. 3个
C. 仔细分析后确定 D. 尽可能多

20. 以下关于位置码系统的编制，说法错误的是（   ）。

   A. 位置码是标明配件存放位置的代码

   B. 对于空间三维坐标，一个点确定一个位置，一个位置只能放置一种配件

   C. 位置码编制依据三点系统，即配件仓库、车间柜台、用户柜台构成的系统

   D. 位置码是4位码，根据区、架、列、层的原则进行安排

21. 企业采取由企业内部的配件经营部门（销售组、分公司）自设进货人员，并且在核定的资金范围内自行进货。此种采购方式是（   ）。

   A. 集中进货 B. 分散进货
   C. 集中进货与分散进货相结合 D. 联购合销

22. 在使用ABC管理法对汽车配件进行管理时，以下的品种数应占库存总数的5%~15%的是（   ）。

   A. A类 B. B类 C. C类 D. 以上任意一个

23. 保管人员每天对有收发动态的配件盘点一次，并汇总成表，以便及时发现和防止收发差错。此种盘点方式是（   ）。

   A. 永续盘点 B. 循环盘点 C. 定期盘点 D. 重点盘点

24. 为保证配件出库工作顺利、及时，应遵循的原则是（   ）。

   A. 勤进快销 B. 先进后出 C. 先进先出 D. 勤进慢销

25. 全面质量管理的PDCA循环中，P指的是（   ）。

   A. 计划 B. 执行 C. 实施 D. 处理

26. 全面质量管理的PDCA循环中，D指的是（   ）。

   A. 计划 B. 执行 C. 实施 D. 处理

27. 全面质量管理的PDCA循环中，C指的是（   ）。

   A. 计划 B. 执行 C. 实施 D. 处理

28. 全面质量管理的PDCA循环中，A指的是（   ）。

   A. 计划 B. 执行 C. 实施 D. 处理

29. 汽车服务企业经常性地会对员工进行技术素质培训，一般企业专门的内部培训员由（   ）担任。

   A. 部门主管 B. 班长 C. 车间主任 D. 技术总监

30. 《机动车维修管理规定》第三十七条规定：整车或总成修理的质量保证期限为（   ）。

   A. 20 000 km或者100日 B. 5 000 km或者30日
   C. 2 000 km或者10日 D. 3 000 km或者30日

31. 《机动车维修管理规定》第三十七条规定：二级维护的质量保证期限为（   ）。

A. 20 000 km 或者 100 日　　　　　　B. 5 000 km 或者 30 日

C. 2 000 km 或者 10 日　　　　　　　D. 3 000 km 或者 30 日

32. 《机动车维修管理规定》第三十七条规定：一级维护、小修、专项修理的质量保证期限为（　　）。

A. 20 000 km 或者 100 日　　　　　　B. 5 000 km 或者 30 日

C. 2 000 km 或者 10 日　　　　　　　D. 3 000 km 或者 30 日

33. 对于检验准确性的考核，一般用（　　）来确定。

A. 漏检　　　　　　　　　　　　　　B. 错判数量

C. 造成的工时损失　　　　　　　　　D. 造成的经济损失

二、多选题

1. 汽车服务企业售后服务的管理岗位有（　　）。

A. 服务总监　　B. 内部培训员　　C. 备件经理　　D. 车间调度

2. 汽车售后服务总监督管的第一层级岗位包括（　　）。

A. 服务经理　　B. 技术经理　　C. 车间主管　　D. 顾客管理员

3. 车间主管主要督管的职位有（　　）。

A. 车间调度　　B. 机电维修技师　　C. 钣金维修技师　　D. 质量检查员

4. 维修技师工作职责包括（　　）。

A. 服从车间调度的维修任务分派安排

B. 按照有关工作标准按时完成维修作业

C. 向车间调度反馈维修作业进度状况

D. 完成维修作业之后进行岗位维修质量自检验

5. 汽车售后服务的内容有（　　）。

A. 维修　　　　B. 养护　　　　C. 救援　　　　D. 信息咨询

6. 以下属于售后服务核心流程内容的是（　　）。

A. 预约　　　　B. 接车　　　　C. 修理工作　　D. 质检

7. 服务预约包括（　　）形式。

A. 一种　　　　B. 两种　　　　C. 三种　　　　D. 四种

8. 优质服务的目的包括（　　）。

A. 增强 4S 店员工的服务意识、质量意识和市场意识，提高 4S 店的管理水平和市场竞争力

B. 树立 4S 店品牌形象，展示 4S 店维修实力和兑现服务承诺

C. 宣传汽车生产企业产品的优良性能，落实服务范围和服务承诺

D. 贯彻用户第一的服务宗旨，让用户满意，为市场负责

9. 汽车 4S 店可以提供的优质服务项目有（　　）。

A. 紧急救援　　　　　　　　　　　　B. 车辆保险及协助理赔的代办

C. 车辆代办年检 D. 代用车服务

10. 接收送修车时，应对所接车的（   ）等做视检，以确认有无异常，如有异常，应在维修单上注明。

A. 外观　　　　B. 发动机　　　　C. 内饰表层　　　　D. 仪表

11. 提供优质服务，要求增强 4S 店员工的（   ），提高 4S 店的管理水平和市场竞争力。

A. 服务意识　　B. 效率意识　　C. 质量意识　　D. 市场意识

12. 与客户商定或提出维修项目，确定（   ），确定客户有无其他要求，将以上内容一一列入维修单，请客户过目，并决定是否进厂。

A. 维修内容　　B. 收费定价　　C. 交车时间　　D. 异议投诉

13. 以下属于车间生产调度的工作内容的是（   ）。

A. 下达工单　　　　　　　　B. 巡视车间
C. 检查督促工作　　　　　　D. 组织生产调度会

14. 在调度管理小组视检中，如果发现技术问题，应（   ）。

A. 及时与配件部协调解决　　B. 按公司章程现场解决
C. 立即通知技术人员到场　　D. 通知技术总监予以解决

15. 属于汽车服务企业生产现场的有（   ）。

A. 接待服务厅　B. 停车场　　C. 维修车间　　D. 办公室

16. 车间生产现场管理要求下班时做到（   ）。

A. 设备复位　　B. 工具归箱　　C. 场地清洁　　D. 当天总结

17. 工时费一般包括的内容有（   ）。

A. 人工操作费　B. 设备使用费用　C. 低值易耗费用　D. 水电费

18. 汽车维修工时定额类别主要包括（   ）。

A. 汽车大修工时定额　　　　B. 汽车总成大修工时定额
C. 汽车维护工时定额　　　　D. 汽车小修工时定额

19. 下面属于确定维修工时定额的方法的有（   ）。

A. 经验估计法　B. 统计分析法　C. 技术测定法　D. 幅度控制法

20. 汽车维修收费的收费内容主要包括（   ）。

A. 工时费　　　B. 材料费　　C. 配件费　　　D. 其他费用

21. 维修材料费用主要指（   ）方面的费用。

A. 配件费用　　B. 辅助材料费用　C. 油料费用　D. 材料管理费用

22. 事故产生的原因主要是（   ）。

A. 人为因素　　B. 自然因素　　C. 主观因素　　D. 客观因素

23. 车间中关于工作着装的要求主要是针对（   ）方面而言的。

A. 工作服　　　B. 工作鞋　　　C. 工作卡　　　D. 工作手套

24. 可采取（   ）预防措施防止火灾。

A. 如果火灾警报响起，所有人员应当配合扑灭火焰

B. 立即清理干净任何飞溅的燃油、机油或者润滑脂

C. 除非在吸烟区，否则不要抽烟，并且要确认将香烟熄灭在烟灰缸里

D. 在燃油泄漏的车辆没有修好之前，不要启动该车辆上的发动机

25. 以下做法正确的是（　　）。

 A. 如果发现电气设备有任何异常，立即关掉开关，并联系管理员/领班

 B. 如果电路发生短路或意外火灾，立即灭火

 C. 向管理员/领班报告不正确的布线和电气设备安装

 D. 有任何保险丝熔断现象，都要向上级汇报，因为保险丝熔断说明有某种电气故障

26. 5S管理是指对生产各要素所处的状态不断地进行（　　）和提高员工素养的活动。

 A. 整理　　　　　B. 整顿　　　　　C. 清洁　　　　　D. 清扫

27. 5S的检查一般分为（　　）两种检查方式。

 A. 日检　　　　　B. 定期检查　　　C. 非定期检查　　D. 周检

28. 位置码编制依据的"三点系统"是指（　　）三点系统。

 A. 配件仓库　　　B. 货架　　　　　C. 车间柜台　　　D. 用户柜台

29. 汽车配件经营企业确定进货点时，主要考虑的因素有（　　）。

 A. 进货期时间　　　　　　　　　　B. 供货商企业所在地点

 C. 平均销售量　　　　　　　　　　D. 安全存量

30. 在对汽车配件进行保管时，以下做法正确的是（　　）。

 A. 应重视蓄电池的储存期限，应在期限内销售完毕

 B. 对忌潮的金属配件，应该集中放在避光的位置

 C. 对于忌高温的配件，应该放在通风、向阳的位置

 D. 汽车配件绝大部分都是金属制品，属忌潮物资，一般都应加垫

31. 应防止以下（　　）汽车配件沾油。

 A. 轮胎　　　　　B. 水管接头　　　C. 燃油滤清器　　D. 三角皮带

32. 全面质量管理的指导思想是（　　）。

 A. 质量是做出来的，而不是检出来的　　B. 在质量管理中，一切要用数据说话

 C. 用户至上　　　　　　　　　　　　　D. 质量第一

33. 全面质量管理的基本特点是（　　）。

 A. 全面的　　　　　　　　　　　　　　B. 全员的

 C. 全过程的　　　　　　　　　　　　　D. 管理方法多样性

34. 以下属于汽车维修质量管理任务的是（　　）。

 A. 加强质量管理教育，提高全体员工的质量意识

 B. 制定企业的质量方针和目标

 C. 严格执行汽车维修质量检验制度

 D. 积极推行全面质量管理统筹科学、先进的质量管理方法

35. 为保证汽车维修的质量，汽车服务企业一般会执行严格的质量管理。为保证质量，从服务流程来讲，主要做好的检验包括（　　）。

　　A. 进厂检　　　　B. 过程检　　　　C. 竣工检　　　　D. 总检

36. 按照程序分类，汽车维修质量检验分为（　　）。

　　A. 进厂检验　　　B. 零件分类检验　C. 过程检验　　　D. 出厂检验

37. 汽车维修质量检验中常说的三检制度指的是（　　）。

　　A. 专检　　　　　B. 互检　　　　　C. 自检　　　　　D. 全检

38. 不同企业汽车维修质量检验标准有所不同，可依据的标准主要有（　　）。

　　A. 企业标准　　　B. 行业标准　　　C. 国家标准　　　D. 地方标准

39. 汽车维修质量检验的方法主要有两类，即（　　）。

　　A. 传统的经验检视方法

　　B. 依据行业标准确定

　　C. 集体讨论法

　　D. 借助于各种量具、仪器、设备对其进行参数测试的方法

40. 汽车维修质量检验的内容主要指（　　）。

　　A. 材料的质量检验　　　　　　　B. 员工工作质量检验
　　B. 维修流程的质量检验　　　　　D. 服务质量的检验

41. 考核汽车维修企业产品质量与服务质量的常用指标是（　　）。

　　A. 返修率　　　　　　　　　　　B. 返工率
　　C. 一次检验合格率　　　　　　　D. 在厂车日或车时

42. 考核汽车维修企业内部工作质量的常用指标是（　　）。

　　A. 返修率　　　　　　　　　　　B. 返工率
　　C. 一次检验合格率　　　　　　　D. 在厂车日或车时

43. 汽车维修质量检验员工作质量的考核要素有（　　）。

　　A. 检验工作量　　　　　　　　　B. 检验准确性
　　C. 检验数据记录的完整性　　　　D. 检验数据记录的及时性

三、判断题

1. 索赔员只要熟悉索赔工作流程和相关法规，可以不用熟悉产品结构性能，有专门的技术人员配合其工作。（　　）

2. 维修技师也应熟练操作办公自动化软件和管理软件。（　　）

3. 维修技师完成维修作业之后，进行岗位维修质量自检验。（　　）

4. 维修技师应该负责协调备件供应部门与其他部门的关系，保证一线服务工作需要。（　　）

5. 主机厂为了保证使用厂家系列产品的用户车辆处于良好的技术状态，决定对经销商售出的车辆，按照规定的行驶里程要求，进行强制性的首次保养。（　　）

6. 售后服务资料是售后服务人员在为客户进行售后服务时使用的所有用品、工具、

单据。（ ）

7. 售后服务资料在售后服务人员为客户进行售后服务时，要放在固定位置，提高服务效率的同时，也有利于提高服务质量。（ ）

8. 维修/进行工作时，服务顾问的工作要求包括掌握维修进度、确认追加项目、向客户汇报维修情况、预估和确定交车时间。（ ）

9. 首保工作由经销商承担，对用户免费，由经销商承担保养费用。（ ）

10. 一般汽车的质保范围包括动力、传动系统及汽车其他零部件。（ ）

11. 相比于动力系统，行驶系统是汽车的核心部件，也是维修成本最高的部件。（ ）

12. 一些常用的易损件，如轮胎、轮毂等，厂商是不保修的。（ ）

13. 以奥迪A6为例，更换发动机和变速器的费用在1万元左右。（ ）

14. 用看板管理方法，可以根据需求来实时调整人员和各种资源。从原来比较僵硬的计划式规划售后进度等变为推动式规划进度。（ ）

15. 接车时，应对随车的工具和物品当面清点登记，无须客户在随车物品清单上签字。（ ）

16. 如客户不同意追加维修项目，业务接待员即可口头通知车间并记录通知时间和车间受话人。（ ）

17. 对维修内容技术含量不高，或市场有相应行价的，或客户指定维修的，可以用项目定价，即按实际维修工作量收费。这种方式有时并不能保证质量，应事先向客户作必要的说明。（ ）

18. 汽车4S店接待人员应态度认真细致，善于倾听，善于专业引导。（ ）

19. 客户审阅进厂维修单后，同意进厂维修的，应礼貌地请其在客户签字栏签字确认；如果不同意进厂维修，接待人员应尽快送客。（ ）

20. 对不在厂维修的客户，不能表示不满，要保持一贯的友好态度。（ ）

21. 与客户确定维修估价时，一般采用"系统估价"，即按排除故障所涉及的零部件进行维修收费。（ ）

22. 工时定额是汽车维修生产中许多经济技术定额中最重要的一种定额，可以根据自身公司的实际情况合理确定不同项目的工时定额。（ ）

23. 管理的好坏，对汽车配件能否保持使用价值并无影响。（ ）

24. 仓库数量的增加，运输成本会增加，而存货成本和仓储成本将减少。（ ）

25. 快销就是采购次数要多一些，批量要少一些，采购间隔期要适当缩短。（ ）

26. B厂生产规模和知名度不如C类厂，但配件质量有保证，配件价格也比较适中。（ ）

27. 汽车配件经营企业选择进货时间大多采用进货点法，此处进货点主要指的是企业进货的地点。（ ）

28. 量越小，采购的次数就越多，采购费用支出也越多，而保管的费用就越少。由此可以看出，采购批量与采购费用成正比，与保管费用成反比。（ ）

29. 入库是物质存储活动的开始，也是汽车配件库存管理的重要阶段。（   ）
30. 经理对配件进货验证工作进行复验，都抽查 1%的配件品种数量。（   ）
31. 管理人员无须对旧配件和废旧物资的回收利用进行管理。（   ）
32. 领料时，顾客或修理部职员还需查验是否是所需配件，核实后才可提货。（   ）

四、简答题

1. 汽车售后服务岗位有哪些？其中比较紧缺的岗位有哪些？
2. 车间调度的职能有哪些？
3. 汽车售后服务管理岗位主要有哪些？
4. 汽车售后服务核心流程内容包括哪些？
5. 售后服务资料包括哪些？
6. 交车/结账的工作要点有哪些？
7. 前台接待的重要性有哪些？
8. 简述前台管理应具备的条件。
9. 优质服务的目的有哪些？
10. 简述优质服务的内容。
11. 推行 5S 管理对企业来讲有什么作用？
12. PDCA 循环中的 8 个步骤指的是什么？
13. 汽配企业在确定仓库规模与选址时，应主要考虑哪些因素？
14. 汽配仓库分区分类的"四一致"原则指的是哪些？
15. 在办理入库手续时，应完成的工作有哪些？
16. 为了更好地加强仓库内温度、湿度控制，可采取的通风方式有哪些？
17. 对汽车配件进行盘点后，可能出现的问题有哪些？
18. 对于要入库的零配件，应具备的资料包括哪些？

项目四

客户服务管理

客户服务管理是了解与创造客户需求，以实现客户满意为目的，企业全员全过程参与的一种经营行为和管理方式。优质的客户服务管理能最大限度地使客户满意，使汽车服务企业在市场竞争中赢得优势，获得利益。面对汽车市场上众多的消费者，如何进行客户服务管理，提升服务质量，让客户满意，是作为汽车专业的学生需要了解的问题。本项目从客户满意度管理和客户关怀管理两个任务展开，让学生对汽车服务企业的客户服务管理的方式方法有初步的认知及把握。

任务 4-1 客户满意度管理

任务描述

一天,一位刚刚做完 40 000 km 保养的客户来店,一进门就大呼小叫,从其话语中得知,该客户前一天刚来公司进行 40 000 km 保养,可是当天晚上到家发现有漏机油现象,该客户异常生气,第二天一大早就来店进行抱怨、投诉,认为公司在为其进行维修保养的过程中细致程度不够,使车辆出现不安全因素。

王大海急忙安排售后服务人员对其进行接待,如果你是售后服务顾问,你该如何处理此种情形?

任务分析

客户是对企业产品和服务有特定需求的群体,是企业生产经营活动得以维持的根本保证,客户满意才能使客户和企业的交易时间变长、次数变多,因此,客户满意度管理是企业经营发展战略中重要的内容之一。

本任务主要是从"客户期望与客户满意度认知""客户满意度提升""客户投诉处理"3个方面来展开,让学生明确汽车服务企业客户关系管理的相关作业内容。本学习任务包括如下内容:

(1)完成"汽车营销与服务专业教学资源库"汽车服务企业管理课程中的"客户期望与客户满意度认知""客户满意度提升""客户投诉处理"微课程学习。

(2)小组采用角色扮演法组建团队站在王大海的角度,对汽车服务企业客户满意度管理工作进行谋划和实施。

(3)完成"客户满意度管理"项目任务书。

(4)完成拓展训练任务。

项目四 客户服务管理

学习目标

- **专业能力**

1. 能够进行客户满意度分析，正确处理客户投诉；
2. 掌握"客户期望与客户满意度认知""客户满意度提升""客户投诉处理"等客户满意度管理的知识和技能点，能熟练进行客户满意度管理。

- **社会能力**

1. 树立服务意识、效率意识、规范意识；
2. 强化人际沟通、语言表达能力；
3. 维护组织目标实现的大局意识和团队能力；
4. 爱岗敬业的职业道德和严谨、务实、勤快的工作作风；
5. 自我管理、自我修正的能力。

- **方法能力**

1. 利用多种信息化平台进行自主学习的能力；
2. 制订工作计划、独立决策和实施的能力；
3. 运用多方资源解决实际问题的能力；
4. 准确的自我评价能力和接受他人评价的能力；
5. 自主学习与独立思维能力。

相关知识

一、客户期望与客户满意度认知

不同的客户对服务有着不同的观点和看法，因为他们的期望值不同。要想顺利开展客户服务工作并且令客户满意，企业和客户服务人员必须了解什么是客户的期望值，必须弄清楚客户的期望值是如何产生和变化的，客户的满意度又是如何形成的，在此基础上，企业客户服务人员应该采取什么样的技巧来满足客户的需求。

（一）客户期望

客户期望是指客户对某一产品或服务提供商能够为自己解决问题或提供解决问题的方案方法能力大小的预期。客户期望在客户对产品或服务的认知中起着关键性的作用，客户正是将预期质量与体验质量进行比较，据以对产品或服务质量进行评估，期望与体验是否一致已成为产品或服务质量评估的决定性因素。期望作为比较评估的标准，既反映顾客相信会在产品或服务中发生什么（预测），也反映顾客想要在产品或服务中发生什么（愿望）。

汽车服务企业开展客户服务工作，就是要努力满足所有客户在汽车维修或汽配产品购买过程中的不同期望值，但是事实上，企业是不可能满足所有人的所有期望值的，那么，企业就必须想方设法将客户的期望值维持在一个适当的水平。

（二）客户满意度

1. 客户满意度的内涵

客户满意度（Customer Satisfaction），也叫客户满意指数，是对服务性行业的顾客满意度调查系统的简称，是一个相对的概念，是客户期望值与客户体验的匹配程度。换言之，就是客户通过对一种产品可感知的效果与其期望值相比较后得出的指数。

拓展资源：客户满意与客户忠诚关系分析

客户满意度有5种测评程度，包括很不满意、不满意、一般满意、满意、很满意。具体来说，分别为以下5种情形：

（1）当客户实际感受远远低于预想时，客户感受到很不满意，因此会对企业的产品和服务产生抱怨，对企业进行投诉。企业如果可以妥善处理客户的不满，降低客户的不满足的感觉，便可以使客户由很不满意向满意过渡。

（2）当客户实际感受略低于预想时，客户感受到不满意，因此会对企业的产品和服务发生抱怨。企业如果可以妥善处理客户的不满，降低客户的不满足的感觉，便可以使客户由不满意向满意过渡。

（3）当客户实际感受接近预想时，客户感受到一般满意，继续接受企业的产品和服务。但是这类客户是不稳定的，如果企业竞争者对客户进行拉拢，那么客户可能会放弃企业的产品和服务，而转投竞争者的怀抱。

微课视频：汽车服务企业客户满意度等级的划分

（4）当客户实际感受大于预想时，客户会感受到满意，继续接受企业的产品和服务。并且这类客户是比较稳定的，因为他们对企业有一定的忠诚度。

（5）当客户实际感受远远大于预想时，客户会感受到很满意，继续接受企业的产品和服务。这类客户是很稳定的，因为他们对企业非常忠诚，尽管企业竞争对手会运用各种主动营销方法来争取客户，但是客户依然不会离开企业。

2. 客户满意度的评价指标

客户满意度评价指标一般选择客户最希望的因素和客户最多抱怨的因素，以上两种因素决定的评价标准对客户满意有着很大的影响。汽车服务企业售后服务部门一般采用客户正面沟通交流、电话调查和邮件访问等方式，但是客户满意度决定因素较多，并且对于个体的单位和服务，决定标准也是不一样的。在确定售后服务标准时，一般涉及以下指标。

（1）服务内容价值。

服务内容价值是汽车服务企业售后服务的内容，这些内容是多种多样的，有维修、保养、保险理赔、装饰美容、汽车金融等，而这些服务都是依附在汽车产品这一实体之上的，属于无形产品价值层次的范畴，作为有形层次的汽车产品只是一种客观的存在形式，是汽车售后服务活动的载体。因此，服务内容价值是指依附于汽车产品这一载体之上能给顾客带来的效用，即购买汽车产品的顾客所获得的超越汽车产品价值的额外的利益。对于汽车服务企业而言，服务内容价值是客户利益的载体，其他形式的价值都依附在服务内容价值之上。

（2）超越服务价值。

超越服务价值是指汽车服务企业客户在获得基本的汽车售后服务的基础上所获得的超出服务内容价值部分的利益。例如，在汽车服务企业售后服务中，售后服务人员发现汽车发动机有积炭现象，虽然没有达到需要进行维修的标准，但是已经影响了汽车的经济性，因此售后服务人员建议客户做清洗发动机积炭的服务，做完此服务后，客户节约了用油成本，因此给客户带来的价值就属于超越服务价值范畴。在汽车服务企业竞争日益激烈的大环境下，售后服务因同质化严重，在这种竞争环境中，消费者已不满足于汽车服务企业所提出的基本的售后服务，而需要汽车服务企业提供更多的超越服务价值，所以，超越服务价值在顾客综合价值中越来越重要。

（3）服务文化价值。

服务文化价值是指在客户接受汽车服务企业售后服务时，对企业所有员工的一种总体印象，服务文化价值包括很多内容，例如，企业员工的业务水平、服务积极性和主动性、全体员工的服务意识、员工在为客户提供服务时所体现出来的人格魅力。所有这一切的综合体现便反映出了服务文化价值。

（4）服务形象价值。

企业的服务形象价值是指汽车服务企业所提供的售后服务水平在汽车服务行业中所处的名次，其服务水平的先进程度和专业化程度给公司客户所带来的额外增值，表现在汽车服务企业所提供售后服务在客户心目中的品牌形象。优良的企业品牌服务形象会使企业客户感受到额外的价值，所以，客户在接受汽车服务企业所提供的售后服务时，所得到的感受在很大程度上受到企业品牌服务形象的影响，因此，服务形象价值在客户总和价值中占有一定的地位。

二、客户满意度提升

客户满意的心理根源在于客户感知服务质量，服务质量决定客户满意度，客户满意度可以部分决定客户忠诚度，因此，企业必须清楚客户满意是在总资源的限度内，在保证其他利益攸关者（员工、供应商、股东）能够接受的情况下，尽力提高客户满意水平。

（一）汽车售后服务对客户满意度的影响因素

1. 企业整体形象

客户会根据企业的整体形象来构筑自己对汽车售后服务企业的整体感觉。例如，汽车服务企业的店面形象和室内设计会让客户产生这家企业信誉好、服务规范、产品正规的印象，而没有品牌标志、私人经营的小维修店铺，则会使客户产生经营不正规、维修技术差、收费混乱等感觉。因此，企业的形象会直接影响客户的满意度。

2. 维修质量

汽车的维修技术是汽车售后服务中影响客户满意度最基本也是最主要的因素，汽车出现故障，客户绝对是要把维修的质量放在第一位，如果故障排除不了，对客户来说就没有任何满意度可言。

3. 服务质量

汽车是高档消费品，所以客户对汽车售后服务的档次要求自然也不会低。客户在考虑维修质量的同时，也一定会注重考虑服务的质量，优质的服务会大大提高客户的满意度。客户在汽车没有故障的时候，通常会去汽车4S店、汽车俱乐部或汽车维修店对汽车做一些常规的检查和保养，这时，汽车服务企业服务人员的行为举止、业务素质、知识水平以及服务态度等，都会影响客户满意度，也决定了未来很长一段时间里客户是否会前来寻求服务。

4. 收费的合理性

客户进行消费，一定会考虑商品或服务的价格，考虑是否物有所值。汽车维修服务也是一样的，路边维修店的价格与品牌店的差距是很大的，选择了品牌店的客户在付出了一定的费用后，就希望能够得到品牌店的服务，如宽敞明亮的接待大厅、热情周到的服务态度、温馨舒适的休息室、先进的维修设备、高超的维修技术等。合理的收费才能提高客户的满意度，才会让客户觉得物有所值。

5. 维修服务效率

维修服务的效率也是影响客户满意度的因素之一，这是由于现代生活质量提高、生活节奏在加快，所以客户一定要求获得高效率的维修服务。客户到汽车服务企业进行汽车维修保养，需要花费一定的时间，在时间就是金钱的时代，高效率的服务能够获得较高的客户满意度。

（二）客户满意度提升对策

1. 树立企业形象

汽车服务企业应从内、外形象和用户环境上下功夫，树立企业良好的整体形象，建立自己的品牌。多数高档汽车乃至一些经济型汽车的车主在选择售后服务时，大多数都倾向于选择品牌企业，汽车服务企业可以通过统一企业的品牌形象，建立宽敞明亮的接待大厅和维修车间，配备设施齐全、温馨舒适的客户休息室来树立良好的企业形象。

微课视频：汽车4S店提升客户满意度的具体行动

2. 更新服务观念

汽车服务市场是一个提供服务的市场，关键是要树立和更新现代汽车售后服务的服务观念，主要可以在3个方面更新观念。

一是要树立全方位服务的观念。提供的服务不仅是生产厂家、销售商、维修厂、美容店的服务，也包括政府部门的管理服务和各种社会机构的服务；服务的内容不是单一的汽车修理、换件，还包括汽车资讯、消费信贷、技术培训、办证、年检、抢险救援、二手车经营、汽车改装、汽车文化等，是一种综合服务。

二是要树立标准化服务的观念。服务是规范的，不是随意的；质量是有保障的，不是假冒伪劣的；收费是有标准的，不是胡乱加价的；承诺是能兑现的，不是空头支票，总之，无须消费者花很多的时间和很大精力去货比三家，只要付同样的费用就可以获得同等的服务。

三是要树立人性化服务的观念。服务的对象是人而不只是车，一切要从人的需要出发，替客户着想，给客户提供方便，为客户排忧解难，帮助他们实现人与车的完美结合。也就是说，要通过所提供的服务，让有车的人真正能感受到有车的方便、荣耀、幸福与快乐，充分地享受现代的生活。

3. 建立一站式售后服务模式

一站式汽车服务理念包括维修、喷漆、轮胎养护、常规保养、洗车、美容、装饰、用品、年检、保险等全方位服务。目前国内汽车售后服务形式多以单一或多项服务的形式存在，对客户的服务也仅仅是局部服务，当客户需要多项服务时，很多汽车服务企业往往因不能满足客户的需求而使客户流失。汽车服务行业应该学习零售业先进科学的经营理念，在现有条件下增加服务项目，提高服务附加值，导入汽车全方位服务理念。

4. 采用先进的技术和设备

在现实生活中，汽车维修费用的高低也同样会受到客户的关注，汽车服务企业若要降低维修费用，必须提高效率、缩短维修周期、降低维修成本，而要实现这一点，除了需要维修人员的专业技术水平外，必须借助专业化、现代化的汽车诊断、检测与维修设备和仪器，才能快速简洁地诊断出故障并加以解决。有些汽车服务企业已建立"汽车远程故障诊断技术服务"，对所属网点可快速处理复杂疑难技术问题，极大地提高了服务质量。

5. 提高服务人员的素质

汽车售后服务是一项技术性很强的工作，因此，汽车服务企业需要建立一支既懂得汽车基本原理，又懂得汽车新结构、新技术，适应机电一体化的售后服务维修队伍。汽车服务企业选择服务人员应该有严格的用人标准，除了具有相应的学历标准外，还应制订相应的培训计划，特别是对综合素质方面的培训，以使服务人员具有高质量的服务水准。汽车服务企业还要定期开展业务技术培训，有条件的企业可以委托高校进行代培，不断充实员工的专业技术知识，只有这样，才能使技术人员适应不断变化的市场形势，更好地开展售后服务工作。

6. 完善价格体系

由于价格因素是影响客户满意度的因素之一，所以建立合理的价格体系，给消费者提供良好的消费环境，也是提高客户满意度的重要方法。只有按照统一、透明、公开的原则，将市场价格稳定下来，让客户对自己选择的产品和服务更加明确，才能使客户觉得物有所值。

7. 提高售后服务效率

对售后服务人员进行专业培训，提高售后服务人员的素质，并且根据汽车维修养护技术的更新而不断为技术人员举办各种业务培训班，建立起一支具有雄厚技术力量和维修检测能力的高素质技术队伍，只有这样，才能够为客户的车辆进行快速、准确的诊断和进行故障排除，也才能够形成集汽车维修、零部件供应及各类服务于一身的一体化服务，最大限度地提高服务效率，保证客户的利益。

8. 建立详细、规范的服务标准

汽车服务企业对于体系的管理必须要有详细、规范的服务标准，建立统一的信息管理系统，以此对服务行为进行规范和管理。通过规范的管理，使各项工作有序进行，出现问题可以追查到具体的责任人，极大地增强了员工的责任意识，提高了服务水平，同时给客户提供了标准一致的服务，使客户更加放心，也提高了客户的满意度。

9. 定期进行客户回访

定期进行客户回访，可以征求客户的满意程度，表达感谢之意，转达企业领导关心之情，还可以提高企业自身形象，培养忠实客户群体。此外，对客户不满意的情况可以及时沟通、消除分歧、赢得理解并予以足够的重视，及时整改，避免由此造成客户的失望和流失，影响企业的声誉。可以采取的方式，如：电话回访，在交车一周之内（最好在3天内）电话回访客户，征询客户的满意程度，若存在某些令人不满意的地方，必须马上设法纠正，并将信息及时反馈给有关部门；

案例资源：某4S店客户满意度、忠诚度调查

定期由客户服务经理带队，选择一定比例的客户进行上门访问；利用维修档案，通过电话、信件、电子邮件等方式提醒客户做车辆定期维护，顺便进行客户回访，并做好详细记录，一般应提前3周进行首次通知，并在日期将至时再次通知；可以采用意见征询表、座谈会等多种形式与客户定期保持联系，询问车辆使用情况、对维修企业的意见和建议，或向客户介绍新的服务项目等。

10. 建立完善的信息反馈系统

汽车服务企业希望在竞争中取胜，希望客户长期光顾，要创造持久的服务优势，就需要获得各方面最新而准确的信息，为此，汽车服务企业必须通过对故障准备、质量担保、专题跟踪、网点巡视、用户投诉、生产质量、新产品、网点的经营管理情况等信息的收集整理，建立完善的用户信息管理系统、内部故障信息反馈和改进渠道、重大和批量用户故障反应机制、网点考核管理系统和产品信息系统等。针对网点反馈信息和相关部门发现的重要疑难故障，由售后服务部门成立专门小组依照专门的工作流程技术对网点援助和指导，以便于及时解决问题，提高企业竞争力。

三、客户投诉处理

当客户购买商品或接受服务时，对商品本身和企业的服务都抱有良好的愿望和期望值，如果这些愿望和要求得不到满足，就会失去心理平衡，由此产生抱怨或是想讨个说法的行为，即产生客户投诉。

案例资源：客户投诉的各种情形及处理

（一）投诉分析

汽车售后服务企业无论工作多努力，顾客投诉也在所难免，所以我们要对投诉认真分析、迅速处理，避免产生负面影响。

1. 顾客投诉的种类

1）对服务质量的投诉，包括：企业服务理念和服务制度有问题、直接服务人员的态度、相关工作人员的态度、与顾客沟通不够等。

2）对产品质量的投诉，包括：由于销售人员未交代清楚、客户对产品了解不够或未按使用规范操作等造成的问题；由于设计、制造或装配不良所产生的质量缺陷；与顾客沟通不够。

3）对维修服务的投诉，包括：因维修技术欠佳，故障一次或多次未能修好；顾客认为维修价格与其期望相差太大；在维修过程中，未能及时供应车辆所需配件、维修不熟练或对维修工作量估计不足，又没和顾客沟通；由于配件质量差或没通知顾客而使用了进口件或副厂件。进口件价格太高，顾客接受不了；用副厂件，顾客认为被欺骗了。

4）顾客自身问题造成的投诉，包括：顾客预先期望过高，不能实现；对服务条款理解不够正确（如保修等）；存在侥幸心理或故意刁难等。

2. 投诉的方式

（1）一般投诉。

1）面对面表示不满。顾客会将不满直接发泄给接待他的人，如业务接待、结算员等。

2）投诉到企业领导处。采用方式一般为电话投诉或直接投诉。

3）投诉厂家。这种情况一般发生在特约服务3S、4S店，由于对服务网点的处理不满意，从而投诉厂家。

（2）严重投诉或危机。

1）向行业主管部门投诉。此种投诉一般为产品质量问题。

2）向消费者协会投诉。希望消费者协会能帮助他们解决问题。

3）向电视、广播、报纸等新闻媒体等表示不满。

4）由汽车俱乐部或车主俱乐部出面协商处理。

5）在互联网上发布信息。一是希望引起社会人士的关注，给厂家施加压力；二是若不能解决问题，希望此举能给厂家造成负面影响。

6）律师打官司。通过法律手段解决其投诉问题。

（二）投诉处理的基本要求

1. 确定处理顾客投诉的负责人

处理顾客投诉的主要负责人是业务接待、业务经理或服务经理，严重投诉时，企业主要负责人应出面处理。除了上述负责人外，企业的其他人员均有责任将顾客的抱怨反映给相关负责人，由顾客投诉的负责人处理顾客抱怨。一般工作人员，如维修人员、配件保管、后勤人员等，不宜直接处理顾客投诉。

最适合担任投诉处理的人员是与顾客关系良好、思维敏锐的人员，因此，顾客投诉的负责人日常就要与顾客建立良好的关系。

2. 明确顾客的需要

在处理顾客投诉或抱怨之前，要再次明确顾客进店寻求服务的需求。

（1）实质需要。又称为理性需求，具体包括产品质量、价格合理和按时交车等。

（2）精神需要。又称为感性需求，具体包括感到受欢迎、舒适、被理解和感到自己很重要。

明确顾客的需求可以帮助我们了解由哪些原因造成了顾客的不满，并学会主动引导顾客心情。

3. 明确顾客投诉的主因

（1）不被尊重。顾客感觉没有受到应有的尊重，或没有受到与其他人一样的尊重。

（2）与期望相差太大。此种情况一是由于顾客有过去的经验作比较，当他购买的产品出现价格调整时，会感到受到了不平等的待遇；二是由于与顾客沟通不够，随意增加了服务项目等。

（3）多次不满的积累。累计多次不满而产生抱怨，最终投诉。

（4）受骗的感觉。由于服务企业有意欺瞒，从而导致顾客的不满。

（三）处理投诉的步骤

1. 接待投诉的客户

（1）请客户来公司，面谈更容易解决问题；

（2）真诚地以专业态度迎接并感谢客户前来；

（3）告诉客户你的姓名，表示愿意帮忙；

（4）如有必要，请客户到办公室或会议室以示重视，也可避免影响其他客户；

（5）不满的客户不要集中在一起；

（6）实行首问责任制，遇重大投诉（涉及事故或伤害的）应立即报告部门经理。

2. 眼耳并用，仔细观察、倾听

（1）首先让生气的客户尽快平静下来，让他尽情发泄埋怨，不要轻易打断；

（2）仔细、耐心地倾听，表示你很注意，并做适当回应；

（3）对客户叙述的内容应予以充分的重视；

（4）必要时，到车上实地检查或与检验人员一起进行路试；

（5）按"5W"与"2H"做出准确记录（who——谁，what——什么，why——为什么，when——什么时间，where——在哪里，how——怎么样，how much——多少费用）；

（6）客气、间接地找出客户生气的原因与需求；

（7）用客户的语言归纳要点，复述给客户听。

3. 查证事实，找出原因

（1）按"5W"与"2H"的思路查证客户所说的事实；

（2）收集所有有关资料：客户资料、客户评价、维修记录、车辆使用状况等；

（3）仔细检查车辆、零部件和有问题的部位；

（4）与修理工、车间主任一起研究，进行故障再现，以确定故障原因，再与客户一起路试，然后判定责任所在。

4. 评估问题的严重性并做出处理决定
（1）决定应采取的措施；
（2）决定何时、何地、何人与客户交谈（时间越早越好）；
（3）若处理方案超出权限，则向上级报告；
（4）如果不能在本单位这一层面解决，则应请求其他方面的帮助。

5. 向客户解释企业的决定
（1）向客户介绍处理的设想，解释采用此方法的理由；
（2）告诉客户为什么会发生故障，提出防止这类故障再次发生的办法；
（3）争取客户的同意，如果客户不同意或表现犹豫，则应回到步骤（3），直到取得客户同意。

6. 采取措施
（1）立即采取措施，如果是简单修理，尽可能让客户在场；
（2）向客户解释已采取的补救措施，如果涉及技术问题，要求车间主任到场；
（3）感谢客户使你注意这类问题，告诉客户你从中学到东西，有助于改进公司工作；
（4）向客户保证，现在和将来，你都会关注他对服务是否满意。

7. 回访客户
（1）如果已将投诉交给其他同事处理，则应适当检查处理进度，确保措施落实；
（2）用电话或信函进行随访，了解客户对投诉处理是否满意，随访应在交车后两天内进行。

（四）处理投诉的技巧

1. 运用 CLEAR 方法

如何平息投诉客户的不满，使被激怒的客户"转怒为喜"，是企业获得客户忠诚的重要手段。"CLEAR"方法，是一种令愤怒型客户心情晴朗的技能，也就是客户愤怒清空技能，主要包括 5 个步骤：

C——Control，指控制你的情绪；
L——Listen，指聆听客户诉说；
E——Establish，指建立与客户共鸣的局面；
A——Apologize，指对客户的情形表示歉意；
R——Resolve，指提出应急和预感性的方案。

微课视频：汽车服务企业如何利用 CLEAR 方法处理愤怒型客户投诉

2. 运用身体语言的技巧
（1）正面的信息。
1）表情自然放松。
2）微笑，表示关怀。
3）交谈或倾听时保持眼神交流。

4）认真倾听顾客的抱怨。

5）自我情绪控制。

6）体验顾客的心情。

(2) 负面的信息。

1）表情紧张、严肃。

2）交谈或倾听时避免眼神交谈。

3）动作紧张、匆忙。

4）忽略顾客的感觉。

5）抢答、语调激动。

3. 稳定顾客情绪的技巧

(1) 单独交谈。将情绪不稳定的顾客与其他顾客隔离，请到单独的房间交谈。这样不但可以稳定顾客情绪，也可避免造成负面影响。

(2) 表示歉意。对给顾客造成的困扰和不便表示歉意，让顾客感受到良好的态度。

(3) 让顾客放松。请顾客坐下，给他倒上茶。

(4) 不争辩。顾客不满意，说明维修厂的工作有不完善的地方，在顾客情绪不稳定时与其争辩，收不到好效果。这时更不能将自己的想法强加于顾客。

(5) 暂时转移一下话题。如问一下工作单位、住址等。

4. 与顾客交谈的技巧

(1) 认真倾听，并表示关怀，让顾客感觉你确实想为他解决问题。

(2) 确认投诉的最主要内容。

(3) 善用提问发掘顾客的不满。

(4) 必要时还要认同顾客的情感，对其抱怨表示理解。

5. 与顾客谈判的技巧

(1) 转移法。不做正面答复，以反问的方式提醒顾客双方的责任。

(2) 递延法。以请示上级为由，争取时间。

(3) 否认法。对顾客所提问题有明显差异的，应予以否认。

(4) 预防法。对可能要发生的事情，先予以提醒。

6. 投诉人行为及对策

对于不同的投诉者，服务人员应该仔细观察其行为（语言、表情等），分析其心理，针对不同类型的投诉者，采取不同的应对方式。以下是对4种不同的投诉者行为和应对方式的分析。

(1) 消极者。消极者的具体表现及应对方式见表4-1。

表 4-1 消极者的具体表现及应对方式

具体表现	应对方式
◆态度消极、冷漠 ◆使用简单的语言 ◆"回头率（二次来厂率）"不高	◆深切表示关怀 ◆主动告知如何处理 ◆挖掘抱怨的原因

（2）发言者。发言者的具体表现及应对方式见表 4-2。

表 4-2 发言者的具体表现及应对方式

具体表现	应对方式
◆把遭遇告诉别人 ◆坚持己见 ◆容易把问题复杂化	◆隔离群众 ◆先行认同 ◆弄清抱怨主因

（3）愤怒者。愤怒者的具体表现及应对方式见表 4-3。

表 4-3 愤怒者的具体表现及应对方式

具体表现	应对方式
◆主动告诉他人不满之处 ◆语言、语调等肢体语言夸大 ◆要求更高层次与其交谈	◆隔离群众 ◆倾听意见，带有同情心 ◆告知上报其意见

（4）危险分子。危险分子的具体表现及应对方式见表 4-4。

表 4-4 危险分子的具体表现及应对方式

具体表现	应对方式
◆语带威胁 ◆明确要求赔偿条件 ◆可能有其他行动	◆隔离群众 ◆提供 2～3 种解决方案 ◆追踪观察

7. 投诉处理结果

（1）结果公平。投诉处理的结果符合投诉者的期望。

（2）程序公平。投诉处理程序符合国家有关法律、法规。

（3）互动式公平。投诉处理的结果与投诉者的期望不相符，但顾客受到了尊重、理解。

服务没有一个硬性的标准，同样的服务但得到的评价会因人而异。由于车辆维修服务所涉及的环节较为复杂，持续时间长，因此遭遇投诉的风险是很高的。

有些人害怕投诉,当遇到客户投诉时,首先会很恼火,甚至对下属做出不恰当的批评或责怪,这是很不妥的。既然投诉不可避免,就要正视这一问题,想办法妥善处理好,甚至有可能将坏事变成好事,这是不乏其例的。遇有客户不满却不投诉时,他们极有可能已转移光顾其他公司了;反之,若客户愿意投诉,即使未能获得圆满解决,将来再次光顾的机会也比较高,当然,若问题得到圆满解决,该客户多数会再次光顾,甚至成为企业的忠诚客户。

因此,要欢迎并重视且需妥善解决客户的投诉,客户投诉说明还存在解决问题的希望,客户投诉实质上是给你一次与客户沟通的机会,若处理得好,其好处不亚于做了一次广告。

(五)投诉的预防

1. 首问责任制

谁接待的顾客由谁负责到底,也称为"一票到底的服务"。

2. 自行抽检

企业从接待、实际业务服务、质检到电话跟踪,实行抽检,对发现的问题,及时查找原因,制定对策。一些汽车生产厂家对特约服务站实行的"飞行检查"很值得我们借鉴。

生产厂家的检查人员在不通知特约服务站的情况下,在某一顾客的车辆上设计几个故障,然后由顾客开车到服务站检查维护,通过对服务站维护效果的检查,来考察服务站的服务规范、服务水平及故障排除能力。生产厂家的检查人员有时也假设一个需救援的车辆,打电话让服务站前去救援,以考察服务站的反应和救援能力。

3. 预警制度

对一些挑剔、易怒的顾客,提前通知各部门,让每个人都提高警惕。

4. 标准工作流程的落实

企业有了标准工作流程,就要抓好落实,人人都按照工作流程行事,就会堵塞漏洞,避免或减少顾客投诉。

5. 员工培训

(1)培训员工,让他们知道,顾客抱怨是一份礼物,它可以有以下作用。

① 不断改进企业的服务系统。

② 优化企业的工作流程。

③ 完善企业评价体系。

④ 了解顾客需求。

(2)告诫员工,不能有如下错误行为。

① 同顾客争吵、争辩。

② 打断顾客讲话,不了解顾客关键需求。

③ 批评、讽刺顾客,不尊重顾客。

④ 强调自己的正确,不承认错误。

⑤ 不了解顾客需求前随意答复顾客要求。

⑥ 员工之间不团结,表达给顾客的意见不一致。

 任务实施

在掌握客户满意度管理主要内容的前提下，对汽车服务企业的客户满意度管理工作进行规划与设计，并很好地解决本项目任务中所描述的王大海公司遇到的情况，建议采取如下方式开展学习和训练。

一、在线学习

登录"汽车营销与服务专业教学资源库"，选定汽车服务企业管理课程中的"客户期望与客户满意度认知""客户满意度提升""客户投诉处理"微课程，观看教学微课，并完成相应的进阶训练。在微课中如有疑问，可在线提问，与教师互动交流。

二、难点化解

认真学习本教材，进一步掌握任务4-1的知识和技能，完成项目任务书中"难点化解"题目。

三、模拟训练

假定自己是王大海公司的汽车售后服务人员，与学习小组成员商讨和训练接待客户抱怨与投诉，并采用角色扮演法在课堂上展示。

 拓展训练

一天，某汽车服务企业的售后服务顾问在前台接待了一位来店内进行维修的客户，在结算过程中，客户抱怨配件价格太高，非常不满意。

（1）如果你是该售后服务顾问，应该如何处理该问题，并提升客户满意度，让客户满意？

（2）小组课后运用角色扮演法模拟训练该场景，并拍摄微视频上传至资源库平台（或空间）。

任务 4-2　客户关怀管理

 任务描述

在上一回出现了客户抱怨和投诉事件之后，王大海意识到，让客户满意是留住老客户非常重要的因素，但是却不是一朝一夕的事情，需要从日常生活中出发，对客户进行细致的关怀，从而使客户在需要企业提供汽车售后服务的时候，第一时间想到自己的企业。

如果你是售后服务人员，你该建议王大海如何设计并开展客户关怀管理的工作？

 任务分析

在以客户为中心的商业模式中，客户关怀是客户维护的重要方面。随着竞争的日益激烈，企业依靠基本的售后服务已经不能满足客户的需要，必须提供主动的、超值的、让客户感动的服务才能赢得客户信任。

本学习任务包括如下内容：

（1）完成"汽车营销与服务专业教学资源库"汽车服务企业管理课程中的"客户关怀要点分析""客户关怀实施""客户关怀评价"微课程学习。

（2）小组采用角色扮演法组建团队站在王大海的角度，对汽车服务企业客户关怀管理工作进行谋划和实施。

（3）完成"客户关怀管理"项目任务书。

（4）完成拓展训练任务。

 学习目标

● 专业能力

1. 能够采取合适的方式对客户进行关怀；
2. 掌握"客户关怀要点分析""客户关怀实施""客户关怀评价"的知识和技能点，能熟练运用进行客户关怀。
- 社会能力
1. 树立服务意识、效率意识、规范意识；
2. 强化人际沟通、语言表达能力；
3. 维护组织目标实现的大局意识和团队能力；
4. 爱岗敬业的职业道德和严谨、务实、勤快的工作作风；
5. 自我管理、自我修正的能力。
- 方法能力
1. 利用多种信息化平台进行自主学习的能力；
2. 制订工作计划、独立决策和实施的能力；
3. 运用多方资源解决实际问题的能力；
4. 准确的自我评价能力和接受他人评价的能力；
5. 自主学习与独立思维能力。

客户关怀理念最早由克拉特巴克提出，他认为：顾客关怀是服务质量标准化的一种基本方式，它涵盖了公司经营的各个方面，从产品或服务设计到它如何包装、交付和服务。

一、客户关怀要点分析

（一）客户关怀的内容

拓展资源：客户关怀的起源与发展

不同企业对客户关怀的内容有不同的解释，概括起来，主要是企业售出服务以外的为客户额外提供的服务。

一方面，有一些观点认为客户关怀贯穿于市场营销的所有环节，具体内容有：一是客户服务，如向客户提供产品信息和服务建议等；二是产品质量，应向客户提供符合有关标准、适合客户使用的产品与服务；三是服务质量，指与企业接触过程中客户的体验；四是售后服务，包括售后的查询和投诉等。

另一方面，从时间上看，客户关怀活动包含在客户从购买前、购买中、购买后的客户体验的全部过程中。购买前的客户关怀会加速企业与客户之间关系的建立，为鼓励和促进客户购买产品或服务起到催化剂的作用。购买期间的客户关怀则与企业提供的产品或服务紧紧地联系在一起，包括订单的处理及各种有关销售的细节，都要与客户的期望相吻合，满足客户的需求。购买后的客户关怀活动，则集中于高效地跟进和圆满地完成产品的维护和修理的相关步骤，以及围绕着产品、客户，通过关怀、提醒或建议、追踪，最终实现企业与客户互动。企业对产品、客户及其变化趋势有很好的把握效果，能为企业进一步的产品升级、客户拓展达到积累资料的目的。售后的跟进和提供有效的关怀，可以大大增加客户对产品和企业的忠诚度，使客户能够重复购买企业的产品和服务。

（二）客户关怀的目的

1. 提高客户忠诚度

客户关怀能够有效提高顾客消费体验，具体表现在以下几方面：

（1）高度满意的顾客会更加、更久地忠实于企业；

（2）主动尝试企业更多的新产品并提高购买价值更高的产品；

（3）对企业及其产品说好话，形成良性口碑；

（4）忽视竞争品牌及其广告，并对价格变化反应平淡；

（5）由于更加熟悉与交易的程序化，从而降低服务成本。

微课视频：汽车4S店的客户关怀制度

2. 延长客户生命周期

所谓的客户生命周期，指一个客户对企业而言是有类似生命一样的诞生、成长、成熟、衰老、死亡的过程。成长、成熟和衰老这3个阶段往往伴随消费，尤其是成熟期，是客户消费的黄金时期，有效延长客户生命周期将提高客单价，从而提高总盈利。

3. 改进产品

忠实顾客是最好的产品设计师，他们通过使用会发现那些不好用、不方便的地方。顾客关怀其实为企业建立了聆听建议的渠道，让企业发现改进空间，设计出更符合顾客要求、更有市场的产品。

4. 口碑传播

也可以称为品牌效应。当产品或服务超出了顾客的期望，他们将习惯性地向周围的朋友分享，很显然，熟人传递的产品信息更加可信，成交概率也更高。

二、客户关怀实施

企业应该根据自身产品的特点，制订自己的关怀策略。企业应该区分不同规模、贡献、层次、地区甚至民族、性别，采取不同的策略，从关怀频度、关怀内容、关怀手段、关怀形式上制订计划，落实关怀。汽车服务企业适合采取的客户关怀手段有以下几种。

（一）客户信息管理

客户关怀管理的核心是客户信息管理，要与每一位客户建立一种良性的联系。在提供从购买分析到客户服务到关怀的全程业务服务的同时，对客户购买行为和价值取向进行深入分析，为汽车服务企业挖掘新的盈利机会，并对未来产品发展方向提供科学、量化的指导依据，使汽车服务企业和汽车生产企业在快速变化的市场环境中保持发展能力。

案例资源：某汽车品牌客户关怀实施

客户资料信息是汽车服务企业开展客户关系管理的基础，所以，首先应完善客户的资料信息库。汽车服务企业应有专门的客户服务中心，组织专门人员来集中管理客户信息，保证客户关系管理的正常运转。汽车服务企业应坚持在客户进店维修保养后的一周内进行回访，询问车辆维修后的使用情况、是否完全修复、对维修还有什么意见或建议等。必须要进行回访，不能有遗漏，在回访过程中，及时地完善客户的资料信息，包括固定电话、手机、详细地址等可以联系的信息。客服人员要更详细、准确地了解客户的需求，分析客户对汽车产品及服务的反应，分析客户满意度、忠诚度和利润贡献度。为有效地赢得客户和保留客户，可以通过使用数据仓库与数据挖掘工具对客户信息进行细分，并对不同类型的客户实行不同的服务策略。

（二）开展情感维系活动

情感活动是维护客户关系有效的技巧之一，对于提高客户满意度非常有效。

（1）事件提醒服务。定期提醒客户进行车辆保养、车险续保、驾驶证年检、车辆年检、交通违章处理、恶劣天气预防等服务。

（2）温馨祝福活动。在客户生日和重大节日等重要时间节点送去公司的温馨祝福，也可以采取为当天过生日的客户进行价格优惠和赠送小礼物等活动。

微课视频：汽车4S店的客户关怀手段

（3）座谈交流活动。汽车服务企业可以将各种服务或营销活动等信息通过客户服务中心电话、短信、邮件等方式传送给客户，邀请其参加活动、座谈会等。要注意根据不同的客户群体，开展有针对性的活动。如针对新客户，提供汽车保养、简单故障应急处理、驾驶技巧等知识讲座，针对女性客户，开展驾车防盗防抢培训等服务。

（4）主题沙龙活动。每次确定一个沙龙主题，邀请对该主题感兴趣的客户一起参加。邀请的时候需细分客户群体，每次邀请年龄、职业、行业、背景、收入相仿的客户，保证沙龙的质量。如邀请女性客户参加美容保养的主题沙龙，邀请准父母客户参加育婴经验主题的沙龙。让客户在各种活动中增加与汽车服务企业的联系，从而增加客户对汽车服务企业的忠诚度，最终实现保持终身客户的目的。

（三）主动电销和网销

1. 电话营销

企业通过电话主动拜访客户和推荐满足客户要求的汽车配件产品或服务，以达到充分了解客户、充分为客户着想的服务理念，同时也提高销售机会。

主动电话营销必须注意的主要问题是要有针对性，可以通过其他渠道精心挑选客户，针对不同客户的具体情况推荐可能符合其需要的汽车配件产品与维修保养服务，不能千篇一律推荐同一种内容。同时，如果客户有回应，可能接电话的不是你，这就要求企业各部门协同工作。当你联系的客户把电话打到其他部门时，这个部门不应该说不知道，或做出与你不同的解释。

2. 网络营销

通过网站上的电子商务平台，汽车服务企业可以提供及时且多样化的服务。网站应该智能化，企业可以根据客户点击的网页、在网页上停留时间等信息，及时捕捉网页上客户要求服务的信息。企业将客户浏览网页的记录提供给服务人员，服务人员可通过浏览网页及与客户共享应用软件等方式，同时提供文字、语音、影像等。多媒体的实际功能是使企业与客户进行互动或网上交易。具体包括以下几方面内容：

① 提供客户需要的内容：做好客户需求调查，提供客户需要的内容，而不是公司想让客户看到的内容。

② 定期维护与更新内容：必须定期更新内容，才能吸引客户持续参访、浏览。至于旧内容，可视需求整理成资料库，以供使用者参考查询。

③ 从客户观点考虑：美观、花哨的网页固然令人赏心悦目，不过客户可能受限于频宽，不一定有耐心等待漫长的下载时间。而某些需要加入会员并登录才能进入网站，最好简化注册与登录程序，并让使用者可以容易地查询或增修个人相关资料。重视人性化的考虑，才会使客户乐于重复上网。

（四）会员折扣

吸引到客户之后，汽车服务企业需要持续地努力，才能够长期留住客户。会员制度就是留住老客户常用办法之一，也是客户关系管理的一种有效手段。一套完善的会员制度，是与客户建立良好关系的纽带与桥梁。会员制度的管理内容很多，常被采用的一种方法是会员折扣制度。折扣就是企业在向客户提供商品或者服务时，在普通定价的基础上，以一定的优惠价格收取费用。会员折扣就是为客户建立会员档案，然后为会员客户提供比普通客户优惠的消费折扣。

在维修管理中，折扣可以使用在维修项目和维修用料两个方面。因为维修工时费和配件费的性质有所不同，因此，在一般的汽车修理厂，会将维修工时费和配件折扣分开，即单一业务中会有两个折扣率，不同级别的客户享受的双折扣率也会有所区别，客户级别的划分也就成为会员制度一个重要内容，一般来说，级别越高的会员，得到修理厂优惠的折扣越多。

（五）短信群发管理

手机短信群发是近年来客户关系管理的常用手段，也是 CRM 采用计算机管理系统的重要功能。手机短信群发的作用有以下几种。

（1）可以利用短信通知客户来店保养，为车主带来温馨的服务提醒，同时，为企业带来持久的利润；

（2）可以利用短信通知客户车辆保险即将到期，提醒进行驾照年检和行驶证年检；

（3）逢年过节、客户生日、企业促销等特殊的日子，也可以通过短信给客户祝福，增进与客户的感情。

总而言之，利用短信群发联系客户的方法能够大大拉近汽车服务企业与客户之间的距离。

（六）紧急救援

运转良好的紧急救援服务对提高客户满意度和客户忠诚度、增加企业收入，具有巨大作用。要求救援的客户一般是在最困难的时候向汽车服务企业发出救援信号，得到救援帮助的客户将对企业非常感激，并对其乐于助人印象深刻。汽车服务企业实行良好的紧急救援要具备以下条件：

（1）成立紧急救援小组；
（2）建立24小时值班制度；
（3）设立救援电话，并让客户知道救援电话；
（4）设立紧急救援车辆。

三、客户关怀评价

无论从客户角度还是从企业角度来看，客户关怀的程度是很难衡量与评价的，而不同企业客户关怀的效果肯定存在差异，因此，可以从3个角度评价客户关怀的程度。

微课视频：加深汽车消费者
体验特征感受程度的
方式——手机短信

（一）寻求特征

指客户在购买产品之前就能够决定的属性，如产品的包装、外形、规格、型号、价格等。客户关怀首先应该满足客户的寻求特征。

（二）体验特征

指的是客户在购买产品后或消费过程中才能够觉察到的属性，如配件精良、服务人员礼貌待人、维修项目安排周到等，企业可以站在客户的角度亲身体验，或者进行客户调查，以获得客户体验特征的满足程度。

（三）信用特征

指的是客户在购买了产品或者是消费了产品和服务后，仍然无法评价的某些特征和属性，因此必须要依赖提供该产品或服务的公司的职业信用和品牌影响力。

企业可以根据自己产品的特点，按照上述3个特征，设计出企业自己的评价体系，营销人员与服务人员对客户的关怀进行评价。具有寻求特征的变量可以称为"硬件"部分，企业可以通过不同的定量方法管理识别出客户期望，进而能够制定出合适的规范、规则。具有体验特征和信用特征的变量是客户关怀中的"软件"部分，这部分的改变则要通过对接触客户的员工进行训练和考核才能够改善。企业通过制定严格的业务操作程序和行为规范，将大大地提高服务水准。

 任务实施

在掌握客户关怀管理的主要内容的前提下，对汽车服务企业的客户关怀工作进行规划与设计，并很好地解决本项目任务中所描述的王大海有意开展的工作，建议采取如下方式开展学习和训练。

一、在线学习

登录"汽车营销与服务专业教学资源库"，选定汽车服务企业管理课程中的"客户关怀要点分析""客户关怀实施""客户关怀评价"微课程,观看教学微课,并完成相应的进阶训练。在微课中如有疑问,可在线提问,与教师互动交流。

二、难点化解

认真学习本教材,进一步掌握任务4-2的知识和技能,完成项目任务书中"难点化解"题目。

三、模拟训练

假定自己是王大海公司的汽车售后服务顾问,与学习小组成员商讨和训练客户关怀管理的实施手段,并采用角色扮演法在课堂上展示。

以小组为单位,模拟扮演某汽车服务企业的售后服务人员,对公司的关怀手段进行规划与设计。小组拍摄客户关怀管理的操作视频,并将微视频(或照片)上传至资源库平台。

客户关怀计划的制订

在产品同质化和竞争日趋激烈的市场环境下,企业和客户之间的关系是经常变动的,而客户一旦成为企业的客户,企业就要尽力保持这种客户关系。客户关系的最佳境界体现在最长时间地保持这种关系,最多次数地和客户交易,以及保证每次交易的利润最大化,因此,企业需要采取行动来扩大客户关系,客户因为得到更多、更好、更符合其需求的服务而获益,企业也因销售增长而获益,而这需要识别影响客户关系的障碍,设立跨部门的小组,简化客户服务流程,分享资源,制订移除影响客户关系障碍的具体计划,以提供客户整合性的服务,扩大客户需求,实现持续销售,培育客户忠诚度。

扩大客户关系的方式有很多,其中,通过销售推力和市场与品牌的强势拉力,与客户互动沟通,培育客户观念,建立企业品牌形象,是扩大客户关系的有效途径之一。比如,可以建立客户会员活动的组织,以某种方式将客户组织在一起,是保持与客户之间有效关系的十分有效的方法,如客户俱乐部、客户联谊会等。但关键在于这些方式是否有计划性,是否能够长期执行,并服从与认同组织的意义。关怀客户,保持和扩大客户关系,首先应是公司有组织的行为,是客户服务阶段的重要工作,从公司的高层领导到具体负责的客户人员,都应参与进来。同时也是一个长期的过程,需要精心呵护,才能达到持续经营客户的目的。

通过客户关怀计划,客户可以自己选择喜欢的方式,同企业进行交流,以方便获取信息，得到更好的服务，使客户的满意度得到提高。这不仅可帮助企业更好地挽留现有的客户，而且可以使企业寻找回已经失去的客户，并更好地吸引新客户。同时，企业根据客户实际情况和历史服务情况，对不同需求的客户进行差异化服务，来执行周期性的客户关怀计划，降低销售成本，并通过科学的客户关系分析，实现客户价值管理，有效地预测市场需求和经营状况，使企业的客户关系管理更上一层楼。

一、制订扩大客户关系的工作目标

确定扩大客户关系目标，系统评估客户对公司的价值和贡献，评估客户关系关键人员对公司的价值。

（1）对客户关系关键人员定位；
（2）确定要跟踪的客户项目名称列表；
（3）根据公司资源和核心能力确定为客户提供的产品、技术和服务内容范围；
（4）根据竞争态势，明确要达到的市场排名和市场份额；
（5）确定市场的投入/产出经济指标估算。

二、选择扩大客户关系的工作任务

根据扩大客户关系的工作目标，通过系列客户关怀行动和其他针对客户的个性化服务措施，让客户充分了解公司对客户的价值和贡献。

（1）根据不同活动内容和目的，拟定不同的人员组成、目标和分工。
（2）明确市场和销售费用预算。
（3）选择扩大客户关系的行动：

1）亲情服务：根据客户的基本信息选择出特定的客户列表，在客户的生日或在重要节假日寄送本公司的贺卡、小礼品等，以示祝贺；派代表参加客户的周年庆典等重要庆祝活动。

2）产品推荐：根据对客户分析得到的各类客户群体特征，针对不同的群体，宣传公司提供的最适合该类客户的各项服务产品。

3）客户俱乐部：如果客户群非常集中，单个客户创造的利润非常高，并且与客户保持密切的联系非常有利于企业业务的扩展。企业可以采取以俱乐部的形式和客户进行更加深入的交流。作为忠诚计划的一种相对高级的形式，通过互动式的沟通和交流，可以发掘出客户的意见和建议，有效地帮助企业改进设计，完善产品。同时，用俱乐部这种相对固定的形式将客户组织起来，从一定程度上讲，也是有效阻止竞争者进入的壁垒。

4）优惠推荐：根据对客户分析的结果，针对不同的客户群体，制定不同层次的优惠政策，主动推荐给客户。

5）针对群体的活动形式：研讨会、交流会、学术研讨、行业考察、培训安排、旅游等。

6）个性化的服务措施：7×24服务热线、技术支持、客户需求研讨、客户需求评估等。

7）联合推广：与社会组织、机构、合作公司、内部渠道成员的联合活动等。

8）公关活动：行业或产业高层公关、高层论坛、高层聚首安排（如GOLF）等。

（4）事件活动组织。

事件活动可以是商业和公益两种性质，目的是在目标市场中形成影响。活动成功的关键是抓住社会热点，制造轰动效应。难点是如何利用公司和社会免费资源，花小钱办大事。具体操作程序：

1）市场沟通障碍分析，确定市场难点。

2）客户关注点分析，确定社会热点、活动主题。

3）结合公司资源和社会免费资源，确定活动性质。

4）根据公司市场能力，确定活动范围。

5）计划并实施。

三、制订扩大客户关怀计划

通过制订客户关怀计划与客户深入沟通，倾听客户的意见，随时关注客户的新需求，解决客户的难题，关注企业客户资源的动态变化，挖掘客户更多更深层的应用，为客户提供更多更新的应用，保持长久关系，争取实现经营客户和持续销售的目的。

制订、审批和执行客户关怀计划，反映企业对客户的关怀情况，了解客户对企业的反馈意见，及时调整客户关怀体系，并对客户的反馈意见进行处理，防止与减少客户的流失。同时，借扩大客户关系的关怀活动，对目标客户展开推广和有效公关，增进与扩大客户关系，为产品/解决方案进入客户或扩大销售提供公关平台。

四、客户关怀的评估

1. 客户关怀策略评估

对客户关怀策略方面的评估，主要体现在客户关怀及管理工作中的总体战略上，以及文化、架构、渠道、方法等方面的综合能力上，包括规划及目标、客户分析方法、渠道建设与整合、机构及职位设置等指标。

2. 客户关怀实施评估

在与客户建立双向互动的关怀体系时，在客户关怀策略的执行方面及针对客户关怀策略的指引所采取的有效方法等方面的综合能力指标，包括系统实施、流程规划、运营管理、投资回报等。

3. 客户关怀效果评估

客户认知度、客户满意度及客户忠诚度综合评价指标，包括认知度及社会形象、问题解决度（客户满意度）、客户忠诚度、企业价值等。

练习与思考

一、单选题

1. 当客户实际感受远远低于预想时，客户的反映是（　　）。

A. 很不满意　　　　　B. 不满意　　　　　C. 一般满意　　　　　D. 满意

2. 当客户感受到很不满意时，企业应该（　　）。

   A. 妥善处理客户的不满，降低客户的不满足的感觉

   B. 无须过多地在意

   C. 进一步强调产品的质量，拉拢客户

   D. 严肃、激动地与客户进行谈判

3. 当客户投诉工作人员的态度有问题时，他是对（　　）进行的投诉。

   A. 服务质量　　　　B. 产品质量　　　　C. 维修服务　　　　D. 顾客自身问题

4. 当客户投诉企业维修技术欠佳时，他是对（　　）进行的投诉。

   A. 服务质量　　　　B. 产品质量　　　　C. 维修服务　　　　D. 顾客自身问题

5. 在维修过程中，若企业未能及时供应车辆所需配件、维修不熟练或对维修工作量估计不足又没和顾客沟通时，客户可能会产生（　　）的投诉。

   A. 服务质量　　　　B. 产品质量　　　　C. 维修服务　　　　D. 顾客自身问题

6. 当客户在互联网上发布信息，进行投诉时，属于（　　）。

   A. 一般投诉　　　　B. 严重投诉　　　　C. 一级投诉　　　　D. 二级投诉

7. 企业在与客户接触的过程中给予客户更好的体验，体现在（　　）。

   A. 客户服务　　　　B. 产品质量　　　　C. 服务质量　　　　D. 售后服务

8. 围绕着产品、客户，通过关怀、提醒或建议、追踪，最终达到企业与客户互动，这是（　　）。

   A. 购买前客户关怀　　　　　　　　　B. 购买中客户关怀

   C. 购买后客户关怀　　　　　　　　　D. 以上都不是

9. 企业应该主要根据（　　）来制定自己的关怀策略。

   A. 客户的特点　　　　　　　　　　　B. 自身产品的特点

   C. 企业规模大小　　　　　　　　　　D. 企业所处地区

10. 在实施客户关怀手段时，企业需要认识到的客户关怀管理的核心是（　　）。

    A. 客户信息管理　　　　　　　　　　B. 客户情感维系活动

    C. 电销和网销活动　　　　　　　　　D. 会员折扣

二、多选题

1. 汽车服务企业应通过（　　）建立一支优秀的售后服务维修队伍。

   A. 使用严格的用人标准　　　　　　　B. 建立完善的信息反馈系统

   C. 采用先进的技术和设备　　　　　　D. 制订相应的培训计划

2. 为了更好地征求客户的满意程度并表达感谢之意，企业可以采取的方式有（　　）。

   A. 电话回访

   B. 上门访问

   C. 完善价格体系

D. 提醒客户做车辆定期维护并进行客户回访

3. 汽车服务企业在处理客户投诉时,应注意(　　)。

A. 应以专业态度迎接并感谢客户前来

B. 表示愿意帮忙处理问题,但是无须告诉客户你的姓名

C. 对客户叙述的内容应予以充分的重视

D. 若客户发泄埋怨,应该尽快打断他,让他平静下来

4. 汽车服务企业在处理客户投诉时,可通过(　　)来稳定顾客情绪。

A. 单独交谈　　　B. 辩解　　　C. 转移话题　　　D. 表示歉意

5. 对于愤怒型的投诉者,服务人员应(　　)。

A. 隔离群众　　　　　　　　　B. 深切表示关怀

C. 主动告知如何处理　　　　　D. 倾听意见,带有同情心

6. 为了预防客户投诉,汽车服务企业应该让员工避免(　　)。

A. 同顾客争吵、争辩　　　　　B. 批评、讽刺顾客,不尊重顾客

C. 强调自己正确,不承认错误　　D. 倾听意见、带有同情心

7. 在采取网络营销手段时,具体工作内容有(　　)。

A. 提供客户需要的内容　　　　B. 定期维护与更新内容

C. 从客户观点考虑　　　　　　D. 做好客户需求调查

8. 汽车服务企业可以利用手机短信群发来完成(　　)。

A. 通知客户来店保养　　　　　B. 提醒进行驾照年检和行驶证年检

C. 逢年过节给客户祝福　　　　D. 告知客户店里近期促销活动

9. 客户在购买产品之前就能够决定的属性是(　　)。

A. 包装　　　　　B. 外形　　　　　C. 规格　　　　　D. 型号

10. 客户在购买产品后或消费过程中才能够觉察到的属性有(　　)。

A. 配件是否精良　　　　　　　B. 价格是否合适

C. 服务人员是否礼貌待人　　　D. 维修项目安排是否周到

三、判断题

1. 企业是不可能满足所有人的所有期望值的,那么,企业就必须想方设法降低客户的期望值。(　　)

2. 客户满意的心理根源在于客户忠诚,客户感知的服务质量决定客户满意度,客户满意度可以部分决定客户忠诚度。(　　)

3. 汽车服务企业的店面形象和室内设计会让客户产生这家企业信誉好、服务规范、产品正规的印象。(　　)

4. 汽车服务企业服务人员的行为举止、业务素质、知识水平及服务态度等,都会影响客户满意度,但是并不会决定未来很长一段时间内客户是否会前来寻求服务。(　　)

5. 汽车售后服务企业无论工作有多努力,顾客投诉也在所难免,所以要对投诉认真分

析、迅速处理，避免产生负面影响。（　　）

6. 企业要重视并妥善解决客户的投诉问题，客户投诉说明还存在解决问题的希望，客户投诉实质上是给你一次与客户沟通的机会，若处理得好，其好处不亚于做了一次广告。（　　）

7. 企业通过网络营销主动拜访客户和推荐满足客户要求的汽车配件产品或服务，以达到充分了解客户、充分为客户着想的服务理念，同时，也提高了销售机会。（　　）

8. 客户资料信息是汽车服务企业开展客户关系管理的基础，所以首先应完善客户的资料信息库。（　　）

9. 汽车服务企业可以不设有专门的客户服务中心，但必须组织专门人员来集中管理客户信息，保证客户关系管理的正常运转。（　　）

10. 客户关怀首先应该满足客户的寻求特征。（　　）

四、简答题

1. 企业可以从哪些方面来对客户满意度进行评价？
2. 在汽车售后服务中，对客户满意度有影响的主要因素有哪些？
3. 汽车服务企业应该如何树立企业形象？
4. 为了建立一站式的售后服务模式，汽车服务企业可以提供哪些服务？
5. 汽车服务企业应如何预防客户投诉？
6. 企业进行客户关怀的主要目的有哪些？
7. 汽车服务企业在开展情感维系活动的过程中，具体可以采取的方式有哪些？
8. 汽车服务企业实行良好的紧急救援要具有哪些条件？

项目五

行政管理

　　企业的行政管理体系是企业的中枢神经系统,虽然不能直接地为企业创造利润,但却是企业正常运作的保障。本项目包含4个任务,通过对4个任务的学习,学生能够了解汽车服务企业的员工培训、薪酬与考核机制,了解汽车服务企业专用工具设备和资料管理的后勤管理工作,掌握汽车服务企业计算机信息管理的操作要点及初步认知汽车服务企业的财务管理工作。

任务 5-1　员工培训、薪酬与考核管理

任务描述

阳力是王大海创立的汽车销售服务有限公司的人力资源部经理,近一个月来,公司接二连三发生的事情似乎都与他有关,让他苦不堪言,尤其是总经理让他尽快拿出解决方案,更使他寝食难安。

第一件事是公司准备扩建两个店,为此,需要新聘40名新员工。由于时间紧,如果招的新员工技术与素养都让公司领导不满意,该怎么办呢?

第二件事是近半年来,公司中层管理者的离职率明显高于上一年,尤其是一些公司元老也提出辞职,更让总经理恼火。要留住骨干,关键是建立一套有效的员工激励机制。这又该怎么办呢?

任务分析

在汽车服务企业行政管理工作中,企业需要了解员工培训的真实需求、制订合理的培训计划、能够组织实施员工培训及培训评估,还需要对汽车服务企业的薪酬设计与绩效考核进行管理。恰当、合适的员工培训、薪酬与考核管理往往能够使汽车服务企业吸引和留住合适的人才,为企业的发展起到锦上添花的作用。

拓展资源:传统人事管理与现代人力资源管理的区别

本学习任务包括如下内容:

(1) 完成"汽车营销与服务专业教学资源库"汽车服务企业管理课程中的"员工培训""薪酬设计""绩效考核管理"微课程学习。

(2) 小组采用角色扮演法模拟训练阳力将遇到的情境。

(3) 完成"员工培训、薪酬与考核管理"项目任务书。

(4) 完成拓展训练任务。

学习目标

- 专业能力
1. 认识到员工培训、薪酬与考核管理对汽车服务企业行政管理工作的重要性；
2. 能运用员工培训、薪酬与考核管理提升行政管理能力。
- 社会能力
1. 树立服务意识、效率意识、规范意识；
2. 强化人际沟通、语言表达能力；
3. 维护组织目标实现的大局意识和团队能力；
4. 爱岗敬业的职业道德和严谨、务实、勤快的工作作风；
5. 自我管理、自我修正的能力。
- 方法能力
1. 利用多种信息化平台进行自主学习的能力；
2. 制订工作计划、独立决策和实施的能力；
3. 运用多方资源解决实际问题的能力；
4. 准确的自我评价能力和接受他人评价的能力；
5. 自主学习与独立思维能力。

一、员工培训

（一）员工培训概念

员工培训是指组织在将组织发展目标和员工个人目标相结合的基础上，有计划地组织员工从事学习和训练，提高员工的知识技能，改善员工的工作态度，激发员工的创新意识，使员工能胜任本职工作的人力资源管理活动。

案例资源：员工培训案例分析

（二）员工培训的意义

1. 对汽车服务企业而言

（1）有利于汽车服务企业人力资源整体素质的提高，是调整人与事之间的矛盾、实现人事和谐的重要手段。

（2）有利于汽车服务企业加强自身对外部环境的适应性。

（3）能够提高汽车服务企业自身改革和创新的能力。

此外，具体而言，表现在：可提高开发与研制新产品的能力；可改善工作质量；可降低损耗；可减少事故的发生；可减少旷工和迟到现象；可改善管理内容；等等。

2. 对汽车服务企业的员工而言

（1）可增强员工的岗位工作能力。

（2）可增加员工获得较高收入的机会。

（3）可获得除收入以外的其他报酬。

（4）可增强汽车服务企业员工的职业稳定性。

（三）员工培训的工作流程

汽车服务企业在组织员工培训时，通常分成准备阶段、实施阶段、评估阶段来进行。

1. 准备阶段

（1）进行培训需求分析。培训需求评估一般从组织层面、工作状况层面、员工层面三方面展开需求分析。

（2）确认培训目的。在培训项目实施之前，必须把培训评估的目的明确下来。一般情况下，培训评估的实施有助于对培训项目的前景做出决策，或是对培训系统的某些部分进行修订，使其更加符合汽车服务企业的需要。

2. 实施阶段

（1）设计制订培训计划。制订培训计划包括制订培训目标、培训方法、培训媒体、培训地点、课程内容简介、相关案例和各种活动，以及培训预算。

（2）组织实施培训计划。培训计划制订完成后，可以对培训要解决的问题制订详细的培训计划、设置课程，选择培训方式，落实培训人员及地点。

3. 评估阶段

主要包括对课程设计、培训方式和培训效果的评估，以及对受训者回到工作岗位后工作状况的定期跟踪反馈，测定受训者能否明显改善自己的工作态度与效率，能否将培训内容转化为具体的工作绩效；对比受训者在受训前后的工作情况，建立受训员工的素质档案，为下一步培训做好准备工作。

员工具体培训流程如图5-1所示。

（四）确保员工培训计划合理有效

对员工进行合理有效的培训，不但能够让员工深入了解和学习汽车服务企业文化，而且能够通过培训结果的评估尽快了解员工的优缺点，从而正确地进行岗位分配。

微课视频：如何确保培训计划合理有效

1. 做好事前沟通工作，使培训内容与实际情况相结合

（1）与管理层进行良好沟通，获取相应的经费及物质条件的支持。

（2）与讲师及部门领导保持沟通，确保培训的质量。争取让员工切身感受到培训的实际作用。

（3）与培训员工沟通，通过交流了解员工对培训的意见和建议，明确员工的关注点和兴趣点，以此来提高培训计划的合理性和有效性。

2. 合理安排培训内容和时间

（1）对于理论性的培训课程，如汽车服务企业的文化、企业的规章制度等内容，要安

排在上午进行。

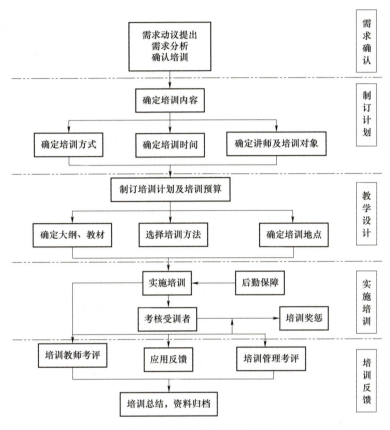

图 5-1　员工具体培训流程

（2）员工手册、福利制度等与员工利益直接相关或者员工比较关心的课程，可以安排在下午进行。这样的安排可以防止员工在下午时间因感到枯燥无味而打盹。

（3）不同部门的岗位技能类培训，要由相应的部门领导分别进行，防止大家一起培训时浪费时间学习与自己无关的岗位知识。

3. 培训计划结合任职要求

员工培训计划应与工作岗位的任职要求相结合，不仅要考虑员工的兴趣，还要考虑培训在工作中所能产生的效益。

（1）明确岗位胜任力要求，按照岗位胜任力来进行有的放矢的培训，不做无用功。

（2）对员工岗位胜任素质进行测试，明确员工的能力水平，根据不同员工的不同能力水平制订不同的培训计划。

（3）明确员工晋升路径，对有晋升或者变更岗位条件的员工所提出的培训需求进行有选择的培训。

4. 确保培训结果评估合理有效

对培训结果评估方面，仅仅依靠简单的授后考核是不够的，在培训计划中，可按照培训时间设计几个评估方式：

（1）培训期间，建议按照"命题作业、书面测验"的方式进行阶段性考核。

（2）培训结束后，可通过"全面考试、培训报告"的方式进行整体评估。

（3）在试用期结束前，建议按照一个月或两个月的频率，通过"实际岗位操作"或者"拓展式训练"来回顾培训内容，以此加深员工对培训内容的印象，经过反复操练，达到培训计划的最终目的。

（五）制订新员工培训课程

制订新员工培训方案，可以让新员工了解汽车服务企业的文化、规章制度、组织结构，使其更快适应工作环境；可以让新员工熟悉岗位职责、工作流程、与工作相关业务知识及汽车服务行业应具备的基本素质。

一般情况下，汽车服务企业的新员工课程可按基础类培训及专业类课程培训开设，具体课程可参见表5-1。

表5-1 新员工培训课程表

基础类培训	专业类课程培训
入职沟通	新员工信息统计分析
企业文化介绍	设计岗位技能培训计划
制度介绍	安排上岗实际操作
公司环境和人员介绍	
体验式拓展培训	

总之，员工培训做得好，可以省去高层次人才的招聘费用，降低高层次人才的聘用费用，增强规范化和标准化，降低运营成本。反过来说，受薪资或地域条件限制，招的人素质低，可以通过培训来提升，减少考核成本。

在员工培训过程中，每个环节都要仔细安排和计划好，才能确保员工培训计划行之有效。

二、薪酬设计

薪酬是事关公平和激励的基础，也是影响企业流失率的重要因素。薪酬设计要兼顾外部公平和内部公平。薪酬低了，招聘力度再大，人员也留不住；薪酬高了，也会形成官僚和门槛，人人都不愿做有责任的事情，怕丢"饭碗"，甚至有可能设立诸多条件，尽力排斥外来人员。薪酬也对绩效管理有影响，兑现力度大了，虽然有刺激性，但是会引导员工短视，盯住眼前指标，使长远绩效偏离。因此，需要长、中、短期激励合理搭配，才能充分发挥效能。

（一）薪酬定义

薪酬是用人单位为获得劳动者未来提供的劳动而承诺支付给劳动者的劳动报酬。这种劳动报酬可以是实物形态的，也可以是非实物形态的。薪酬实质上是一种交易或交换。

现代薪酬福利体系是汽车服务企业从人力投资和激励机制的角度出发，为员工提供有形的与无形的酬劳的总和。

（二）薪酬设计的主要内容

1. 基本薪酬

基本薪酬又称"基本薪金"，是根据员工所承担或完成的工作本身或者是员工所具备的完成工作的技能向员工支付的稳定性报酬。其是员工收入的主要部分，也是计算其他薪酬性收入的基础。

2. 津贴、补贴

津贴作为一种辅助形式，是对劳动者额外劳动付出的一种补偿。一般是指补偿劳动者在特殊条件下的劳动消耗及生活费额外支出的工资。

补贴是为了补偿物价变动而设置的补偿。主要有生活费补贴和价格补贴。

3. 奖金

奖金作为一种工资形式，其作用是对与生产或工作直接相关的超额劳动给予报酬。奖金是对劳动者在创造超过正常劳动定额以外的社会所需要的劳动成果时，所给予的物质补偿。

4. 福利

福利是员工的间接报酬。一般包括健康保险、带薪假期、过节礼物或退休金等形式。这些奖励作为企业成员福利的一部分，奖给职工个人或者员工小组。

（三）薪酬体系设计的步骤

汽车服务企业的薪酬体系设计是一项涉及很多因素的复杂过程，需要精心设计每个环节，考虑多方面因素。新的薪酬体系方案完成后，需要经过一段时间的测评后，才能投入具体实施。

1. 制定薪酬策略

以汽车服务企业的战略为基础，通过分析汽车服务企业的薪酬水平的定位、薪酬结构和薪酬模式等内容，进一步确定该企业的薪酬策略。

2. 薪酬体系设计

在薪酬体系设计的过程中，要对汽车服务企业的岗位进行分析和评价，确定该企业的薪酬等级，并进行薪酬市场的行业调查，最终设计出薪酬方案的草稿。

3. 实施保障

新的薪酬方案需要经过测评才能正式实施。在测评期间，应当推进薪酬方案的宣传与执行力度，及时收集有关薪酬方案的反馈意见并加以修正完善。

薪酬体系实施过程中，需要跟进一系列的保障措施，以确保本企业薪酬体系的顺利实施。

具体薪酬体系的设计步骤如图 5-2 所示。

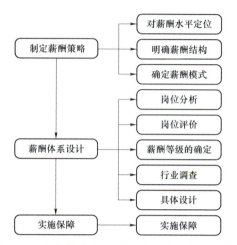

图 5-2 汽车服务企业具体薪酬体系的设计步骤

（四）薪酬体系设计

汽车服务企业需要根据目前实际经营发展情况和行业整体情况，设计出适合本企业的薪酬体系。薪酬体系可以分为固定部分、变动部分、其他相关福利三大模块，并且将绩效薪酬与绩效考评相结合，制定出具有激励性的薪酬体系，具体如图 5-3 所示。

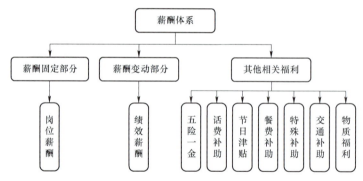

图 5-3 汽车服务企业薪酬体系

1. 岗位工资设计

岗位工资的设计主要是按照不同工作岗位的工作难易、劳动轻重、责任大小、出勤天数及劳动环境确定工资的标准，员工可以根据自己的岗位等级，找出对应的固定岗位工资。表 5-2 和表 5-3 为上海某汽车 4S 店销售部岗位工资表。

表 5-2 上海某汽车 4S 店销售顾问岗位工资表　　　　　元

级别	一级	二级	三级	四级	五级
岗位工资	1 000	1 100	1 200	1 300	1 400

表 5-3　上海某汽车 4S 店销售主管岗位工资表　　　　　　　　　　　　　　元

级别	一级	二级	三级	四级	五级
岗位工资	1 200	1 300	1 400	1 500	1 600

2. 绩效工资设计

绩效工资应与本企业的绩效考核联系起来，对员工起到重要的激励作用。

参考案例：上海某汽车 4S 店销售顾问绩效工资设计

销售顾问绩效工资＝（整车提成＋装潢提成＋保险提成＋上牌提成＋二手车提成）×月度绩效考核得分÷100。

（1）整车提成：单车提成金额由个人销售指标达成率来确定。

（2）装潢提成：装潢提成与装潢营业额达成率挂钩，按以下标准提成。

1）副厂精品：按表 5-4 标准提成。

表 5-4　上海某汽车 4S 店销售顾问装潢提成标准

个人达成率/%	<60	≥60	≥70	≥80	≥90	≥100	≥120
装潢利润/%	6	7	8	9	10	11	12

2）原厂精品：按装潢利润的 15% 提成。

3）DVD 语音导航系统另外提成，原厂 DVD 语音导航系统提成 800 元。

① 销售顾问的精品指标由部门经理确定后，每月初交行政部备案。

（做直接用户的销售顾问，必须根据每月精品目标设定当月精品销售指标，批发用户不承担精品销售指标，试用期员工由部门经理根据部门精品销售指标设定个人指标。）

② 如果销售顾问无精品指标，则按税后利润的 10%（副厂）提奖。

（3）保险提成：销售顾问的保险提成与保险的毛利达成率挂钩，按表 5-5 标准提成。

表 5-5　上海某汽车 4S 店销售顾问保险提成标准

个人达成率/%	<60	≥60	≥70	≥80	≥90	≥100
提奖标准/%	7	9	10	11	13	15

① 销售顾问的保险指标由部门经理确定后，每月初交行政部备案。

（做直接用户的销售顾问，必须根据当月销售目标设定当月保险销售指标，批发用户不承担保险销售指标，试用期员工由部门经理根据部门保险指标设定个人指标。）

② 如果销售顾问无保险指标，则按毛利的 10% 提奖。

（4）上牌提成：销售顾问的上牌提成与上牌的毛利达成率挂钩，按表 5-6 标准提成。

表 5-6　上海某汽车 4S 店销售顾问上牌提成标准

个人达成率/%	<60	≥60	≥70	≥80	≥90	≥100
提成标准/%	6	7	8	9	10	12

① 销售顾问的上牌指标由部门经理确定后，每月交行政部备案。
（做直接用户的销售顾问，必须根据当月销售目标设定当月上牌销售指标，批发销售顾问不承担销售指标，试用期员工由部门经理根据部门上牌指标设定个人指标。）
② 如果销售顾问无上牌指标，则按毛利的 7% 提奖。
（5）二手车置换销售提成：置换二手车的销售顾问，成交后按毛利的 10% 提成。

3. 其他福利设计

福利的本质是一种补充性报酬。
福利的形式具体如下：
① 全员性福利。如社会保险、餐费补贴、交通车、有薪假期、病假、弹性工作制、定期体检等。
② 特殊补助。免息住房贷款、出差食宿、股票优惠购买权、额外商业保险、免费旅游等。
③ 困难补助。住院慰问金、医疗补助、家庭生活困难补助等。

（五）做好部门间的薪酬平衡

（1）依据岗位价值设定薪酬标准。
（2）根据多方面评估确定薪酬等级。
（3）严格监督薪酬保密工作。
① 可以进行员工单独谈话，告知薪酬调整内容。
② 与员工签订薪酬保密协议，防止员工泄露薪酬信息。
③ 员工间禁止交流薪酬相关话题。
④ 注意员工个人关系，防止员工矛盾的产生。
（4）可以利用奖励手段进行薪酬的调控。

（六）做好员工个人薪酬调整

薪酬调整是汽车服务企业发展战略和管理水平的重要体现，但很多汽车服务企业在进行薪酬调整时，没有充分考虑影响薪酬调整的各方面因素，没有做出正确的判断，从而导致薪酬调整失当，造成人才流失，使企业利益受损。

微课视频：如何做好员工个人薪酬调整，从而避免公司利益受损

员工个体是企业的重要组成部分，员工个体所受待遇情况和对企业的满意度直接影响到全体员工对企业的态度。同时，员工个体对企业的贡献直接关系到企业的发展，尤其是核心员工或关键人才的工作能力和意见建议，对企业的发展有着举足轻重的作用。另外，员工个体在与外界人士交涉时，发挥了"企业名片"的作用，通过无形的手段对企业的情况做了有效宣传，为企业树立了良好的形象。

因此，汽车服务企业在进行整体薪酬调整时，不能忽视员工个体对企业发展的重要作用，要全面考虑各方面因素，在维护稳定的前提下进行薪酬调整。

（1）在做出调整之前，要全面考察员工的综合素质和能力水平。

工作业绩考核是进行个人薪酬调整的直接依据。人力资源部要通过考察员工是否对公司做出了突出贡献，是否给企业带来了一定的利益，来做出具体调整。

此外，周围同事和上级领导对员工的素质是最有发言权的。人力资源部也要与员工周围的同事及上级领导进行访谈，了解员工的日常工作表现和能力情况。

（2）特殊情况特殊对待，要根据每位员工的个人表现，对其薪酬做出相应的调整。
注意区分关键人才与普通员工之间的差距，而非整体"一刀切"。

（3）当调整过程中出现纠纷或员工对自己调整后的薪酬不满时，要及时做出妥善处理。如调阅员工资料；找员工领导或同事开座谈会；将问题摆到桌面上，共同研究或讨论该调整是否合理；制定相应的处理措施，避免问题严重化，以免降低员工对企业的忠诚度和信任感，从而避免不必要的损失。

总之，薪酬管理要为实现薪酬管理目标服务。薪酬管理目标是基于人力资源战略设立的，而人力资源战略服从于汽车服务企业的发展战略。

三、绩效考核管理

绩效考核的工作是员工管理工作的重要组成部分。制定出完善的考核制度，将绩效考核工作规范化，是汽车服务企业考核管理工作的首要任务。

（一）绩效考核的定义

在汽车服务企业中，绩效是员工完成工作的结果或履行职务的结果。换句话说，就是企业员工对企业的贡献，或对企业所具有的价值。

在汽车服务企业中，职工工作绩效具体表现为完成工作的数量、质量、成本费用及对本企业做出的其他贡献等。

（二）绩效考核的特征

（1）绩效是人们行为的后果，是目标的完成程度，是客观存在的。
（2）绩效必须具有实际的效果。
（3）绩效是一定的主体作用于一定的客体所表现出来的效用。
（4）绩效应当体现投入与产出的对比关系。
（5）绩效应当有一定的可度量性。

微课视频：如何确定
指标权重、保证制度
合理周全

（三）绩效评估管理的基本目标

（1）实施目标管理，保证汽车服务企业整理目标的实现。
（2）帮助每个员工提高工作绩效与工作胜任力。
（3）促进管理者与员工之间的沟通与交流。

（四）确定绩效考核指标权重

汽车服务企业的考核制度是面向全体员工的，而实际上，每个员工的考核标准都是不同的。因此，必须根据岗位性质与岗位重要性的不同，来确定考核指标的权重，以此保证考核制度的全面周全。

1. 对于企业管理层员工

由于管理层员工的工作对公司业绩目标的达成能够起到重要作用，与企业的整体经营状况息息相关，因此管理层员工的业绩指标权重是最大的。

同时，既然能够胜任管理岗位，这些员工的工作能力自然不会太差，这就导致其工作能力考核指标权重相对较小。

另外，由于良好工作态度是管理层所必备的条件，对于工作态度指标考核权重就最小。

2. 对于销售员工

一线销售人员的指标权重划分与管理层的比较相似，但略有区别：

销售人员所做的工作，直接与产品及业务相关，以完成个人业绩目标为主要任务，因此，业绩指标在所有指标中所占的比重也是最大的。

同时，销售人员的工作态度反映了他们对企业忠诚度和对客户的服务质量。工作态度的考核指标权重排行第二。

此外，一线销售的岗位胜任力要求相对较低，其任职员工的工作能力指标权重也就相对较小。

3. 对于支持类的后勤员工

其工作内容大多是支持性或辅助性的，他们在各部门，甚至公司与客户之间，起到了沟通桥梁的作用。

因此，对后勤员工的考核指标权重，可由大到小，依次按照"工作态度、关键任务、工作能力"的顺序进行排列。

其中，"关键任务"相当于销售人员的业绩指标，后勤人员不需要完成时间量化的工作业绩，但可根据关键任务，对他们进行考核。

（五）制订完整的绩效考核流程

制订完整的考核流程大致要经历3个步骤。

（1）制订相关考核表格，获取绩效考核指标信息。

（2）组织绩效考核管理工作进展汇报；组织员工进行自我评价工作；组织上级领导进行评价；进行绩效考核面谈工作。

（3）上报绩效考核表，并上报领导进行审批；根据考核过程中反映的问题，针对绩效考核制度进行调整及修改工作；核算员工的绩效分数并公示。具体内容如图5-4所示。

（六）绩效考核制度常见问题及解决措施

1. 常见问题

（1）汽车服务企业内部管理混乱，没能按照绩效考核制度进行管理。

（2）汽车服务企业各部门自成体系，使得绩效考核制度流于形式。

（3）没有做好前期考察工作，现行绩效考核制度不合理，不适用于企业实际运作。

（4）没有了解员工的期望与建议，实施的绩效考核制度没能得到员工认可。

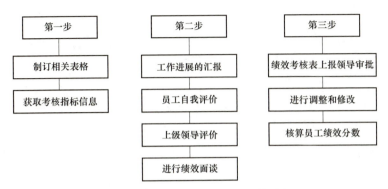

图 5-4 汽车服务企业完整考核流程

2. 解决措施

（1）与员工进行深入沟通。

例如，召开会议或者进行抽样访谈，了解并分析考察结果，对绩效考核制度进行调整完善。

（2）获得领导支持。

例如，可以让领导表态，然后要求各部门进行配合。

（3）人力资源部门做好绩效考核监督工作。

例如，人力资源部门要对整个考核流程持续推进，并且要对绩效评估过程进行全程监督。对于领导审核环节，也要进行督促。

（4）尝试强制性分布。

例如，下达强制性命令，并进行高效率沟通，强力推进绩效考核制度的实施。

总之，绩效考核是汽车服务企业管理者与员工之间的一项管理活动。汽车服务企业对员工进行绩效考核的目的是发展人，而不是制裁人，是不断改进员工绩效表现，面向全体员工进行跟踪培训，并在此过程中向员工进行汽车服务企业文化的灌输与培养。

要学好、用好"员工培训、薪酬与考核管理"的礼仪，并很好地解决本项目任务中所描述的阻力遇到的情况，建议采取如下方式开展学习和训练。

一、在线学习

登录"汽车营销与服务专业教学资源库"，选定汽车服务企业管理课程中的"员工培训""薪酬设计""绩效考核管理"微课程，观看教学微课，并完成相应的进阶训练。在微课中如有疑问，可在线提问，与教师互动交流。

二、难点化解

认真学习本教材,进一步掌握任务 5-1 的知识和技能,完成"难点化解"题目。

三、模拟训练

假定自己是阳力,与学习小组成员商讨和训练,并采用角色扮演法在课堂上展示。

拓展训练

小组课后运用角色扮演法模拟训练该场景,并拍摄微视频上传至资源库平台(或空间)。

任务 5-2　汽车维修专用工具、设备和资料管理

 任务描述

王大海的汽车服务企业经过几年运营，凭借过硬的技术水平和良好的服务态度赢得了越来越多客户的认可。但由于原来的企业容量有限，不断出现客户等待的现象。因此，王大海准备新建一个分店，分店规模较小，占地面积约 100 m^2，主要的经营项目是常规保养、汽车美容，主要目的是对总店的客户进行分流。现在面临着工具和设备选择问题，请结合分店的特点，帮王大海合理选择工具和设备，并对工具和设备的后期运行给出合理性建议。

 任务分析

汽车专用工具和设备是汽车维修生产作业必不可少的物质条件，特别是随着现代汽车技术的不断发展、高新技术在汽车上的广泛应用，汽车维修技术和相应的汽车维修专用工艺和设备也随之发生着革命性的变化。目前的汽车维修作业越来越依赖先进的维修工具与设备，另外，汽车服务企业的资料管理也是企业日常管理的重要内容，其对于公司机密的保护和员工自我学习的提升，都是很重要的内容。王大海所面临的问题属于专用工具和设备管理范畴，同时还要考虑到企业的资料管理。

学习任务包括如下内容：

（1）完成"汽车营销与服务专业教学资源库"汽车服务企业管理课程中的"汽车维修专用工具和设备的管理""资料管理"微课程学习。

（2）小组采用角色扮演法组建团队为王大海解决困境。

（3）完成"汽车维修专用工具、设备和资料管理"项目任务书。

（4）完成拓展训练任务。

学习目标

- **专业能力**
1. 能够把握汽车服务企业汽车维修专用工具、设备和资料管理的重要性;
2. 掌握"汽车维修专用工具和设备的管理""资料管理"等汽车服务企业管理的知识和技能点。

- **社会能力**
1. 树立服务意识、效率意识、规范意识;
2. 强化人际沟通、语言表达能力;
3. 维护组织目标实现的大局意识和团队能力;
4. 爱岗敬业的职业道德和严谨、务实、勤快的工作作风;
5. 自我管理、自我修正的能力。

- **方法能力**
1. 利用多种信息化平台进行自主学习的能力;
2. 制订工作计划、独立决策和实施的能力;
3. 运用多方资源解决实际问题的能力;
4. 准确的自我评价能力和接受他人评价的能力;
5. 自主学习与独立思维能力。

汽车维修专用工具和设备管理是指汽车维修企业对汽车维修专用工具和设备的采购保管、操作规程、使用维护、技术检验等环节所采取的一系列制度措施。

汽车维修资料管理是指汽车维修企业对维修车型的修理手册、电气线路图、新车特征说明书等维修作业的指导性技术资料所采取的一系列管理措施。

一、汽车维修专用工具和设备管理

(一)汽车维修专用工具和设备的分类

汽车维修专用工具和设备是汽车维修企业生产活动的物质基础,可以依据设备的结构、性能和工艺特征进行分类,分为汽车维修通用设备和汽车维修专用设备两类,如图5-5所示。

(二)汽车维修专用工具和设备管理的意义和任务

1. 汽车维修专用工具和设备管理的意义

(1)保证汽车维修的正常进行。

现代的汽车服务企业要保证汽车维修养护工作的正常运行,就离不开汽车维修专用工具和设备的配合,因此,必须加强设备管理、合理使用、精心维修。

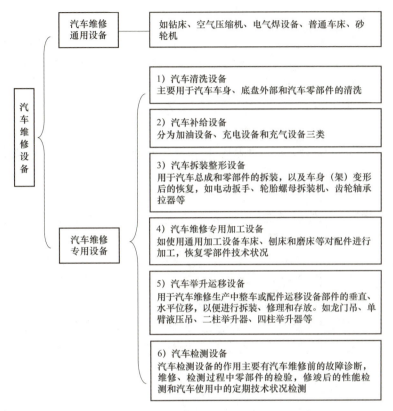

图 5-5 汽车维修设备分类

（2）保证安全生产，提高企业经济效益。

加强企业专用工具和设备管理，不但可以保持汽车维修设备良好的技术状况，而且可以确保维修设备的安全使用和汽车维修质量，从而保证汽车维修的安全生产，减少安全事故和返工返修，并减少设备维修费用和延长其使用寿命，最终提高企业经济效益。

（3）提升汽车维修的现代化进程。

加强企业专用工具和设备管理，可以提高汽车维修的机械化程度，加快维修进度，减轻劳动强度和提高劳动效率，有利于实现汽车维修企业的现代化。

2. 汽车维修专用工具和设备管理的任务

（1）汽车维修专用工具和设备管理的目标是促进企业进步，提高维修企业经济效益。

（2）选购技术先进、经济合理的优良的技术设备。

（3）保证机器设备始终处于最佳技术状态，使维修企业取得良好的投资效益。

（4）做好设备的挖潜、革新、改造，提高新的生产能力。

拓展资源：我国企业设备管理制度

（三）汽车维修专用工具和设备管理工作的内容

（1）建立健全设备管理机构。企业领导要分工负责设备管理，并要根据企业规模，配备一定数量的专职和兼职设备管理人员，负责设备的规划、选购、日常管理、维护修理及操作人员技术培训工作。

（2）建立健全汽车维修设备管理制度。汽车服务企业应当根据国家的法律法规要求，以及行业主管部门的具体规定，结合本企业的特点制定企业的设备管理制度，规定设备安装、使用、维修等技术操作的规程，明确设备配置、领用、变更、报废等活动的管理程序，明确设备使用与管理的岗位责任制度及奖罚规定等，使设备管理有章可循，全员参与，各负其责。

（3）认真做好汽车维修设备管理的基础工作。设备管理的基础工作主要包括设备的调入、调出登记，建档、立账，维修保养，报废及事故处理等，保证设备完好，不断提高设备的利用率。

（4）认真进行汽车维修设备的规划、配置与选购。根据企业的级别规模和发展前景，合理规划企业设备的配置，要在充分进行技术、经济论证的基础上，认真制订维修设备配置计划，并按照配置计划组织设备选购。要做到技术上能够满足使用要求，并保持一定的先进性；经济上合理核算，保证良好的投资效益。

（5）加强设备日常使用、保养及维修管理。保证严格执行操作规程，保证设备安全使用。要加强设备日常维护，要求操作人员每日上班前对设备进行检查、润滑，下班前对设备进行认真清洁擦拭。定期对设备进行紧固、调整、换油和检修作业，保证设备处于良好的技术状态，充分发挥设备的利用效率。

（6）适时做好汽车维修设备的更新改造工作。为适应新型车辆的维修工作，必须对设备技术上的先进性与经济上的合理性做全面考虑，权衡利弊，以提高设备更新改造的经济效益。

（四）汽车维修专用工具和设备管理人员的配备及职责

设立专职的或者兼职的设备管理员，负责全企业或者某个部门的设备管理工作。

设备管理员职责如下：

（1）负责设备的日常管理，做好设备管理基础工作。例如，设备的调入、调出登记和建档、立账等。

（2）指导设备操作人员合理使用设备，避免不当操作对设备的伤害。宣传安全技术操作规程，建立定机、定人、定岗的"三定"管理制度；推行技术操作证制度等。

（3）负责制订设备的维修计划，认真组织实施设备的维护修理，并建立设备的技术档案。

（4）所有设备人员必须培训上岗。

（五）汽车维修专用工具和设备的选择原则与购置

1. 选购专用工具和设备的一般原则

（1）适用原则。

遵循所购设备与企业规模及发展、企业所维修的主流车型、使用维修能力，以及动力和原材料供应等相适应的原则。

（2）高效高质原则。

遵循所购设备具有较高的生产率和过硬质量的原则。

(3)高性价比原则。

遵循所购设备经济合理、性价比高的原则。

(4)售后便捷原则。

所购设备供应商提供售后服务便捷可靠。

(5)可靠环保原则。

所购设备具有较好的安全性、可维修性、环保性和较长的使用寿命。

2. 专用工具和设备购置的基本程序

(1)订购。

汽车服务企业订购所需专用工具及设备。

(2)验收调试。

工具设备运抵，应由设备管理部门或人员监督运输、保管、开箱验收和安装调试。

(3)归档建账。

所有工具设备在交付使用并投产后，均应由设备管理部门或人员负责立卷归档、建立台账卡片及统一登记编号等。

(4)建立使用制度。

制定工具设备的安全技术操作规程、使用纪律及维修制度，以及规定使用年限和折旧费率等。

（六）汽车维修专用工具和设备的合理使用及维护保养

1. 合理使用

汽车维修专用工具和设备的合理使用涉及：做好工具设备的安装、调试工作；合理安排生产任务；做好机械操作人员的技术培训工作；建立健全科学的设备管理制度；保证工具设备的良好工作条件和环境。

微课视频：如何进行专用工具的选择和购置

2. 维护保养

汽车维修专用工具和设备的维护保养实行日常保养、例行保养、季度保养、年度保养的制度。

(1)日常保养。日常保养重点进行清洗、润滑，紧固易松动的部位，检查零件的状况。大部分工作在工具设备的表面进行。由各班组指定专人负责，不能处理的及时上报。

(2)例行保养。工具设备使用前检查完好状况，保证其正常工作，工作结束后清洁并放回原位，切断电源。

(3)季度保养。全工具设备清洁、润滑、调试，检查传动系统的状况，发现问题及时处理。

(4)年度保养。执行季度保养的内容，加注各类油液，紧固部件，检测各类精度是否符合标准，性能是否达标。

（七）汽车维修专用工具和设备管理制度

汽车服务企业的日常工作中涉及很多工具的使用，需要设定相应的工具设备管理制度，管理入库、出库及使用过程，制度如下：

1. 入库管理

（1）管理员与采购员当面清点新到货工具设备，确认无误后填入库单，双方签字确认。

（2）工具设备入库摆放在相应位置，贴上标识，并建立台账。

2. 出库管理

（1）工具设备使用人员领用工具后，要签字确认并存档。

（2）常用专用工具设备由班组负责人负责领用保管，如有遗失或损坏，由其负责赔偿。

（3）对于不常用专用工具设备，每次借用时，借用者在流水账上签字确认，并注明归还时间，返还时保管员须签字收到。如有丢失或损坏，由借用者负责赔偿。

3. 使用管理

（1）严禁违章使用专用工具设备。

（2）未经允许，不滥用他人工具设备。

（3）严格按使用规定进行使用。

（4）凡由个人领用、借用的工具设备，由个人负责保管，正常损坏时，以旧换新，如有遗失，由领用人负责按原值赔偿。

4. 归还管理

（1）工具设备使用完毕后，必须清理整洁、干净，归还库房。

（2）离职人员应于3日内交还所有领借用工具设备，工具员检查签字确认后方为有效。

二、汽车维修资料管理

为了使维修技师能够掌握最新技术信息和能够依照标准的步骤来使用正确的专用工具进行维修，汽车售后服务企业必须配备所有维修车型的修理手册、电气线路图、新车特征说明书等修理手册。而汽车生产企业为经销商提供的资料还包括管理资料、维修技术资料、保养手册和维修手册等资料，对汽车保养维修的操作方法和技术标准都做了详细说明，是维修作业的指导性技术资料。

微课视频：汽车售后服务资料管理

知识拓展：汽车维修档案管理制度

（一）汽车维修资料的管理准备

（1）汽车维修资料配置及状态应齐备、完好，可随时借阅。

（2）汽车维修资料应由专人（工具资料员）负责，建立资料目录及借阅档案。

（3）技术总监要考查维修资料利用情况，保证维修作业按维修手册的要求进行；要对维修人员进行定期考核，使其掌握维修资料的内容。

（二）汽车维修资料的管理制度

（1）汽车维修资料到店后，保管员应立即登账入库，分类保管，建立汽车维修资料台账。

（2）汽车维修资料仅限本公司员工借阅，严禁复印、传抄或将资料带出公司以外。

（3）每次借阅资料，保管员应在流水账上记录，借阅者签字确认。

（4）借阅者应爱惜资料，妥善保管。如有缺损或遗失，将处以一定数额的罚款。

（5）每次借阅，必须按期归还，归还时在流水账上签字。

在掌握汽车服务企业专用工具、设备和资料管理的前提下，形成对汽车服务企业专用工具、设备和资料管理的整体性认识，并很好地解决本项目任务中所描述的王大海遇到的情况，建议采取如下方式开展学习和训练。

一、在线学习

登录"汽车营销与服务专业教学资源库"，选定汽车服务企业管理课程中的"汽车维修专用工具和设备的管理""资料管理"微课程，观看教学微课，并完成相应的进阶训练。在微课中如有疑问，可在线提问，与教师互动交流。

二、难点化解

认真学习本课程，进一步掌握任务5-2的知识和技能，完成"难点化解"题目。

三、模拟训练

假定自己可以解决王大海的难题，与学习小组成员商讨，给王大海的分店选择合适的设备，并对设备的后期运行给出合理性建议。

以小组为单位，选择一家汽车服务企业，了解企业的设备种类、设备的维护与使用情况。拍照采集企业设备种类并将照片上传至资源库平台。

任务 5-3 计算机信息管理

任务描述

王大海所建立的汽车服务企业自成立之初就开始进行计算机管理,非常明确计算机管理的必要性和重要性。随着企业规模的不断扩大,经营项目也在不断增加,与之对应的计算机系统也需要进行完善。近期王大海花巨资对计算机管理系统进行了升级改造,并且王大海觉得有必要在公司将新系统进行普及化,虽然有软件公司的人员到厂里进行培训,但因各种原因难以大范围展开,所以王大海希望有人能帮他解决这个困难,对员工进行新系统的普遍培训,提升员工的职业素质。

任务分析

企业之间的竞争,除了产品和服务的竞争外,更深层次的竞争在于企业的管理。随着电子信息时代的到来,人们对信息、时间、效益的需求越来越高,这必然推动汽车服务企业管理方法及管理手段的变革,计算机管理作为一种先进的管理手段,在汽车服务企业中的应用前景必然越来越广阔。王大海所面临的问题属于计算机信息管理范畴,主要是解决计算机软件操作与应用的问题。

汽车服务企业的计算机信息管理系统主要包括汽车贸易软件管理、汽车配件软件管理、汽车维修软件管理3个模块。加强计算机信息管理,对于汽车服务企业效率的提高、企业管理的科学性均起到关键性的作用。学习任务包括如下内容:

(1)完成"汽车营销与服务专业教学资源库"汽车服务企业管理课程中的"计算机管理认知""汽车贸易软件管理""汽车配件软件管理""汽车维修软件管理"微课程学习。

(2)小组采用角色扮演法组建团队为王大海解决困境。

(3)完成"计算机信息管理"项目任务书。

(4)完成拓展训练任务。

项目五
行政管理

 学习目标

- 专业能力
1. 能够把握汽车服务企业计算机信息管理的重要性；
2. 掌握"计算机管理认知""汽车贸易软件管理""汽车配件软件管理""汽车维修软件管理"等汽车服务企业计算机管理的知识和技能点。
- 社会能力
1. 树立服务意识、效率意识、规范意识；
2. 强化人际沟通、语言表达能力；
3. 维护组织目标实现的大局意识和团队能力；
4. 爱岗敬业的职业道德和严谨、务实、勤快的工作作风；
5. 自我管理、自我修正的能力。
- 方法能力
1. 利用多种信息化平台进行自主学习的能力；
2. 制订工作计划、独立决策和实施的能力；
3. 运用多方资源解决实际问题的能力；
4. 准确的自我评价能力和接受他人评价的能力；
5. 自主学习与独立思维能力。

 相关知识

一、计算机管理认知

（一）信息管理内容

信息管理是企业管理工作的重要内容与基础。信息为实现管理的目标和职能提供资料依据、共同准则、基本手段和前提条件，各项专业经济管理必须建立在信息处理基础之上。汽车服务企业的生存、发展和壮大所依赖的一个重要方面就是信息。对于企业内部来讲，借助计算机进行的信息管理主要内容包括：

微课视频：计算机管理认知

1. 人员信息管理

汽车服务企业的所有人员信息包括人员编号、姓名、职务、电话、手机、出生日期、性别、工作日期等，必须录入内部网络系统。当人员信息发生变化时，要及时在系统中维护。人员编号由企业自行定义，一经录入内部网络系统，则不能改变，且企业应让本人熟知自己的人员编号，方便在其他场合使用。

案例资源：不用计算机管理的后果

231

2. 服务营销信息管理

各种服务营销活动如冬季服务行动、夏季服务行动、"315"消费者权益活动、厂庆活动等的总结，以及年终企业的工作总结等，都应按照相应的服务活动的要求反馈信息。

3. 客户信息和车辆信息管理

客户信息和车辆信息管理主要内容如下：

（1）由业务接待员使用计算机建立客户档案和车辆档案，并使用标准格式。

（2）由信息员对客户档案和车辆档案进行统计管理和维护。

（3）客户档案和车辆档案记录的要求：

① 客户电话、地址正确；

② 车辆底盘号、发动机号等资料完整；

③ 记录车况和车辆维修履历；

④ 客户档案内容必须完整；

⑤ 车辆有维修跟踪记录。

（4）信息员应在车辆维修3天内进行跟踪调查。

（5）对售后跟踪中发现的维修质量问题和服务问题，要详细地记录，并提出整改方案。

（6）对重大的质量事故和客户投诉，应及时向有关领导汇报。

（7）电话跟踪记录必须有严格的存档管理。

（8）应进行定期客户调查和客户访问，并存档。

4. 电子服务信息系统

电子服务信息系统包括维修手册、工位工时定额、索赔员工作手册、服务组织管理资料、故障代码、自学手册、技术服务手册、电路图、仪器使用说明、服务款项管理等。先进的企业以光盘的形式下发，汽车服务企业应注意保存、保密，并配备计算机合理使用。

（二）计算机管理系统的特点

1. 先进的客户关系管理

管理系统引入先进的客户关系管理理念，全面协助企业管理客户资源。通过对客户资源的有效管理，达到缩短销售周期，提高服务质量，详细记录客户档案、维修档案、反馈信息，提升客户满意度与忠诚度，增强企业综合竞争能力。

2. 全面、流畅的业务管理

从接车、估价、在修、派工、检验、完工、结算、结款到车辆出厂，以及汽车保修和保养，流程管理全面、流畅，操作可简可繁，各种业务票据可直接打印，如委托书、工作单、派工单、领料单、结算单、保修单等。

3. 强大的统计查询分析功能

管理系统提供各种业务数据、财务数据的查询统计功能，涵盖维修接车、维修、用料、结算报表，库房入库、出库、库存台账，财务收款、付款、成本核算、工时结算明细报表，各种汇总统计报表，例如，按车型、维修类别、结算方式、客户类型等。通过计算机系统可随时查询经营状况、财务状况、客户档案、车辆及维修档案等各种报表，报表数据查看操作简单，数据准确翔实，可运用多种方法进行数据筛选，并可随时将数据打印或导出成 Excel 格式进行编辑。

4. 灵活的自定义功能

提供较多的个性化功能，允许用户在一定范围内根据自身的需要或喜好自行设计，更改系统中常用的表单表格、自由组合数据筛选条件、自行定义常用的基础字典等。

5. 严密的流程控制

管理系统在业务流程管理上融入了大量优秀的经营理念，不同的维修状态对应着派工、维修、领料、结算等业务操作，流程之间相互关联，思路清晰，控制严谨，帮助企业提高自身的管理与服务水平。

（三）计算机管理的作用

计算机具有信息存储量大、信息处理准确等特点，企业运用计算机管理系统有以下作用：

（1）上层管理者可以通过计算机管理信息系统及时了解到整个企业的运作情况，从而可以对各部门的工作进行统筹安排。

（2）企业的高层管理者可以从烦琐的统筹安排、生产调度、统计报表中彻底解脱出来，制定长远规划，谋划行之有效的市场策略去争取更多的顾客，为企业带来更多的效益。

（3）可以使服务企业彻底改变手工作坊的工作模式，解决企业领导每天面对庞大的顾客资料、维修记录、配件资料、交易账单等凌乱的事务，以及由此产生的顾客纠纷及纷杂事务。

（4）能充分地实现企业人、财、物、产、供、销的合理配置与信息共享，帮助加快库存周转，减少购买和运输费用，确保维修承诺期，减少由于物料短缺而引起的维修中断。

（5）能保证企业的财务数据真实反映实际的成本及企业状况。

（6）采用计算机管理信息系统来管理车辆档案，可为长期、灵活的顾客服务奠定基础，更能够提升企业在顾客心目中的形象。

（7）进行车辆、顾客的动态跟踪，及时掌握动态信息，更好地为顾客服务。

（8）用于汽车服务企业的库存管理，能够缩短进出货的周期并减少待料，同时可以为按需库存提供准确的信息，以减少因库存而造成的人力和财力的浪费。

（9）在汽车服务企业特别是汽车维修企业实现了"标准量化管理"后，可以实现真正的明码标价，工种、车型、排量、故障、技术熟练程度等都可以进行量化，使得在报价、提成、奖金等方面有据可依，能充分调动员工的积极性，同时也为企业树立良好的形象。

（10）有利于企业的资源管理、人力管理等。

综上所述，实行计算机管理是实现企业科学化管理的有效手段。

二、汽车贸易软件管理

1. 车辆管理

（1）车辆采购：记录车辆采购渠道、所购车型、配置、颜色、数量、价格、选配内容等信息，随时可查看采购合同履行情况，并且可根据实

微课视频：汽车贸易软件管理

际情况更改采购合同数据。

（2）车辆入库：包括车辆采购入库、销售退货入库、车辆移入入库。详细记录入库车辆基本信息，包括车型、配置、颜色、底盘号、发动机号、保修卡号、合格证号、随车附件、入库仓库等信息，并可打印输出车辆入库单。

（3）车辆出库：包括销售出库、采购退货出库、车辆移出出库等。主要功能是根据业务单据进行出库确认，打印输出出库单，减少车辆库存数量。

（4）车辆库存：查询在库车辆及车辆基本信息。

（5）车辆附加：在出厂配置基础上增加或更换某些汽车部件，增加汽车价值。

2. 销售管理

（1）车辆订购：没有现货提供给客户时，管理系统提供车辆订购功能，主要记录需要的车型、配置、颜色等基本信息，记录车辆价格、付款方式、交货时间等基本约定。有代办的，要记录代办项目及收费情况；有赠品的，还可以进行相关数据的录入。系统还提供订购单、订购合同等打印输出功能。

（2）车辆销售：记录客户及所购车辆详细信息，以及定价、优惠、合同价与实际价、付款方式、车辆流向、车辆用途、业务员等基本信息。有代办的，要记录代办项目及收费情况；有赠品的，还可以进行相关数据的录入。管理系统还提供销售单、销售合同等打印输出功能。

（3）销售代办：根据合同约定，替客户代办相关项目，需登记对方单位、代办成本等数据，以便财务付款及单车收益核算。

（4）合同查询：查询订购合同及销售合同的履行情况，包括是否选车、钱是否付清、销售代办是否完成、发票是否已开、车辆是否出库等。

（5）财务管理：根据采购、销售等业务完成定金、车款、代办款等收款工作及车辆采购、车辆附加、销售代办产生的付款工作，对销售车辆开具销售发票及进行收益核算。

三、汽车配件软件管理

1. 期初库存

汽车配件管理主要是对配件的销售、进货、退货、维修领料等进行记录和统计，使烦琐的配件管理业务规范化、透明化。在使用系统的配件管理前，需要先对仓库的配件库存信息进行期初的盘库建档处理，以建立与实际仓库库存相符的真实配件进销存管理。配件的初期盘库建档操作十分简单，只需把汽车配件的名称、数量信息录入相应仓库中即可。

微课视频：汽车配件软件管理

2. 入库管理

入库管理包括采购入库、调拨入库、销售退货入库、领料退料、盘盈入库、随进随出入库，录入配件的供应商、配件类型、价格、数量及所入的仓库信息，复核后自动进行上账处理，财务管理模块中会生成相应的配件收付款记录。

3. 出库管理

出库管理包括销售出库、领料出库、采购退货出库、调拨出库、盘亏出库、随进随出出库等，录入配件、价格、数量、仓库及相关信息。

4. 库存管理

库存管理包括配件库存查询、盘点、报损、辅料耗用登记、配件价格维护、库存警戒线设置及库存报警等功能。管理员可及时通过管理系统轻松掌握库存资料、制订相应的进货计划。

四、汽车维修软件管理

1. 前台接待

汽车服务顾问通过与修车用户交流，记录车辆的行驶里程和燃油示数，记录汽车的维修项目并输入每个项目的维修用料，如果是返修，则需登记返修信息，确定是否入厂修理。此外，打印出任务委托书。

2. 车间管理

客户车辆转入车间后，在车间确定其故障现象、维修项目及维修中所需的用料信息后，就可进行相应的派工与领料。如果有新增加或漏报的项目，由汽车服务顾问征得客户同意之后方可进行项目的维修作业。当所有的项目完工之后，需要进行竣工的检验工作。

3. 结算

主要由汽车服务顾问为客户打印结算单，并详细解释各项费用的明细，解决客户关于价格的疑问，让客户明明白白消费。客户认可结算单内容后，带着客户去付款。

4. 出厂

客户付款之后，需要在系统中进行出厂指令的操作，并初步确定客户车辆下次预约保养的时间。在计算机管理系统中，只有车辆出厂后，才可能进行下次的前台接待及进厂维修。

知识拓展：配件销售定价考虑的因素

微课视频：汽车维修软件管理

 任务实施

在掌握汽车服务企业计算机管理基本情况的前提下，形成对计算机信息管理的重视，并很好地解决本项目任务中所描述的王大海遇到的情况，建议采取如下方式开展学习和训练。

一、在线学习

登录"汽车营销与服务专业教学资源库"，选定汽车服务企业管理课程中的"计算机管理认知""汽车贸易软件管理""汽车配件软件管理""汽车维修软件管理"微课程，观看教学微课，并完成相应的进阶训练。在微课中如有疑问，可在线提问，与教师互动交流。

二、难点化解

认真学习本教材,进一步掌握项目任务 5-3 中的知识和技能,完成"难点化解"题目。

三、模拟训练

假定自己可以解决王大海的难题,与学习小组成员商讨,对汽车服务企业中主要经营项目对应的软件模块进行操作演练。

拓展训练

以小组为单位,查找现在汽车服务企业中常用的信息管理软件,简要分析其模块和功能,并拍摄视频上传至资源库。

任务 5-4　财务管理

 任务描述

王大海建立的汽车服务企业在开业之时,虽逢全球金融危机,但在国家一系列政策措施的积极作用下,我国汽车行业仍保持较快的增长势头,王大海的汽车服务企业人员负担轻,所以期初发展良好。但是最近企业出现了经营困境,王大海参加 EMBA 学习后,意识到公司的账都交给记账公司这种做法不利于企业发展,应该为企业招聘一个财务经理,帮助他管理企业。

如果你是应聘的财务经理,该怎么和王大海交流,以便更好地进行工作?

 任务分析

在市场经济大背景下,汽车行业的激烈竞争已不再局限于销售数量,甚至是资金、产品和规模,而是汽车质量与服务品质的深度较量。所以,本任务中财务经理要让他的老板王大海了解的是,作为现代化企业,把仅有的资金、产品、规模、品质、服务结合到一起,发挥最优效益,高效科学地进行财务管理才是公司发展的关键。尤其面对复杂的市场竞争环境,良好的财务管理成为抢占市场和整合企业资源的关键。

财务管理是在一定的整体目标下,关于资产的购置(投资)、资本的融通(筹资)、经营中现金流量(营运资金)及利润分配的管理。汽车销售行业一般财务管理体系包括进货管理、仓库管理、销售管理、收付管理、客户管理和基础资料管理。企业收入主要有汽车销售收入、维修收入及佣金、返利收入。财务分析主要是对汽车服务产值、售后服务毛利、库存周转率等进行分析。结合汽车服务企业特点,具体掌握该行业的财务管理基础知识和技能点。

学习任务包括以下内容:

(1)完成"汽车营销与服务专业教学资源库"汽车服务企业管理课程中的"财务基础认识""财务收支项目"和"财务报表解读"微课程学习。

(2)小组采用角色扮演法组建团队为王大海解决困境。

(3)完成"财务管理"项目任务书。

(4)完成拓展训练任务。

学习目标

● 专业能力

1. 能够把握企业财务管理的基础知识;
2. 掌握汽车服务企业"财务基础认识""财务收支项目""财务报表解读"等汽车销售和服务行业的财务管理基础知识与技能点。

● 社会能力

1. 树立服务意识、效率意识、规范意识;
2. 强化人际沟通、语言表达能力;
3. 维护组织目标实现的大局意识和团队能力;
4. 爱岗敬业的职业道德和严谨、务实、勤快的工作作风;
5. 自我管理、自我修正的能力。

● 方法能力

1. 利用多种信息化平台进行自主学习的能力;
2. 制订工作计划、独立决策和实施的能力;
3. 运用多方资源解决实际问题的能力;
4. 准确的自我评价能力和接受他人评价的能力;
5. 自主学习与独立思维能力。

 **相关知识**

一、财务基础认知

(一)财务管理概念

财务管理是在一定的整体目标下,组织企业财务活动、处理财务关系的一项综合性管理工作,如图5-6所示。因此,下面来认识财务管理的目标、财务活动、财务关系。

微课视频:财务基础认知

1. 财务管理的目标

财务管理目标是一切财务活动的出发点和归宿。最具有代表性的财务管理目标有以下几种观点。

(1)利润最大化。追求收入减去费用后的利润最大,可能导致企业短期行为。

(2)股东财富最大化。在股东拥有的股票数量一定时,股价达到最高,股东财务就最大。

(3)企业价值最大化。公司全部资产的市场价值达到最大。

(4)相关者利益最大化。以股东财务最大为核心和基础,还要考虑政府、债权人、员工等企业相关者的利益。

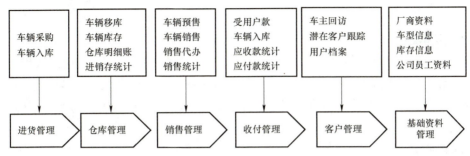

图 5-6　汽车销售行业一般财务管理体系

2. 财务活动

财务活动也就是财务管理的具体内容，包括投资管理、筹资管理、营运资金管理、成本管理、收入与分配管理。

3. 财务关系

财务关系是指企业在组织财务活动过程中，与有关各方所发生的经济利益关系。有关各方包括：

（1）政府。企业必须按照税法规定向中央和地方政府缴纳各种税款。是一种强制和无偿的分配关系。

（2）投资者。企业利用资本进行运营，实现利润后，应该按照出资比例或合同、章程的规定，向其所有者支付报酬。

（3）债权人。企业向债权人借入资金，并按借款合同的规定按时支付利息和归还本金所形成的经济关系。

（4）受资者。企业同其被投资单位的财务关系。

（5）职工。是企业向职工支付劳动报酬过程中所形成的经济关系。

（6）债务人。是指企业将其资金以购买债券、提供借款或商业信用等形式出借给其他单位所形成的经济关系。

（7）企业内部各部门。是指企业内部各部门之间在生产经营各环节中相互提供产品或劳务所形成的经济关系。

（二）财务管理环境

又称理财环境，是指对企业财务活动产生影响作用的企业外部条件。在各种外部环境中，经济环境最为重要。

1. 法律环境

法律既约束企业的非法经济行为，也为企业从事各种合法经济活动提供保护。汽车 4S 店为了促销，一般会给客户送礼包，如防爆膜、导航仪、保养卡等，并且车子的价位越高，礼包的价值一般也会越高，这种情况下，一些汽车 4S 店在对送出的礼品进行账务处理时，仅将其计入营业成本或销售费用，没有计算缴纳相应的增值税。这些汽车 4S 店的行为违背了我国税法的规定，给汽车 4S 店自身带来很大的税务风险，应该把赠送行为视同销售缴纳增值税。

2. 经济环境

其在影响财务管理的各种外部环境中，是最为重要的。2015年中国居民人均可支配收入21 966元（人民币，下同），比上年名义增长8.9%，扣除价格因素，实际增长7.4%。这一速度高于同期中国GDP 6.9%的增速。经济环境好了，居民购买力提高，汽车行业的市场前景也将看好。

3. 金融环境

金融环境是指一个国家在一定的金融体制和制度下，影响经济主体活动的金融机构、金融工具和金融市场等要素的集合。我国汽车消费信贷有很大的发展潜力，蕴藏着巨大的商机。为满足个人汽车消费的需求，贷款方式除了银行借贷外，还可以通过汽车金融公司。汽车金融是消费者在购买汽车需要贷款时，可以直接向汽车金融公司申请优惠的支付方式，可以按照自身的个性化需求来选择不同的车型和不同的支付方法。

二、企业财务收支项目

收入是指企业在日常活动中形成的、会导致所有者权益增加的、与所有者投入资本无关的经济利益的总流入。其中，日常活动是指企业为完成其经营目标所从事的经常性活动，以及与之相关的其他活动。

微课视频：企业财务收支项目

（一）汽车服务企业收入

（1）汽车销售收入。主要指的是整车销售收入，一般根据厂家指导价，实际售价会比厂家指导价低。

（2）维修收入。包括工时收入、零件收入、机修收入、钣喷收入。具有一定规模的汽车维修企业，主要的利润来源是维修收入。

（3）佣金、返利等其他收入。由于购买汽车时办理各种手续很烦琐，为赢得客户，4S店往往实行一条龙服务，给消费者提供多种方便，如代办汽车验车挂牌、代办营运证件、代办车辆保险、汽车装饰等。佣金代理收入是公司为客户提供代办车辆保险等一条龙服务，从而从保险公司获得的保险返利和上牌、按揭代办佣金等收入。

（4）精品、装潢收入。是指经销商精品销售、新车装潢等的收入。比如放置在仪表旁边的香水、挂在后视镜的吊坠、座套、踏板、音响系统、影视系统、车用MP3、车用手机充电器、贴纸等。

（5）养护产品业务收入。汽车养护是指根据车辆各部位不同材料所需的保养条件，采用不同性质的专用护理材料和产品，对汽车进行全新的保养护理的工艺过程。现今的汽车养护涵盖发动机、变速器、底盘、冷却系统、燃油系统等的养护范围。汽车养护服务项目包括新车养护、日常养护、汽车车身养护、汽车内饰养护、汽车发动机养护、汽车底盘养护、汽车电器养护、汽车空调系统养护等。养护产品业务收入指延伸养护产品产值。

（二）汽车服务企业成本费用

费用是企业为销售商品、提供劳务等日常活动所发生的经济利益的流出。按经济用途，分为生产费用、期间费用两类。生产费用是指企业为生产商品和提供劳务所发生的各种耗费和支出,即对象化的费用,也称营业成本。期间费用是指企业本期发生的、不能直接或间接归入营业成本,而是直接计入当期损益的各项费用。包括销售费用、管理费用和财务费用等。

1. 营业成本

(1) 汽车成本。从厂家购入的汽车成本,即拷车价。

(2) 零件销售成本。当月零件部门销售所有配件的成本总额。

(3) 零服员薪资。当月服务部门和零配件部门所有员工的薪资收入的总额。

2. 期间费用

(1) 销售费用。门店为销售服务的费用,如企业开车展做的广告费。

(2) 管理费用。指企业行政管理部门为组织和管理生产经营活动而发生的各项费用。如总经理的工资。

(3) 财务费用。指企业在生产经营过程中为筹集资金而发生的各项费用。如企业和银行开展的按揭业务的利息。

三、常见财务报表解读

(一) 会计报表

会计报表是会计核算的最终产品,它是依据日常核算资料编制的,全面地反映企业在一定时期内的财务状况、经营成果和现金流量的报告文件。会计报表按不同的标准,有不同的分类。按报送对象不同,可以分为内部会计报表和对外会计报表。内部报表可以根据企业自己的需要编制,而向税务局、银行等外部报送的报表必须按企业会计准则编制,所以,每个企业对外会计报表在格式、编制方法上都很统一。按经济内容不同,可以分为3类:反映财务状况的资产负债表、反映经营成果的利润表、反映财务状况变动的现金流量表。

微课视频:企业常见财务报表解读

1. 资产负债表

资产负债表是反映企业某一特定日期全部资产、负债和所有者权益情况的会计报表。资产负债表利用会计平衡原则,将合乎会计准则的资产、负债、股东权益等会计要素分类入若干会计科目,再经过填制和审核凭证、登记账簿、成本核算、财产清查等方法后,以特定日期的静态企业情况为基准,按项目再计入报表中的"资产"和"负债及股东权益"两大区块,浓缩成一张报表。其报表功用除了企业内部查错、经营方向、防止弊端外,也可让所有阅读者于最短时间了解企业经营状况。

我国企业的资产负债表的格式为账户式,即资产类项目列在左边,按变现能力强弱顺序排列。变现能力最强的是货币资金,包括库存现金、银行存款和其他货币资金。像轮胎、机油、机滤、蓄电池、雨刮片等易损件,在日常活动中持有以备出售的或提供劳务过程中耗用的材料、物料等,属于存货项目。一般在购入后一年以内卖出变现,所以位置会排在后一点。而固定资产,如举升机、电脑测试仪、冷媒回收仪等价值较高,为经营而持有的,一方面不是为了变现而持有,另一方面变现能力也更差些,就更要往后排了。负债按照偿还期短长排序,短期借款是在一年以内偿还的债务,长期借款是指超过一年偿还的债务。所有者权益按永久性程度高低排序。永久性程度高的在先,永久性程度低的在后。

资产负债表根据"资产=负债+所有者(股东)权益"这一会计恒等式编制。表5-7反映了上海大众品牌4S店2016年12月31日资产总额为13 260万元,负债总额为7 534万元,所有者权益总额为5 725万元。

表 5-7 资产负债表

编制单位:上海大众品牌4S店　　　2016年12月31日　　　　　　　　　单位:元

资产	行次	年初数	期末数	负责及所有者权益	行次	年初数	期末数
流动资产:				流动负债:			
货币资金	1	4 469 932.51	5 089 681.72	短期借款	68	70 740 154.02	72 671 543.84
短期投资	2	—	—	应付票据	69	—	—
应收票据	3	—	—	应付账款	70	669 095.20	172 103.95
应收股利	4	—	—	预收账款	71	1 007 523.86	830 472.02
应收利息	5	—	—	应付工资	72	—	—
应收账款	6	3 989 545.51	4 881 007.55	应付福利费	73		
其他应收款	7	124 199.67	147 264.72	应付股利	74		
预付账款	8	17 452 150.06	23 780 052.53	应交税金	75	1 161 179.73	744 336.01
应收补贴款	9			其他应交款	80	45 092.31	29 187.76
存货	10	71 933 628.48	73 383 073.31	其他应付款	81	978 994.89	900 076.89
待摊费用	11	—	—	预提费用	82	—	—
一年内到期的长期债权投资	21			预计负债	83		
内部应收款	24			一年内到期的长期负债	86		
流动资产合计	31	97 969 456.23	107 281 079.83	内部应付款	90		
长期投资:							
长期股权投资	32	—	—	流动负债合计	100	74 602 040.01	75 347 720.47
长期债权投资	34			长期负债:			
长期投资合计	38	—	—	长期借款	101		
固定资产:				应付债券	102		

续表

资产	行次	年初数	期末数	负责及所有者权益	行次	年初数	期末数
固定资产原价	39	24 755 471.30	24 272 546.69	长期应付款	103		
减：累计折旧	40	9 395 955.80	9 814 540.18	专项应付款	106		
固定资产净值	41	15 359 515.50	14 458 006.51	其他长期负债	108		
减:固定资产减值准备	42			长期负债合计	110	—	—
固定资产净额	43	15 359 515.50	14 458 006.51	递延税项：			
工程物资	44			递延税款贷项	111		
在建工程	45	—	230 000.00	负债合计	114	74 602 040.01	75 347 720.47
固定资产清理	46						
固定资产合计	50	15 359 515.50	14 688 006.51	所有者权益：（股东权益）			
无形及递延资产：				实收资本(或股本)	115	10 000 000.00	10 000 000.00
无形资产	51	11 046 601.81	10 637 397.97	减：已归还投资	116		
长期待摊费用	52			实收资本（或股本）净额	117	10 000 000.00	10 000 000.00
其他长期资产	53			资本公积	118		
无形及其他资产合计	60	11 046 601.81	10 637 397.97	盈余公积	119	3 913.33	3 913.33
				其中：公益金	120		
递延税项：				未分配利润	121	39 769 620.20	47 254 850.51
递延税款借项	61			股东权益合计	122	49 773 533.53	57 258 763.84
资产总计	70	124 375 573.54	132 606 484.31	负债和股东权益总计	135	124 375 573.54	132 606 484.31

2. 利润表

利润表又称损益表，是反映企业在一定会计期间经营成果的报表。利润表是根据"收入－费用＝利润"这一会计等式编制的。我国利润表采用多步式格式，营业收入减去营业成本等项目，加上公允价值变动、投资收益项目金额后的余额为营业利润，再加营业外收入，减去营业外支出，得到利润总额，再减所得税费用，得到净利润。表 5-8 反映了上海大众品牌 4S 店 2016 年净利润为 748 万元。

拓展资源：企业税后利润的分配程序

表 5-8　利润表

编制单位：上海大众品牌 4S 店　　　　2016 年 12 月　　　　　　　　单位：元

项　　目	行次	本月数	本年累计数
一、销售（营业）收入	1	53 036 828.06	390 992 884.91
减：销售折扣与折让	2		
转出价差收入	3		
二、销售（营业）收入净额	4	53 036 828.06	390 992 884.91
减：销售（营业）成本	5	50 431 969.82	363 168 980.92
销售（营业、经营）费用	6	1 236 356.92	12 728 463.16
销售（营业）税金及附加	7	69 781.73	207 944.29
三、销售（营业）利润	8	1 298 719.59	14 887 496.54
加：代购代销收入	9		
四、主营业务利润	10	1 298 719.59	14 887 496.54
加：其他业务利润	11	410 806.92	5 183 845.41
减：管理费用	12	727 169.86	7 645 651.85
财务费用	13	312 437.85	2 921 755.13
汇兑损失（收益填负数）	14		
五、营业利润	15	669 918.80	9 503 934.97
加：投资收益（损失填负数）	16		
补贴收入	17		
营业外收入	18	121 021.12	476 876.11
减：营业外支出	19	—	504.00
加：以前年度损益调整	20		
六、利润总额（亏损填负数）	21	790 939.92	9 980 307.08
盈利企业盈利总额	22		
亏损企业亏损总额（填"＋"）	23		
减：所得税	24	197 734.98	2 495 076.77
七、净利税	25	593 204.94	7 485 230.31

3. 现金流量表

现金流量表是反映企业在一定会计期间内的现金和现金等价物流入与流出情况的报表。该表的编制基础与资产负债表、利润表的权责发生制不同，是按照收付实现制编制的。其补充了资产负债表、利润表信息不足的部分，便于从现金流入和流出的角度对企业活动进行谨慎考核，增强会计信息的可比性，参见表 5-9。

根据企业的业务活动性质和现金流量来源,《企业会计准则——现金流量表》将企业一定会计期间内产生现金流量的活动分为 3 类:经营活动产生的现金流量、投资活动产生的现金流量、筹资活动产生的现金流量。一般来说,经营活动现金流入占现金总流入比重大的企业,经营状况较好,财务风险较低,现金流入结构较为合理。投资活动产生的现金流量反映企业固定资产投资及权益性、债券性投资业务的现金流量情况。若企业本会计期间的投资回收额大于支出额,表明企业资本运作收效显著,投资回报及变现能力较强;若是企业处理中产期资产以求变现,则表明企业产业、产品结构将有所调整,或将来的生产能力会受到严重影响,已经陷入深度的债务危机中。因此,必须对企业投资活动产生的现金流量原因进行具体分析。筹资活动现金净增加或减少,在某种程度上可以反映企业的筹资能力。

表 5-9 现金流量表

编制单位:上海大众品牌 4S 店　　　　　　2016 年度　　　　　　　　　单位:元

项 目	金额	补充资料	金额
一、经营活动产生的现金流量:		1. 将净利润调节为经营活动现金流量:	
销售商品、提供劳务收到的现金	60 984 574.95	净利润	593 204.94
收到的其他与经营活动有关的现金	6 615 698.02	固定资产折旧	418 584.38
现金流入小计	67 600 272.97	无形资产摊销	0
购买商品、接受劳务支付的现金	67 526 148.86	长期待摊费用摊销	0
支付给职工及为职工支付的现金	0	待摊费用减少(减:增加)	0
支付的各项税费	817 591.27	预提费用增加(减:减少)	0
支付的其他与经营活动有关的现金	1 230 301.9	处置固定资产、无形资产和其他长期资产的损失(减:收益)	0
现金流出小计	69 574 042.03	固定资产报废损失	0
经营活动产生的现金流量净额	-1 973 769.06	财务费用	0
二、投资活动产生的现金流量:		投资损失(减:收益)	0
收回投资所收到的现金		递延税款贷项(减:借项)	0
取得投资收益所收到的现金	0	存货的减少(减:增加)	-1 449 444.83
处置固定资产、无形资产和其他长期资产所收回的现金净额	0	经营性应收项目的减少(减:增加)	-7 242 429.56
收到的其他与投资活动有关的现金	0	经营性应付项目的增加(减:减少)	-1 185 709.36
现金流入小计	0	其他	6 887 156.3
购建固定资产、无形资产和其他长期资产所支付的现金	-662 128.45	经营活动产生的现金流量净额	-1 973 769.06

续表

项　　目	金额	补充资料	金额
投资所支付的现金	0		
支付的其他与投资活动有关的现金	0		
现金流出小计	－662 128.45		
投资活动产生的现金流量净额	662 128.45	2. 不涉及现金收支的投资和筹资活动：	
三、筹资活动产生的现金流量：		债务转为资本	
吸收投资所收到的现金	0	一年内到期的可转换公司债券	
借款所收到的现金	1 931 389.82	融资租入固定资产	
收到的其他与筹资活动有关的现金			
现金流入小计	1 931 389.82		
偿还债务所支付的现金			
分配股利、利润或偿付利息所支付的现金	0	3. 现金及现金等价物净增加情况：	
支付的其他与筹资活动有关的现金		现金的期末余额	5 089 681.72
现金流出小计	0	减：现金的期初余额	4 469 932.51
筹资活动产生的现金流量净额	1 931 389.82	加：现金等价物的期末余额	
四、汇率变动对现金的影响		减：现金等价物的期初余额	
五、现金及现金等价物净增加额	619 749.21	现金及现金等价物净增加额	619 749.21

（二）会计报表分析

1. 会计报表分析概念

会计报表分析是利用会计报表提供的数据，采取一定方法进行的计量分析，是以一定标准对企业的各种经济情况进行比较的一种工具。企业除了编制资产负债表、利润表、现金流量表等报表外，还会编制其他一些内部表格，为企业自身的管理服务提供分析的数据。

2. 报表分析作用

（1）可以找出企业本身的优势和不足。通过对相关报表有关资料进行分析，计算相关指标，可以了解企业的资产结构和负债水平是否合理，从而判断企业财务实力，揭示企业经营管理的各个方面和环节问题，找出差距，得出分析结论。

（2）为投资者进行投资决策提供信息。通过财务分析，判断企业的发展趋势，预测其生产经营的前景及偿债能力，从而为投资者进行投资决策和债权人进行信贷决策提供重要依据，避免因决策失误而给其带来重大的损失。

（3）为政府、税收、金融等部门进行监督提供依据。税务部门可以审查企业纳税申报数据的合理性。证券管理机构可以评价上市公司遵守政府法规和市场秩序的情况。财政部门可以审查企业遵守会计法规和财务报表制定规范的情况。

3. 报表分析的内容

分析内容包括对如下 4 种能力的分析：

（1）偿债能力。是指用企业资产清偿长、短期负债的能力。

（2）营运能力。是指资产周转效率，其快慢可以体现资产管理效果好坏。

（3）盈利能力。是指企业赚取利润的能力。利润率越高，盈利能力越强。

（4）发展能力。是指企业通过自身的生产经营活动，不断扩大积累而形成的发展潜力。

（5）现金流量。指获取现金的能力和收益质量。如果会计收益如实反映公司业绩，则收益质量高。

4. 报表分析的方法

（1）比较分析法。对两个或两个以上可比数据进行对比，找出企业财务状况、经营成果中的差异与问题。如重要财务指标的比较、会计报表的比较、会计报表项目构成的比较。

（2）比率分析法。通过计算各种比率指标来确定财务活动变动程度的方法。如构成比率、效率比率和相关比率。

（3）因素分析法。是指根据分析指标与形成指标的各个影响因素之间的关系，运用一定的方法，从数量上分别确定各个因素变动对指标影响程度的一种方法。有连环替代法、差额分析法等。

（三）会计报表分析

1. 发展能力分析

（1）指标名称及分析要点。

1）销售收入增长率=本年销售收入增长额/上年销售收入

该指标越高，表明企业市场前景越好。一般而言，从相对长期趋势来观察，产品市场销售额呈直线上升时，属于成长阶段；销售额稳定且增长幅度趋于疲软时，属于成熟阶段；销售额连续下降时，属于衰退阶段。

2）总资产增长率=本年资产增长额/年初资产总额

该指标越高，表明企业资产经营规模扩张速度越快。

3）营业利润增长率=本年营业利润增长额/上年营业利润总额

该指标反映企业营业利润的增加变动情况。

4）资本积累率=本年所有者权益增长额/年初所有者权益

该指标越高，表明企业应对风险，持续发展能力越强。

（2）分析举例（表 5-10）

表 5-10 分析举例

年度	整车销售收入/万元	销售增长率/%
2014	25 009.13	
2015	36 671.26	46.63
2016	34 230.51	-6.66

2015年销售增长率=（2015年收入－2014年收入）/2014年收入
= （36 671.26－25 009.13）/25 009.13
=46.63%

分析：该公司2015年度销售增长率为46.63%，表明其增长速度较快，企业市场前景较好。但该公司2016年度销售增长率为－6.66%，收入较2015年大幅下降，说明企业存在较大问题，需要具体分析销售下滑原因，比如市场环境、产品结构等。2016年我国宏观经济逐步企稳，国内汽车市场走势跌宕起伏、前抑后扬，1.6 L及以下小排量汽车购置税征收政策调整对车市的影响，企业是否能预测准确，进而正确指导本企业的产品结构。

2. 盈利能力分析

（1）指标名称及分析要点。

1）销售毛利率=（销售收入－销售成本）/销售收入

毛利率越高，盈利能力越强。

2）销售净利率=净利润/销售收入

反映产品最终盈利能力。

3）总资产净利率=净利润/平均总资产

该指标越高，表明企业资产利用效果越好。

4）净资产收益率=净利润/平均所有者权益

该指标越高，表明对股东和债权人的利益保障越强，若在一段时间内持续增长，说明盈利能力稳定上升，但要注意企业财务风险。

（2）分析举例（表5－11）。

表5－11 分析举例

年度	整车销售收入/万元	整车销售成本/万元	整车销售毛利率/%	维修业务毛利率/%
2014	25 009.13	23 961.37	4.19	49
2015	36 671.26	35 325.36	3.67	48
2016	34 230.51	34 230.51	0	50
行业参考值			4	35
预警值			3.2	28

2014年整车销售毛利率=(2014年销售收入－2014年销售成本)/2014年销售收入
= (25 009.13－23 961.37)/25 009.13=4.19%

分析：从行业参考值看，企业2014、2015年度的整车销售毛利率基本正常，但2016年度毛利率为0，存在平销行为。近几年整车按市场价销售，低于厂家的指导价，整车毛利严重倒挂。另外，从表中可以看出，本企业的维修业务毛利高于同行业。

3. 营运能力指标

（1）指标名称及分析要点。

1）存货周转率=销售成本/存货平均余额

$$存货平均余额=（期初存货+期末存货）/2$$

式中的销售成本为利润表中"营业成本"的数值。

$$存货周转天数=360/存货周转率$$

分析要点：存货周转率指标越高、存货周转天数越少越好，表明存货转化为现金或应收账款的速度越快。存货项目中配件一类，通过配件明细账找到相关数据，计算配件周转率越高、周转天数越少，表明配件的销售数量增长了，销售能力增强了；反之，表明必须重视客户开发、广告宣传，增加进店台次。

2）应收账款周转率=销售收入净额/应收账款平均余额

分析要点：应收账款在流动资产中有着举足轻重的地位，及时收回应收账款，不仅能增强企业的短期偿债能力，也能反映出企业管理应收账款的效率。周转率越高，表明企业收账迅速。

3）流动资产周转率=销售收入净额/流动资产平均余额

分析要点：在一定时期内，流动资产周转次数越多，表明以相同的流动资产完成的周转额越多，流动资产利用效果越好。即该指标越高，表明流动资产利用效果越好。

（2）分析举例。

企业的零件属于存货中的一种。

零件库存周转率=过去12个月零件销售成本总和/过去12个月平均每月的库存成本

一家良性运营的企业，其零件库存周转率在8~10次/年是比较合理的。可以通过如下方式提升库存周转率：一是准确预测未来两个月常用件的使用量；二是非常用件客户需要支付至少30%的定金才能下订单；三是定期处理超过一年的滞销库存。

4. 偿债能力分析

（1）指标名称及分析要点。

1）流动比率=流动资产/流动负债

分析要点：流动比率表明每1元流动负债有多少流动资产作为保障。该指标越大，短期偿债能力越强。通常认为生产企业合理的最低流动比率为2。这是因为流动资产中变现能力最差的存货金额约占流动资产总额的一半，剩下的流动性较大的流动资产至少要等于流动负债，企业短期偿债能力才会有保证。但该比率不能过高，过高则表明企业流动资产占用较多，会影响资金使用效率和企业获利能力；流动比率过高，还可能是存货积压、应收账款过多且收账期延长，以及待摊费用增加所致，而真正可用来偿债的资金和存款却严重短缺。

2）营运资金=流动资产−流动负债

分析要点：营运资金为正，说明企业财务状况稳定，不能偿债的风险较小。企业必须保持正的营运资金,以避免流动负债的偿付风险。营运资金越多,偿债越有保障,但由于其是绝对数,不便于不同企业间的比较。

3)资产负债率=负债总额/资产总额

分析要点:资产负债率反映总资产中有多大比例是通过负债取得的,可以衡量企业清算时资产对债权人权益的保障程度。当资产负债率高于50%时,表明企业资产来源主要依靠的是负债,财务风险较大;当资产负债率低于50%时,表明企业资产的主要来源是所有者权益,财务比较稳健。总体来说,该指标越低,表明企业对负债的保障能力越高,企业的长期偿债能力越强。

4)利息保障倍数=(净利润+利润表中的利息费用+所得税)/全部利息费用

分析要点:该指标衡量企业偿付债款利息的能力,一般应大于1,也就是说,息税前利润至少要大于利息费用,企业才具有负债的可能性。如果利息保障倍数过低,企业将面临亏损、偿债的安全性与稳定性下降的风险。在分析时,需要比较企业连续多个会计年度的利息保障倍数,以说明企业付息能力的稳定性。

流动比率和营运资金属于短期偿债能力分析指标,资产负债率和利息保障倍数属于长期偿债能力指标。

(2)分析举例。

案例分析一(表5-12):

表5-12 案例分析一

年度	流动资产/元	流动负债/元	流动比率/%
2014	6 292 112 544.19	3 458 397 104.38	1.82
2015	10 227 299 085.04	6 624 863 408.20	1.54
2016	12 653 406 558.35	8 431 693 515.82	1.5
行业参考值			2

14年流动比率=14年流动资产/14流动负债=6 292 112 544.19/3 458 397 104.38=1.82

分析:该汽车企业2015年短期偿债能力迅速下降,2016年与标准值2的距离越来越远,表明本企业2016年这一年的短期偿债能力仍未有所改善,相反,仍然在弱化。

案例分析二(表5-13):

表5-13 案例分析二

年度	资产总额/元	负债总额/元	资产负债率/%
2014	10 129 863 306.83	3 511 594 011.76	34.67
2015	14 419 117 556.73	6 674 740 141.19	46.29
2016	17 674 536 728.98	8 898 373 025.33	50.35

2014年资产负债率=2014年负债总额/2014年资产总额
=3 511 594 011.76/10 129 863 306.83
=34.67%

分析：该汽车企业连续 3 年资产负债率持续上升，且上升的速度比较快，表明公司的债务负担和债权人的风险正迅速增长。

 任务实施

在掌握汽车服务企业财务基础知识的前提下，形成对汽车服务行业的财务的整体性认识，并很好地解决本项目任务中所描述的王大海遇到的情况，建议采取如下方式开展学习和训练。

一、在线学习

登录"汽车营销与服务专业教学资源库"，选定汽车服务企业管理课程中的"财务基础认知""企业财务收支项目"和"常见财务报表解读"微课程，观看教学微课，并完成相应的进阶训练。在微课中如有疑问，可在线提问，与教师互动交流。

二、难点化解

认真学习本教材，进一步掌握财务管理的知识和技能，完成项目任务书中的"难点化解"题目。

三、模拟训练

假定自己可以解决王大海的难题，与学习小组成员商讨，并采用角色扮演法在课堂上展示。

 拓展训练

以小组为单位，考察某一家汽车服务企业以下三方面。第一，了解该企业财务管理目标；第二，绘制该企业财务管理体系图；第三，了解其核心的财务指标。小组拍摄所考察企业的场景及上述三方面考察结果的 PPT，并将微视频（或照片或 PPT）上传至资源库平台。

派工的方式
——以 AW804 软件操作为例

派工分为单派、分派、合派 3 种情形。单派是指把一个维修项目派给某一个维修工；分派是指把一个项目派给多个人合作完成；合派是指将几个项目同时派给某一个人。

1. 单派

单派时，首先选中需要派工的项目，然后右键单击，在弹出的快捷菜单中选择"单项派工"即可。

2. 分派

分派时，首先选中这个项目，然后在左下方派工栏中单击鼠标右键，在弹出的快捷菜单中单击"增派工"，在弹出的维修人员列表中逐一选择并确定，依次增加多个维修人员。然后右键选中该维修项目，选择上方的"派工"即可。分派时，一般要将提成奖金分配到每个人身上，否则系统会默认其奖金全部归属第一个人员。

3. 合派

合派时，按住 Ctrl 键，依次选中需要派工的维修项目，再单击上方的"合派"按钮，这样会弹出一个对话框。单击"是"按钮，然后在弹出的维修人员列表中，选择一个维修人员即可。

派工后，有时还会遇到一些问题，例如停工、返工、换人等，需要一些特殊操作。

（1）停工时，用鼠标右键单击需停工的项目，在弹出的快捷菜单中，选择"单项停工"，此时会看到维修项目的状态变为"停工"。当该项目要继续维修的时候，仍用鼠标右键单击该维修项目，选择"单项继续维修"即可。

（2）已经修好的项目，如果需要返工，则用鼠标右键单击该项目，选择"返工"即可。

（3）换人时，用鼠标右键选中已经派工的人员，选择"换人"，然后选择将要更换的人员即可。

车间的派工管理看似简单，其实是比较复杂的，还有一些特殊情况的处理，在此不一一列举，读者可自行练习。

4. 完工和返工处理

维修项目完成以后，需要把项目状态由"维修中"转变为"已修好"。如果各个维修项目完工的时间不一致，那么应该采用逐项完工。方法是用鼠标右键单击已经完工的项目，选择"单项完工"即可。如果维修项目不多且同时修好，那么可以单击车间管理界面中的"全完工"，将所有项目同时完工。

在特殊情况下，某些维修项目可能发生没有修好、来不及维修或者放弃维修等情况，那么就要使用"单项强制完工"功能来处理。强制完工后，该项目状态为"未修好"状态。

项目完成后，如果总检不合格，需要重新进行修理，此时就要进行返工处理。操作方法是，选中"已修好"的维修项目，然后单击"单项返修"，此时维修项目状态为"未派工"，重新对其进行派工即可。

练习与思考

一、单选题

1. 在组织员工培训的准备阶段，汽车服务企业首先要进行（　　）。

A. 进行培训需求分析 B. 确定培训目的
C. 设计制订培训计划 D. 组织实施培训计划

2. 员工培训计划的制订应与（　　）相结合。

A. 工作岗位的任职要求 B. 员工个人兴趣
C. 领导的个人要求 D. 市场要求

3. 一般不需要列入绩效考核范围的员工是（　　）。

A. 试用期内员工　　B. 维修技师　　C. 销售总监　　D. 行政主管

4. 汽车维修设备保养维护实行的是"三级保养制"，即（　　）。

A. 日常保养　　B. 一级保养　　C. 二级保养　　D. 三级保养

5. 一般在车辆维修后，企业会安排信息员在车辆维修（　　）后进行跟踪调查。

A. 4天　　　　B. 3天　　　　C. 2周　　　　D. 1周

6. 盘点是配件管理中一个非常重要的工作，在盘点时，如果发现账面数量比实际数量少，这种情况属于（　　）。

A. 盘盈　　　　B. 盘亏　　　　C. 盘少　　　　D. 盘多

7. 汽车维修软件中，前台接待结束后打印出的文件是（　　）。

A. 派工单　　　B. 任务委托书　　C. 出厂单　　　D. 结算单

8. （　　）是指企业通过自身的生产经营活动，不断扩大积累而形成的发展潜力。

A. 盈利能力　　B. 营运能力　　C. 发展能力　　D. 偿债能力

9. 以下（　　）指标越高，表明企业资产经营规模扩张速度越快。

A. 销售收入增长率 B. 总资产增长率
C. 营业利润增长率 D. 资本积累率

二、多选题

1. 汽车服务企业在组织员工培训时，通常分成（　　）阶段来进行。

A. 准备阶段 B. 实施阶段
C. 评估阶段 D. 监督阶段

2. 新进人员一般要接受3～7天的岗前培训，包含（　　）。

A. 企业发展历史及现状 B. 企业的组织机构及部门职责
C. 专业技能技巧培训 D. 工作岗位介绍

3. 下面绩效考核可评为"优"（或A级）的有（　　）。

A. 对公司团队做出突出贡献
B. 为公司争得了荣誉或降低了成本
C. 积极主动提升素质技能，并使工作绩效有显著提高
D. 主动承担大量额外的工作任务和责任，并取得良好的工作结果

4. 下列属于绩效考核制度设立的目的的有（　　）。

A. 通过考核加强员工工作责任感，帮助员工不断改进、提高个人工作技能
B. 通过考核使管理者和员工在目标行动上达成一致，有利于塑造高效率高、目标达成

率的优秀团队

　　C. 通过考核使管理者充分了解本部门的人力资源状况，有利于管理者提高部门工作效率

　　D. 通过考核把绩效管理与公司战略目标、经营计划紧密联系起来，充分调动各方面的积极性和责任感

　5. 汽车服务企业工具管理制度主要包括的内容有（　　）。

　　A. 工具的出库　　　B. 工具的入库　　　C. 工具的使用　　　D. 工具的归还

　6. 对于企业内部来讲，借助于计算机来进行的信息管理主要内容包括（　　）。

　　A. 人员信息管理　　　　　　　　　　B. 客户信息和车辆信息管理

　　C. 服务营销信息管理　　　　　　　　D. 电子服务信息系统

　7. 客户档案和车辆档案记录的主要要求有（　　）。

　　A. 客户电话、地址要正确　　　　　　B. 底盘号、发动机号等资料完整

　　C. 车况和车辆维修档案　　　　　　　D. 车辆维修档案内容完整

　8. 汽车贸易软件中，车辆管理的内容主要包括（　　）。

　　A. 车辆采购　　　B. 车辆出库　　　C. 车辆入库　　　D. 车辆库存

　9. 汽车贸易软件中车辆入库的方式有（　　）。

　　A. 车辆采购入库　　　　　　　　　　B. 销售退货入库

　　C. 车辆移入入库　　　　　　　　　　D. 以上均不是

　10. 汽车贸易软件中，车辆订购必须要填写的信息有（　　）。

　　A. 车型　　　B. 配置　　　C. VIN码　　　D. 发动机号

　11. 汽车贸易软件中的一条龙服务主要包括的服务项目有（　　）。

　　A. 代办保险　　　　　　　　　　　　B. 代缴各项税费

　　C. 美容装潢　　　　　　　　　　　　D. 代办年审

　12. 汽车配件软件管理中的主要管理内容包括（　　）。

　　A. 期初库存　　　B. 入库管理　　　C. 出库管理　　　D. 库存管理

　13. 一般汽车维修收费主要包括的收费项目有（　　）。

　　A. 人工费　　　B. 材料费　　　C. 管理费　　　D. 其他费用

　14. 财务活动也就是财务管理的具体内容，包括（　　）。

　　A. 投资管理　　　B. 筹资管理　　　C. 营运资金管理　　　D. 成本管理

　15. 理财环境，是指对企业财务活动产生影响作用的企业外部条件，具体包括（　　）。

　　A. 法律环境　　　B. 经济环境　　　C. 金融环境　　　D. 政治环境

三、判断题

1. 奖金作为一种工资形式，其作用是对与生产或工作直接相关的超额劳动给予报酬。（　　）

2. 岗位工资是指按照不同工作岗位的工作难易、劳动轻重、责任大小、出勤天数及劳动环境确定工资的标准设定。（　　）

3. 一般来说，经公司同意的培训及教育，公司按规定付给员工薪资。（　　）

4. 正式员工离职应提前一个月通知公司，办理好交接手续后方可离职。（   ）
5. 绩效考核只有年度考核，没有月度考核。（   ）
6. 汽车服务企业的新员工课程分成基础类培训及专业类课程培训。（   ）
7. 汽车服务企业的资料一般实行的是内部使用，严禁复印、传抄或带出公司。（   ）
8. 汽车服务企业的资料在每次借阅时，保管员都应该在流水账上记录，借阅者签字确认。（   ）
9. 汽车服务企业特别是 4S 店的管理资料或者是维修技术资料，一般都是从汽车维修生产企业的售后服务部门获取的。（   ）
10. 在 4S 店的维修作业基本上是按照维修手册的要求进行的，并有专门人员对维修人员进行定期考核。（   ）
11. 汽车服务企业的目标就是创造利润。一般而言，汽车服务企业财务管理的目标就是为企业创造利润服务。（   ）
12. 收入是指企业在日常活动中形成的、会导致所有者权益增加的、与所有者投入资本有关的经济利益的总流入。（   ）
13. 现金流量是指获取现金的能力和收益质量。如果会计收益如实反映公司业绩，则收益质量高。（   ）

四、简答题

1. 汽车服务企业应当如何确保培训计划合理有效？
2. 如何做好部门间的薪酬平衡？
3. 汽车服务企业管理层员工的绩效考核指标权重如何设置？
4. 绩效评估管理的基本目标有哪些？
5. 请列出设备管理人员的岗位职责（至少 3 条）。
6. 选购专用工具和设备的一般原则有哪些？
7. 为确保设备的正确使用，具体应抓好哪几项工作？
8. 汽车贸易软件中的汽车进销存基本流程是什么？
9. 汽车配件的入库管理主要包括的内容有哪些？
10. 汽车配件的出库管理主要包括的内容有哪些？
11. 汽车配件的库存管理主要包括的内容有哪些？
12. 请简述汽车服务企业财务收支项目所包括的内容。
13. 在汽车服务企业管理过程中，报表分析的内容包括哪些？

参 考 文 献

[1] 李美丽. 汽车服务企业管理[M]. 北京：上海交通大学出版社，2012.
[2] 王一斐. 汽车维修企业管理[M]. 北京：机械工业出版社，2012.
[3] 姚美红，栾琪文. 汽车售后服务与管理[M]. 北京：机械工业出版社，2012.
[4] 许平. 汽车维修企业管理基础[M]. 北京：电子工业出版社，2011.
[5] 栾琪文. 现代汽车维修企业管理实务[M]. 北京：机械工业出版社，2012.
[6] 王彦峰，杨柳青. 汽车维修服务接待[M]. 北京：人民交通出版社，2012.
[7] 徐东. 汽车售后服务管理[M]. 北京：国防工业出版社，2011.
[8] 张铠锋，高维. 汽车维修企业管理[M]. 北京：科学出版社，2010.
[9] 赵伟章. 汽车维修业务管理实务[M]. 北京：化学工业出版社，2012.
[10] 齐建民. 汽车维修企业管理[M]. 北京：人民交通出版社，2012.
[11] 胡建军. 汽车维修企业创新管理[M]. 北京：机械工业出版社，2011.
[12] 朱军，屈光洪. 汽车商务与服务管理实务[M]. 北京：机械工业出版社，2010.
[13] 宓亚光. 汽车配件经营与管理[M]. 北京：机械工业出版社，2012.